JN014160

建築家 アドルフ・ロース
理論と実践

櫻井義夫

鹿島出版会

はじめに

アドルフ・ロース（Adolf Loos）、1870年ブルノ生まれ、1933年ウィーン近郊にて没。彼が長く拠点としていたウィーンのベーゼンドルファー街3番地の入り口に掲げられた石碑には、「偉大なヒューマニストであり建築家」であった、と記されている彼の業績を私たちはこれまでどれほど理解してきただろうか［fig-1］。

近代建築史の代表的な著作のほとんどでは、一定のストーリーが語られている。まず長く続いた古典主義からの脱却の道筋として、アール・ヌーヴォー、ユーゲントシュティールが語られたのちに、装飾の排除を主張しながら、近代の本格的な嚆矢としての抽象的表現による建築表現を始めた人物としてロースが登場し、ウィーンにおける《ミヒャエル広場のロース・ハウス》、ヒーツィンク地区の住宅、《シュタイナー邸》が挙げられ、わずか数行の記述で片付けられると同時に、ル・コルビュジエ、ドイツ工作連盟からバウハウスを主流として記述されることによって、近代の核心部に入る仕組みであり、これが定番の近代建築史の枠組みである。

fig-1
ウィーンでの住まいであった
ベーゼンドルファー街3番地に
掲げられた石碑

『建築をめざして（*Vers une architecture*）』『エスプリ・ヌーヴォー（*Esprit Nouveau*）』「バウハウス」と、量産時代の技術に裏付けられる物理的な環境から、文化的な状況をもラディカルに改変しようとする考え方が主流派となって、工業化時代の表現が一気に標準化への道を歩み始めると、歴史主義との断絶、革命的未来の建築空間に向けた近代主義の定性進化が始まり、ミースのスカイスクレーパーでひとつの流れが完結する歴史は、すでに共通認識として私たちの近代観にもなっているといってよいだろう。ロースは白い平滑な壁の表現を始めた、ただそれだけの建築家として、標準的にまとめられた近代建築史に名を残しているかのようである。はたしてそのような簡易な歴史の語り口で終えられるほどに、ロースは今日的な興味の薄い存在なのか。

ロースといえば、必ず決まり文句として‘「装飾と犯罪」の作者’と即答され、建築作品の多くは語られないのが普通である。しかも著名な著作『装飾と犯罪（*Ornament und Verbrechen*）』は、講演会用の言説が文章として書き換えられることによって、過激なレトリックで綴られたアジテーションのような趣向の論説との理解を受けやすく、極めて誤解を生みやすい代表作となったことは、彼の理解を難しくし、誤解を伴うことで総合的な評価を妨げる一因にもなっていることは、歴史評価の問題点でもあり、今日ロース論を再考し深化するうえでのモティベーションにもなっている。

今日まで残されたロースの作品の多くは、個人住宅であり、住宅のインテリアであり、すでに改造された商業空間である。近代運動を主導することで時代の寵児となったル・コルビュジエと比較して、一世代古いロースに関する情報の違いは、情報発信の戦略的な感性の違いによる理解度の低さがあるという議論はすでに著名になっているが[1]、一方で情報があまり積極的に提供されてこなかったことによる量的な少なさもさることながら、すでにおおむね定番となった歴史評価によって適切な深度の理解が及ばない環境に加えて、作品が主に住宅インテリアや戸建て住宅であることによって、個人所有のまま推移した作品が直接的に体験できる対象ではないことが、作品の総合的な理解を難しくしているという側面も無視できない。

[1] *Privacy and Publicity Modern Architecture as mass media*, 1994, Beatriz Colomina, MIT Press／ビアトリス・コロミーナ『マスメディアとしての近代建築』松畑強訳、鹿島出版会

文化の中心地、パリでの成功は当時の登竜門であったにもかかわらず、ロースはこれを望みながらも実質的に失敗していることも、その後の評価に影響を与えたといってよいだろう。すなわち、アドルフ・ロースとはいったい誰だったのか、という一般的な問いに、相変わらず十分に回答できていないのではないか、というのが本論を進める動機である。

近代主義建築が一気に白い箱の建築、抽象的な造形性を指向し始めたのは、1920年代である。デ・スティールの結成とパリでのプレゼンテーションが1917年、ミースの［フリードリッヒ街のオフィスビル計画］が1921年、ル・コルビュジエの［シトローアン型住宅］の発表が1922年であり、その後、抽象的な白いヴォリュームを表現することが、少なくとも表面的な表現上の新しい建築であるという流れは、一気に形成されたといってよい。その端緒は明らかにロースの1910年代の作品ということになろう。

パリでの成功者、ル・コルビュジエとの直接的な関係がいかなるものであったのかを確認してみることで、興味深い密接な関係、特に継承関係が浮かび上がる。ロースとル・コルビュジエとの最初の接点と思われるのは、ル・コルビュジエがグランドツアーを行っていた1907年および1911年にウィーンを訪れていること、そして1907年には4カ月滞在し、ヨーゼフ・ホフマンに会っていることを考えれば、ロースを知らなかったはずがない。

当時のシャルル・エドワール・ジャンヌレは、自身の作品である両親の家《メゾン・ブランシュ》を見てもわかるように、完全にアール・ヌーヴォー、ユーゲントシュティールの文脈による制作をしていて、《カフェ・ムゼウム》を完成させ、ゼツェッション（分離派）館の会議室の改装をホフマンに拒否されたことで、ユーゲントシュティールから距離をおいたロースの情報は、関心の薄い異物として認識された可能性が高い。しかし、1911年の二度目のウィーン訪問は、ちょうどロースはウィーンを離れていた時期であったものの、ミヒャエル広場の作品が大論争を巻き起こしていることを前提とすれば、ロースの仕掛けていた議論は十全に伝わっていたであろう。一方でジャンヌレは、ショー・ド・フォンでアール・ヌーヴォー風の

住宅をデザインしていたのである。

ロースを象徴付ける講演および著作『装飾と犯罪』が、完全な形ではないもののすでに1913年にフランス語に翻訳されて出版されており、ロースの存在感はパリにおいても高まった。こうした影響がようやく如実に現れたのは、1920年発刊の『エスプリ・ヌーヴォー』第2号への『装飾と犯罪』の翻訳掲載である。序文として以下の文章が加えられている。

> ロース氏は、新しい精神の先駆者の一人である。早くも1900年、モダンスタイルへの熱狂、過剰な装飾、あらゆるものへの早急な芸術の導入が叫ばれる中、明晰で独創的なロース氏は、こうした流行の無益さに抗議を始めたのである。産業の偉大さと美学への貢献をいち早く感じ取った彼は、今日でも歴史的あるいは逆説的に見えるある種の真理を宣言し始めたのである。残念ながらあまり知られていないが、彼はその作品の中で、現在ようやく発展しつつあるスタイルを発表している。我々は今日、「装飾と犯罪」、それに続く「近代建築」を発表するが、この二つの記事はすでにフランスで1913年に『カイエ・ドージュルドュイ』に掲載されたものである。この二つの記事で、ロース氏の意図は明らかになったと考える。今後、ロース氏の未発表作品の公開を続けてゆく予定である[2]。

[2] *Esprit Nouveau* 2, 1920,p.159（筆者訳）

1924年にドイツ工作連盟が出版した『装飾なきフォルム』で主張したマニフェストでは、ロースが著作『にもかかわらず』の巻頭で表明した論理をそのまま表現したにもかかわらず、いっさいロースに言及しなかったとして（少なくともロースの批判・主張では）、功績の横取りをした出来事とは異なる扱いであった[3]。続いて『ユルバニズム』（1924）においては「恐ろしく目覚めた一人の若いウィーンの建築家が、老いたヨーロッパの間近い死を認めた」という表記を残し、両者の対話形式の記述で議論を進行している。両者が対面したのは、1920年にロースが初めてパリに業務として向かったときである、とされているが、そこでどのような意思疎通が行われたのかは、ル・コルビュジエのこうした記述からしか知ることはできず、しかもそれは著しくル・コルビュジエの文脈に乗った記述である。ロースは明らかに「老いたヨーロッパの間近い死」は語ってはいないからである。

[3] *Trotzdem 1900-1930*, 1931,Adolf Loos,Brenner／アドルフ・ロース『にもかかわらず 1900-1930』鈴木了二、中谷礼仁監修、加藤淳訳、2015、みすず書房、「はじめに」p.7。「私の戦いぶりを黙殺したため、自らの品位を貶めることになった」としている。

ル・コルビュジエがロースを意識していた議論の痕跡は著作の中にも見出せる。中でも興味深いのは、ル・コルビュジエが『建築をめざして』における「ものを見ない目Ⅲ　自動車」の部分である。この自動車とパルテノンのアナロジーは『エスプリ・ヌーヴォー』 第10号に初出する（その後も繰り返し議論される）のに対して、ロースの文化の出発点としてのギリシャが依然として今日の建築美学の基盤に据えられるとした議論は、原題『建築』（前述の1912年『カイエ・ドージュルドュイ（*Cahier d'aujourd'huit*）』に「建築とモダンスタイル」として掲載）において、我々の文化はあらゆる時代の中でもっとも傑出した古代ギリシャ・ローマの古典文化の偉大さを深く理解することの上に成り立っている。我々の考え方、感じ方は古代ローマ人から継承したものである。社会意識やたましいの薫陶といったものも古代ローマ人から受け継いだのだ[4]。

[4] (3)、「建築」1909、p.109

と説いた1909年の議論であり、相互の議論の導き方には古典文化の出発点を意識しながら始まるうえで同様の指向生をもっていた。明らかにル・コルビュジエの『建築をめざして』、そして作品表現の出発点においてロースの影響を受けていたが、その後二人のたどる道筋は、文化の発信拠点パリとの親和性において、「機械と建築のアナロジー」に対して「装飾の自然淘汰・文化の継承」というその後の流れを分ける考え方の違い、そしてさまざまな資質の違いによって、大きく異なる運命を描くことになったのである。

こうした両者の関係性は、多くの著名な近代建築史を記述した書籍にもさまざまな形で表現されている。レイナー・バンハムは『第一機械時代の理論とデザイン』[5]において、多く存在する近代建築史評価の中では、特に、しかも異例にロースの著作の詳細に言及し、その影響に関して議論を展開している。

[5] *Theory and Design in the first machine age*, 1960, Reyner Banham／レイナー・バンハム『第一機械時代の理論とデザイン』石原達二、増成隆士訳、鹿島出版会

近代運動を支えた中心的理念に大きく貢献した人々の一人として、必ずや数え上げられなければならないのがアドルフ・ロースである。しかし、彼の寄与は散発的、個人的なものであり、また必ずしも真面目な調子のものというわけではなかった[6]。

[6] (5) p.121

ロースの著作における主張を正しく読みとり近代への建築表現成立に向けて一定の役割を評価しながらも、後世への影響力に関して、著作において独特の諧謔的な文体のゆえに正しく読みとられにくい評価環境にふれながら、作品を知られぬイデオローグという位置付けで記述され、ル・コルビュジエの記述に基づく交流関係を基調に据える論調になっている。多くの資料に基づく議論の試みとしては秀逸であるが、主にロースの言論の評価と影響力に限定した議論であり、実作と思想を総合して評価する以前に、スタイルとしての建築を前提とした議論を基調とし、定性進化的歴史観が背後に流れていることも否めない。

装飾なしの建築とは、技師のように建築すること、つまり、機械時代にふさわしいやり方で建築することであるという理念に対しても、いっそう強固な基礎を置くことになったのである[7]。

[7] (5) p.139

と結論付けるが、これはバンハム自身が設定する道筋における役割であって、結局ロースが伝統に拘泥するあまり、パリで進捗した近代主義に取り残された人物、との評価に終わっている。あくまでも近代主義の成立における役割は小さく影響は限定的であった、との結論であった。一方で、マンフレード・タフーリの『近代建築の歴史』における議論では、異なる地平からロースの全く異なる立ち位置を作品の流れとともに詳細に記述している。

> ロースのニヒリズムは、装飾とスタイルを結びつける自然主義的、有機的夢の決定的な克服を意味している。ロースの建築は、あらゆる連続性のイデオロギーとその記号の再発明の希望が基礎とする'言語の自然な無垢'を放棄しているのである[8]。

[8] *Architettura Contemporanea* 1, 1979, Manfred Tafuri Francesco dal Co, Electa Milano, p.100（筆者訳）

装飾的外部表現が表明するロマンティシズムの克服から始まり、内部空間の芸術的な充実に向かった過程をカール・クラウスのロース評価とマッシモ・カッチャーリの言説を参照しながら、「破壊の建築家」あるいは「タブラ・ラサの建築家」と評価した。近代主義と総称されるようになる建築表現とは異なる地平にいることを評価しながら、ロースの特殊な立場と建築論を全く別の位相に基づいて位置付けた近代建築史叙述となったのであり、歴史様式の克服はロースにとってただちに新しい言語を生むわけではない、純粋無垢な建築など存在しない、装飾を剥げばニュートラルで新たな様式が生まれるなどという単純な夢を見ているわけではない、だからこそのニヒリズムであることをロースは自覚している、というのである。
タフーリの文脈は、そのままアルド・ロッシの述壊につながる。

> 私は、ジークフリート・ギーディオンの書が特に偏った本だということで間違いなく評価していた。この本の基本となっていたのは、とりわけル・コルビュジエへの情熱だったが、私はいつもル・コルビュジエへの判断は差し控えていた。1950年代には知的な若者が19世紀の大著に夢中になることなどあってはならなかった。（中略）ジュリオ・アルガンのグロピウスに関する著作は美しい空想小説だが、事実を扱ってはいなかった。私が好んだ書物は間違いなくロースのもので、（中略）この建築家だけが重要な問いへの手がかりを明らかにしてくれたような気がする。つまり、フィッシャー・フォン・エルラッハとシンケルというオーストリアおよびドイツの伝統、地域文化、工芸、歴史、そしてなかんずく劇場と詩学といった問いに対してである。工業デザインとか形態と機能の混同にいつも感じていた根深い蔑みの念は、疑いもなくこのロースの本を読んだことに起因する[9]。

[9] *Scientific Autobiography*, 1981, MIT Press／『アルド・ロッシ自伝』三宅理一訳、鹿島出版会

近代建築史の読取りにはすでに定番の真理があると思いがちであるが、先

入観なく丁寧に近代初期の動きを検討すると、いまだに解かれていない可能性を見出せるし、こうした文脈の中で見落とされた建築家こそはロースなのではないかとの思いを強くする。著作における知的で攻撃的、ウィットに富む議論ばかりが分析対象となり、本来評価されるべき分析がなされることは必ずしも多くなかったロースの作品、特に空間提案の実像に焦点を当てて、今日の文脈の中で見直しをすることが本書の目標である。同時にこれまであまり実像として知られてこなかったロースの作品を具に見ることによって、作品世界の奥深さもここに表現できたらと思う。

ロースの建築や思想を理解するうえでは、やはり人生の節目と計画立案・実現の関係を年譜的に見ることによって、彼の社会や建築への眼差しを探りながら作品における空間提案の意図を分析する必要があるだろう。時に今日の感覚からは理解が難しく、ともすれば同時代においても誤解を受けやすかった著作や作品を具体的に取り上げながら、ロースの思考と作品を概観し、ロースの思想に関して踏み込んだ理解への道筋の一端を示してゆければと思う。

第1章においては、時系列でロースの営為を年代記的な視点で見る中で、いくつかの重要な契機となった出来事や代表的な作品の成立に関して記述する。生立ちから言論人へと成長する過程、白い壁の建築の誕生、装飾の削ぎ落とされた建築の外部と内部の空間性、建築教育への意欲、庶民住宅建設に抱いた熱い思い、〈ラウムプラン〉（Raumplan）の成立とその後の推移などに関して記述する。

第2章においては、作品を用途規模に応じて、住宅、共同住宅、都市施設および商業施設、増築・改造住宅とインテリア計画などのカテゴリーに分けたうえで、それぞれの作品群で求めた空間が具体的にどのようなものであったのかについて、図面と写真を交えて解説する。第1章で取り上げた主要作品も、追加の情報などを加えて再度空間記述を行うこととする。

第3章ではロースの著作から読みだされるロースの建築観を確認しながら、これまで展開されてきたロースに関する重要な議論を再確認することによって、ロースの求めたものが今日どのような意味をもつのかについて考えたいと思う。

目 次

第3章

過去への眼差し、未来への眼差し …… 185

凡例
《　》: 実現した建築作品
[　]: 計画、あるいは設計段階や施工途上で終わった未完成作品

第1章
ロースの提案

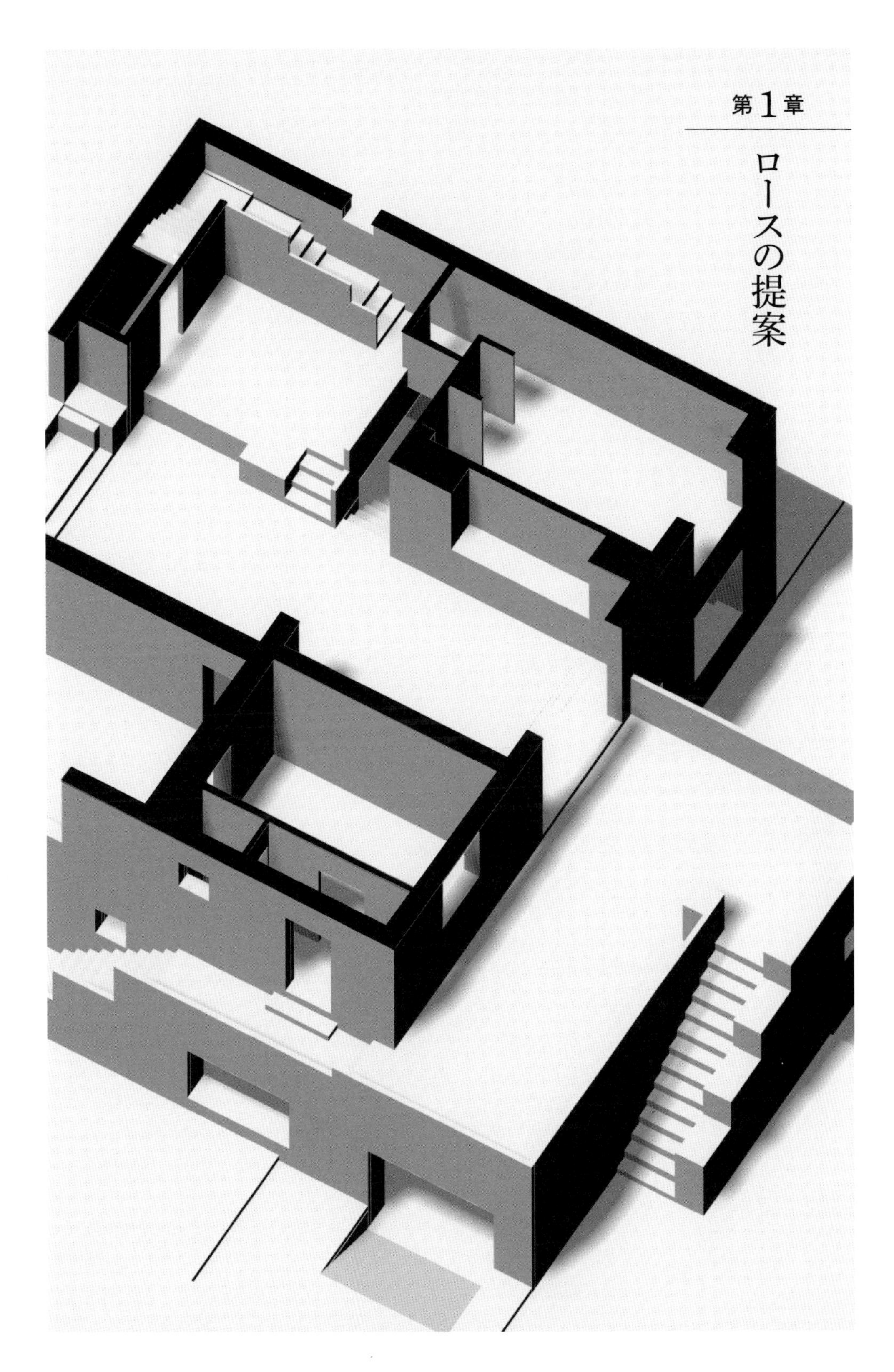

ヨーロッパとアメリカの1900年

ロースは、多言語が混在しながらも、公用語がドイツ語であったオーストリア・ハンガリー帝国の一都市、ブルノ（今日ではチェコ共和国）で1870年12月10日に生まれた。石の彫刻職人であった父のもとで、幼年時代から職人の世界への親和性を感じ、憧れを抱いていた。5歳のときに父の他界を経験し、厳格な教師であった母との難しい関係が起因して、継続した教育環境で過ごすことができず、度重なる不幸な教育機関の変更を経たことは、彼の性格と人生の目標に影を落とした。父の影響から、主に建築をめぐる専門領域に敬意と興味を抱いていたものの、断片的な教育の成果は必ずしも芳しいものではなく、母親との確執は、若者の目標設定に根本的な障害となっていたと推察される。ちなみに生まれが同年であるヨーゼフ・ホフマンもブルノ生まれで、一時同じ学校に通っていたことから、互いに見知らぬ関係ではなく、その後の両者の確執にも影響しているものと思われる。

1986年から職業訓練校にて建築を学び始め、1891年ドレスデン大学で授業を聴講し、1892年にはウィーン視覚芸術アカデミーにて学んだ。初めてふれたウィーンのカフェ文化には少なからぬ文化的な影響を受けたものの、この頃梅毒に冒され、自宅療養にて相当苦しんだうえ、結局卒業はせずに、1892年から1893年にかけて再度ドレスデン大学に1セメスターを学び、以後教育機関に戻ることはなかった。また12歳頃から遺伝的要因による難聴を発症し、おおむね35歳頃にはほとんど通常の議論を対面で続けることが難しくなるくらいに難聴の度が進んだことも、彼のその後の人生に大きな負の影響をもたらしていることは、ここに付け加えておかねばならない。二人の姉妹がいたが、いずれも短命であったことは、一家の遺伝的な側面における健康状態を表現するものであり、彼の肉体的な前提条件が遺伝的に厳しかったことも想像される。

根本的な転換点は、1893年夏、父の兄弟である叔父を頼って、ハンブルクを経由してアメリカに渡航したことであった。最初はニューヨークに9日間滞在し、その後叔父の拠点フィラデルフィアを振り出しに、約3年に及ぶ現地での生活となった。必ずしも家庭的な幸運に恵まれた子供時代を過ごさなかったロースが、その後の思想的な背景や造形力を獲得するきっかけは明らかにこの23歳から26歳まで経験した3年間のアメリカ生活である可能性は極めて高いが、この重要な時期に我々に残された情報は極めて少ない。

この状況を解明しようとする議論は多くが、シカゴに1週間滞在しながら開催中の世界博を見ることがひとつの目標であった、とすることで、巨大な博覧会から学ぶことが多かったのではないかとするが、世界博であれば規模は違うかもしれないがヨーロッパでも行われているし、そこに発見したものがどれほどのものであったかは相当に疑問である。実際、のちにロースの書いた記事「ウィーン市のコンペ」（1897）において、当該博覧会の仮設建築を「壮大なガラクタ博覧会」[1]と表現し、マテリアルと表現の関係においてシカゴ博覧会の建築を批判していることからも、すでに確固

[1] *Die Potemkin' sche Stadt: verschollene Schriften 1897-1933*,1983, Adolf Loos, Prachner／アドルフ・ロース『ポチョムキン都市』鈴木了二、中谷礼仁監修、加藤淳訳、2017、みすず書房、「ウィーン市のコンペ」1897、p.12

たる審美眼を備えていたと思われるロースが得たものはほとんどなかったことを物語っている。

フィラデルフィアの叔父のもとから再度ニューヨークに向かったのは到着後6カ月後のことで、以後ニューヨークでの生活が彼のアメリカ体験の実態となる。したがって明らかにロースのアメリカにおける建築体験は、ニューヨークの生活から学んだものであり、影響を受けた建築は当時のニューヨークに多く存在したことは十分に想像できる。当時のニューヨークにはドイツ人コミュニティーが存在し、交友関係の拠点はこの範囲であったと想像されるし、ニューヨークで発刊されていたドイツ語新聞のための、全くの素人であった音楽の批評を請け負ったことは、のちのロースの書き記すところであって、当時の人間関係を示す貴重な情報となっている。

ウィーンでの教え子であったリチャード・ノイトラの聞き書きによれば[2]、小さな理容店に働き、ユダヤ人仕立屋の地下倉庫に寝床を借りた、あるいは象嵌細工の工房で働いたとのことであり、ひどいときには失業者のための炊き出しに並ぶこともあったという。1894年末からしばらくの間、建築家のドラフトマンの職を得たらしいことまでが記録から理解されるところである。1896年5月の兵役に合わせて帰国するにあたり、ロンドンとパリを経由したことが知られる。

[2] *auftrag für morgen*, 1962, Richard Neutra, Claassen Verlag GmbH, Humburg,p.181

『ノイエ・フライエ・プレッセ』に始まる文筆活動

ロースがアメリカに言及する文章は断片的に存在するものの、具体的にどのように影響を受けたのかに関して詳細に検討することはできない。むしろ1897年から始まる、主に新聞への寄稿、特に1898年5月8日に始まり、10月23日まで毎週日曜日に『ノイエ・フライエ・プレッセ（*Neue Freie Presse*）』紙への寄稿に示された記事における思想的全体像が、アメリカにて鍛え上げられた思考法の一端であり、見出した価値観であったとすれば、歴史的に形成された建築様式が現代の技術によって表層を変えてゆくニューヨークでの事実見聞から建築と文化、芸術と技術、現代社会のあり様に関する見識を鍛えたと考えることが、平凡ではあるもののその結論であろう。同時にアメリカとヨーロッパの違いも痛感し、生活文化が空間をつくりだすという結論が、一連の著作に表出してゆくこととなるのである。

この1898年は一方で、分離派（ゼツェッション）館がオープンした年でもある。主に工芸の現代的改革を意図する文章の中に、徐々に生活用品にまつわる形態の恣意的で任意な意匠形態の提案に対する反発が見え隠れし始めるものの、この時点では必ずしもウィーンの文化に関する批判の中心的なテーマにはなっていない。では、90年代終わり、すなわちロース20代の一連の著作としてのちに『虚空へ向けて（*Ins Leere Gesprochen*）』[3]としてまとめられた主張から何を読みだせるのだろうか。ここでは主に以下のような主張であると要約する。

[3] *Ins Leere Gesprochen 1897-1900*,1921, Adolf Loos, Georges Crès et Cie／アドルフ・ロース『虚空へ向けて』加藤淳訳、2012、アセテート。いくら社会に向けて主張しても虚空への叫びにしかなっていない、という意図をタイトルとしたロース初期著作集であり、1897年～1900年までに発表された文章をまとめたもの。1921年になってようやくドイツの出版社ではなくフランスの出版社であるG.Crès et Cie社よりドイツ語で発刊された。

・アメリカ・イギリスの現代とオーストリアの現代の違いに文明の差を

指摘。

・着こなしやマナーは現代に生きる人間に必要な基本的素養であり、装いにこそ現代的な表現が表れている。
・現代に生きることは、これまで維持してきた複雑な装飾物を無理やり生かすことではなく、現代的な製造分野が可能とする労働と職人の能力で可能な範囲で美しく論理的な調度を確保してゆくべきである。
・もはや建築様式にとらわれる時代ではない。
・古典的なものから現代的なものへ、継続的に今日のものづくりへ向かうべきである。

新時代へのオマージュという性格を帯びた極めて真っ当な議論であり、旧態依然とした価値観の破棄を謳い挙げる意気揚々とした若々しい議論に満ちていた。当時の装飾文化を象徴するヴィーダーマイヤーへの批判、質実剛健の作風をもつ工芸のあり方への肯定を主張するものであり、アメリカでの生活体験がそのままこうした論調の基本に据えられていると想像できよう。したがってここで選ばれた話題は、そのままアメリカ体験とアメリカで黙考してきた思考の成果であったと考えるのが論理的であろうと思う。ヴァーグナーの博覧会に展示されたインテリア作品 [fig-1] を否定しないどころか、ヴァーグナー個人のためのものとする前提条件をつけながらも、むしろ評価する態度もこの時点では基本的に躊躇がない。新しく生みだされてゆくものへの期待こそが若者の希望であり、旧態依然とした伝統固持に対する反発の姿勢が鮮明に見えるみずみずしい文章であった。

fig-1
ヴァーグナーの博覧会に
展示されたインテリア作品

すなわち、今必要に応じてつくっているものが現代のものであり、過去のものとは異なるものではなく継承しながら生活にふさわしいものこそ現代のものである、という主張である。そのときに特に必要とされるのは、職人としてこれまで培ってきた技能であり、現代の目をもつことである。そこには感性の断絶を必要とせず、むしろますます技能の高さを必要とし、新しい要望に素直に応える順応性が必要とされる、とする主張であった。そしてこうした主張は、生涯変わることのない首尾一貫した価値観を形成してゆくのである。

こうした文筆における主張の転換点は、意外にものちに敵視するようになる分離派が発行する雑誌『ヴェル・サクルム（*Ver Sacrum*）』（1889）に掲載された「ポチョムキン都市」であった。書き割りのように歴史主義の表層が覆い尽くす都市の不合理さを徹底的に批判した文章であり、ロースの装飾批判の出発点と同時に到達点ともなった文章である。

かつてルネサンス期のイタリアが貴族の邸宅を建てる際に生みだしたすばらしい果実を、自分たちのウィーンをつくりあげるために新しい権力の座についた粗野な市民がもぎ取ってしまった。

不動産でひと儲けをたくらむ投資家たちが登場する。彼らがまず着手するのは、上から下までファサードにモルタルを塗り込んでフラットにすることである。本来この作業に大してコストはかからない。本来、この状態こそもっとも真実にかない、不正の入り込む余地のない芸術的にもっとも正しい建物なのである。ところがこんな邸宅に入居したいと思う者はいない。そこで大家は住人を集めるために、フラットなファサードにゴテゴテの装飾を釘付けしなければならなくなる。

セメントを使う技術の誕生は、この材料の性質と密接に結びついているが、(中略) 芸術家の使命はまずこの新しい材料のために新しい形態言語を見つけるということにあったのではないか。形態言語なきセメント技術などはすべてイミテーションでしかないからだ[4]。

[4] (1)、「ポチョムキン都市」1898、p.51

このように実に的を射た歴史主義的装飾批判は、1898年のこの時点で早くも技術と表現の問題にも言及するような完全な形で完結していて、その後に広く知られるようになる『装飾と犯罪』は実は別の文脈で語るべき議論なのであった。

《カフェ・ムゼウム》

生活様式の近代化を主張し、衣服の嗜みの重要性を説くロースの文筆活動から建築実務への橋渡しは、商業施設のデザインと住宅のインテリアへと順調に進むこととなる。生涯の半分以上をホテルとカフェで過ごしたとされるロースにとって、転機は1899年の《カフェ・ムゼウム》の計画であった。これまでの言葉の表現がそのまま実空間に実現した作品であり、そこに示されたのはほとんど平滑な壁面と天井に囲われた空白の空間に、トーネットの椅子をわずかに改変した伝統的な印象を与える家具を組み合わせたものであった。ただし、この時点まででロースが展開した議論は、装飾性における根本的な批判よりも工芸の改革が中心的なテーマになっていたことは、当時の論調に影響を与えているように感じられる。

芸術評論家ルートヴィッヒ・ヘヴェシは「少々ニヒリスト、いや非常にニヒリストで、魅力的、論理的、実用的」[5]と評価したが、居心地のよい溜まり空間がないにもかかわらず、知識人の情報交換の場を提供し、周辺の施設と相まってすぐに芸術家の集まるカフェとなったようである。装飾を含まない抽象的な壁面による空間表現の中に、強いマテリアル性をもつマホガニーを腰壁に配し、色と装飾的要素による表現はマテリアルの対比に置き換わった。また、エレメントの抽象化とマテリアル性の明確化はその後の作品への出発点となり、配置された椅子に関しては、人間の身体が変わらぬかぎり完成されたデザインをひねくり回す必要はない、というこれ

[5] Kunst auf der Straße, *Fremden-Blatt*, 1899.5.30, Wien, Ludwich Hevesi

まで評価されてきた工芸の踏襲を正当なものとしたのであった。

ある意味、この殺風景なカフェがさまざまな物議を醸したのは、当時のウィーンに広く受け入れられていたヴィーダーマイヤー風といわれる様式主義的多装飾なカフェに比して、一応腰壁、壁のクロス、天井のプラスターという古典的とも思われる3段構成をとっているにもかかわらず、ほとんど何もない空間という空虚さを感じさせる異質さを強く打ち出したからであり、特に注目に値するのは、照明器具が既製品・普及品を思わせるアノニマスなデザインの電球をぶら下げるだけで、しかも吊り元の金物も曲げのパイプという素っ気なさを徹底していて、余計なデザインをしない、空間の効果のみ追求する、という方針が顕著だからである。

現代の空間は、使われ方に適した過剰ではない、個人の勝手なデザインによらない表現である、という主張が明快に見てとれる。削ぎとりながら簡略化されたデザインは、伝統を守りながらも工業と工芸の成果品が、公でありながら親密な生活空間に近いウィーン風のカフェで出会った緊張感をそのまま表現したものとなったのであり、文化が形を伝統的に決めてきた家具や空間構成を遵守しながら、現代的な生産体制の表現を巧みに組み合わせるものとなったのであった。

『ダス・アンデレ』での議論の意味

ロースの盟友であった文筆家ペーター・アルテンベルクが発刊する雑誌*Kultur*（文化）の別冊として、ロースによって独自企画された『ダス・アンデレ（*Das Andere*）』（別のものの意）は、1903年10月1日付で「オーストリアにおける西洋文化入門の小冊子」と副題が与えられ、アメリカとオーストリアの間に生じた文化的な優劣に関して、皮肉に満ちた主張を思う存分展開した冊子であり、1898年の『ノイエ・フライエ・プレッセ』紙における記事以来のまとまった著作による主張となった。第2号は完全に独立した雑誌として発刊されたが、第2号にて終了した。おそらくその後の仕事、特に《カルマ邸》の進捗と関係していることと思われる。

2冊の冊子の主張は、一見ほとんど建築空間とは何の関係もなさそうに思える食事のマナーの問題や、服装の問題、しつらえの材料や商品のつくり方に関する評価など、生活文化の向上に関して細かな指摘をすることで、ロースが考える文化的評価の基準などを提示し、今後のオーストリアにおける文化レヴェルの向上が、ひいては彼が考える、よりよい生活空間へとつながることを期待するという内容であった。文化レヴェルの向上という基調に合わせて、この冊子で特に強調されたのが、分離派批判であった。分離派のつくりだすものが、現代の必要性に基づかず、形の遊びか表層の装飾物に成り下がり、しかもそれを芸術の名のもとに価値を与えようとしている、として批判の対象としたのである。

分離派のつくるものは、形態の独自性によって単に目立つものを意図し、想像力によるアイデアがデザインとして価値があり、芸術にまで高められると主張しながら、結局、生活文化の基盤とはなんの関係もなく使えないものをつくっている、との批判であった。分離派をはっきりとターゲットとして、作品の問題点を突く議論はロースにとってこれがほぼ初めてであり、以後継続的にホフマン批判は続けられる。

まとまった量の文章をこのような形で発表するエネルギーの源泉は、やはりゼツェッション館の完成後に、地下に設けられるはずの小会議室のインテリアへの取組みをホフマンに提案するも取り入れられなかったこと、1903年に分離派メンバーによるウィーン工房の設立があって、彼らの作品が市場にあふれ始めたことがきっかけになっていると考えられる。新しい形と新しい（表面）装飾が、単純に作家の思いつきから始まり、使い方の忠実な検討、素材や材料の特性から生まれた必然性がなく、しかも生活様式の変化に伴う要請がないものに価値はない、というのがロースの主張であり、芸術家気取りの日用品が、権威のある立場から生産されもてはやされる構造に徹底して抗する姿勢を示したのであった。

はたしてロースにとっての分離派との確執がどのようなものであったのかについては、語調がいささか感情的な印象が強い分、詳細については不明である。ホフマンは1925年のパリ博覧会（アールデコ展）オーストリア館にロースへの参加要請をしたとされているが（ロースはこれを拒否したとされる）、それ以外にロースに関する発言をほとんどしていないし、1906年の分離派によるキャバレー・コウモリ（Fledermouse）のオープンにはロースの盟友であるペーター・アルテンベルクも参加し、その後もお気に入りにしていたことを見れば、ロースの言葉が過激で執拗であっても、実際に人間関係として完全に敵対していたとはかぎらない。しかし、こうした分離派の表現を批判する姿勢は徐々に本格的になり、またロースの主張する論理はそのまま徐々に時代の本格的な主流になっていったことも事実であった。

この頃の実作は《ヴィレム・ヒルシュ邸》インテリア、[アルゲマイネ・フェアケアーズ・バンク] [fig-2] などであり、ほどなく《カルマ邸》、《カフェ・カプア》[fig-3] などがある。こうした作品を見ることで、すでに当時のロースの外部における削ぎ落とした平滑な表現に対して、ホフマンの《プルカーズドルフ・サナトリウム》[fig-4] や《ストックレー邸》[fig-5,6] などに見る細かな表面装飾との差も理解できよう。すなわち《カフェ・ムゼウム》で示されたのは、表面装飾から脱却してマテリアルの問題へと向かってゆく道筋の途上であり、生産品と伝統的なしつらえの調和を表現しながら外部空間における形態の喪失感を追求し始めようとする姿勢である。

《カルマ邸》

《カフェ・ムゼウム》以後、ロースはいくつかの住宅インテリアを手がけているものの、独立した建築を実現することができずにいた。1903年に始まる《カルマ邸》の計画 [fig-7] は、複数の建築家が関わりながら紆余曲折

fig-2
[アルゲマイネ・フェアケアーズ・バンク]／ALA687

ALA: Adolf Loos Archive。
親交のあったルートヴィッヒ・ミュンツが整理し、
アルベルティーナ美術館に寄贈、保管
されているロースが残した図面や写真資料。
美術館によって「ALA1234」などと
管理番号が付されている。

fig-3
《カフェ・カプア》／ALA3298

fig-4
ヨーゼフ・ホフマン《プルカーズドルフ・サナトリウム》

fig-5
ヨーゼフ・ホフマン《ストックレー邸》

fig-6
ヨーゼフ・ホフマン
《ストックレー邸》
窓周り装飾

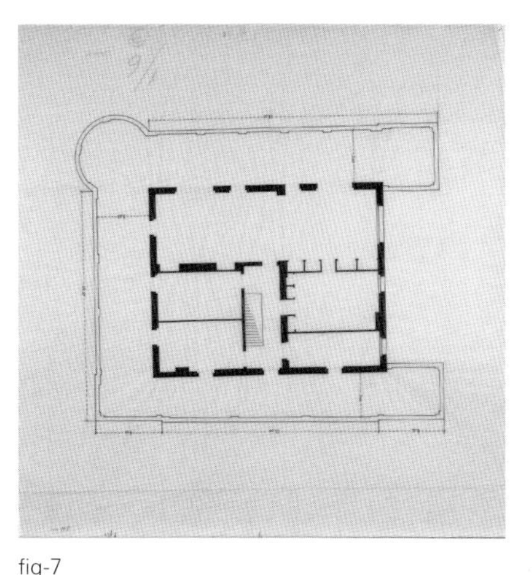

fig-7
《カルマ邸》／ALA762

を経て完成し、部分的な改変を受けて今日に残されているものの、計画に関して残された数多くの図面やスケッチの内容と実現作品を検討すれば、おおむねロースの設計による建築と評価することの可能な既存改造増築計画であった。

施主であるウィーン大学教授テオドール・ベーアがどのようにロースを知るに及んだのか正確にはわかっていないが、ロースの書いた論評が掲載された『ノイエ・フライエ・プレッセ』にはベーアも関わりをもち、ここでロースを知ったと考えるのが妥当なところであろう。敷地はスイスのジュネーブ湖のほとり、クラランスであった。遠隔地の現場に通いながらの設計を余儀なくされ、同時に施主の思想的な背景によって設計施工業務の遂行には多くの制約があったことや、ベーア教授が児童ポルノで告訴され、いったんアメリカへ逃避行を図って計画は中断したことなどがあって、必然的に計画は長期化した。さらにベーア夫人が自殺する事件が絡み、ベーアが収監されたのちに保釈金を用意して出所するまでさらに中断が続き、ようやく完成したのは1912年になってからであった。

計画は、湖畔に残されていた既存の建物の3方向に、奥行3mほどの外皮をつけた上にさらに1層加えることによって、完全に入れ子になった建築空間を設計実現することであった。こうしたスキームは、最初に取り組んだ建築家アンリ・ラヴァンシーの時点でおおむね決まっていたようである。しかもベーアは自分のアイデアを主張する人物であり、相当部分に施主のアイデアが含まれている。したがって建築としての作品がロースの完全なるオリジナルであるとは必ずしもいえず、しかも計画が2階以降に進んだ段階で、施主との報酬支払いの問題をきっかけにロースは現場を1906年に離れてしまう。後継建築家としてマックス・ファビアニを推薦するものの、結局完成させたのはクロアチア人建築家ヒューゴー・エーリッヒであったことも事態を複雑にしている。しかし《カルマ邸》はロースの作品群がもつ流れにおいて、明らかに重要な出発点となっている。

要点は3つある。第一に、空間構成における軸線のずらしによる動的な空間の実現である。エントランスから直角方向に展開するサロンへ向かいそこから多方面に展開する空間が連結し、一方で最初の軸が同じ方向に進む際に鍵型にずれて微妙に錯綜した空間の動きがあることによって、空間体験がより複雑で場面場面の要素が分解されてつながる印象を与えることに成功している。構成要素がそれぞれの個性を発揮する中での互いのつながりが、破断的であり合成された断片の連続体のようでもある。

第二に、内部と外部の表現の乖離である。外壁は田園地帯に多く見られる田舎のヴィラ、という印象をもつ平滑な壁面として表現され、仮面を被されているような無表情さなのに対して、内部はふんだんに使われた石をはじめとするマテリアル性の高い素材によって徹底的に仕上げられている。特に表現力の強い石を使いながら、時に妖艶、時に華々しく、そして重厚で落ち着いた印象を与える空間表現は、その後のロースの作品にさまざまなヴァリエーションをもって継承されてゆく表現の嚆矢となっている。

第三には、増築計画によって新たな空間創造の可能性を見せつけたことである。過去の事例を見れば、増築計画の多くは拡幅、つなぎ合わせによる新旧の共存であったが、新旧部分の関係性をより複雑に組み合わせ統合させながら、全く違う建築に生まれ変わらせる手法は極めて斬新であり、単純に3m程度のファサードを周りに配置しただけに留まらない。かりに最初の枠組みがラヴァンシーであったとしても、このような軸線をずらし、濃密なディテールを創造できただろうか。

その後のロースの活動との整合性から類推すれば、《カルマ邸》における結果としての多くの特徴的で効果的な表現が、ロースの個性によってできていることが演繹されよう。改修工事による建築の再生はその後の《シュトラッサー邸》[fig-8]、《ドゥシュニッツ邸》[fig-9]、《マンドル邸》[fig-10]、《ライトラー邸》などでも遺憾なく発揮されていることを見ても、改修工事におけるオリジナリティーは明快に見てとれる。このように《カルマ邸》は、その後に顕著に発揮される機能空間の接合部に軸線交差によって動きを生みだす空間構成、外部に特別な表情を表現せず、内部に豊かなさまざまなマテリアルを配して各空間の多様な演出を行い、空間の動きによって内部体験を充実させる表現方法、改修計画における巧みで全く新しい空間構成を創出する想像力が遺憾なく発揮された代表作のひとつであると評価してよいのではないか。

fig-8
《シュトラッサー邸》／ALA3244

fig-9
《ドゥシュニッツ邸》

fig-10
《マンドル邸》

「装飾と犯罪」

《カルマ邸》に始まる石によるマテリアル性の追求は、実は同時に《ジグムント・シュタイナー羽毛店》(1906) [fig-11]、《アメリカン・バー》(1908) などの代表的なショップフロント+インテリア作品でも試みられており、さらに引き続きウィーン市内の商店建築において追求され続けた。即物的にシンプルな形状の石として置かれたときにもつ重厚さと華やかさは、そのまま表現としての強さをもつものであり、同時に信頼性を象徴するときにこそ外部に表現されることになったと考えられる。この流れは《クニーシェ紳士服店》(1910-13) [fig-12]、《マンツ書店》(1912) [fig-13]、《カフェ・カプア》(1913)、そして当然《ミヒャエル広場のロース・ハウス》(1909-11) も同じ方法論によって表現されてゆく。一方で、プルゼニュの《ヒルシュ邸》(1907) [fig-14] のように住宅の室内表現にも石のインテリアが応用され、新興ブルジョアの華やかな生活を美しく表現する素材として使われてゆくこととなる。

自然素材の美しさがそのまま意味をもつ表現となることで、ロースのマテリアル性を際立たせる手法は『ダス・アンデレ』(1903) 以後《カルマ邸》を通じて数年の間に早々に確立するが、文筆における転換点はドイツ工作連盟が設立された1908年以降に訪れた。ドイツ工作連盟は、いわゆる応用芸術家の仕事を推し進める組織として時代の生活文化の担い手としての存在を示すことを目標としていた。ロースの視点からすれば、分離派同様に、機能や成り立ちに無縁の任意の思いつきにすぎない形態を、デザイ

fig-11
《ジグムント・シュタイナー羽毛店》/
ALA2585

fig-12
《クニーシェ紳士服店》ファサード

fig-13
《マンツ書店》ファサード

fig-14
《ヒルシュ邸》／ALA3110

ン、あるいは芸術に位置付けようとする行為として批判の対象となったのである。また、同じ方向性をもつウィーンの芸術展（Kunst Schau,1908）が、同じ年に開催されたこともロースを苛立たせたに違いない。

工芸家がものをよく知り、より使いやすさを目指して腕を磨いた結果つくられるものは尊いが、表面的な思いつきでつくられる気まぐれな形態・デザインには価値がない、ましてや使い勝手に関係のない表層にあしらわれた装飾物は無駄で有害だ、と工作連盟を批判したのである。のちに『にもかかわらず』に収録された「装飾と犯罪」（1908）[6]が講演会で語られた内容をベースに文章化されたのには、このような背景があったことを忘れてはならない。したがって、

> 子供に道徳観念はない。パプア人もわれわれからみれば道徳観念がないに等しい。彼らは敵を殺し、その肉を食べるが、パプア人のあいだでは犯罪者ということにならない。だが現代人が人を殺し、その肉を食べたとすれば、犯罪者か変質者とされるのがあたりまえである。パプア人はみずからの皮膚をはじめボート、舵などの身のまわりのものすべてに「刺青」を入れる。だからといってパプア人が犯罪者というわけではない。だが、現代人が刺青を入れたらどうか。やはり犯罪者か変質者ということになるだろう。文化の発展は日用品から装飾を削ぎ落としてゆく過程に相当する[7]。

とする議論は、伝統文化に根ざした行為に瑕疵はないが、機能や生産体制に関係ない装飾を施す姿勢は根本的に間違っているとする、これは歴史に縁のない芸術としての表面装飾を展開していた分離派を含む流れへの反感であって、必ずしも装飾一般だけの議論ではない。むしろ歴史的に継承されてきた装飾の価値を評価すらしているのである。本来「装飾と犯罪」の背景にある議論は、「装飾は時代とともに自然に消滅してゆく」のであって、装飾の断罪や歴史様式、建築家の批判ではなかった。「新しい装飾をつ

[6] 初出の*Trotzdem 1900-1930*やのちにまとめられたロースの著作集（*Gesammelte Schriften*, 2010, Lesethek Verlag）には1908年と記載されているが、クリストファー・ロングは*Ornament is not Exactlly a Crime: On the Long and Curious Afterlife of Adolf Loos's Famed Essay* において、「装飾と犯罪」が文章化されたのは1910年頃である可能性が高いとしている。

[7] *Trotzdem 1900-1930*, 1931, Adolf Loos, Brenner／
アドルフ・ロース
『にもかかわらず 1900-1930』
鈴木了二、中谷礼仁監修、
加藤淳訳、2015、みすず書房、
「装飾と犯罪」1908、
pp.81-83

くりだすことはもう我々に与えられた仕事ではない」「この表現から私の敵対者たちは私が装飾を全否定しているととらえているが、私はいわゆる現代的な装飾を否定しているだけで、既存の装飾を否定しているわけではない。全否定しているのは材料を偽装するイミテーションである」[8]との主張は、理解しやすく何を意図し何を批判しているかが極めて明快である。

[8] (1)、「オットー・ワーグナー」1911、p.113

ミヒャエル広場の建物の設計に向かおうとしているさなかに「装飾と犯罪」はブラッシュアップされ、講演が文章化されたとするならば、口調の強さや雄弁さを逞しくしながら完成し、そして白い壁の建築はこのような議論に引き続いて実現していった。著作はつねに時事的な要素をもつ。しかし「装飾と犯罪」本論はなかなか出版物として出版されない中で（ドイツ語の出版はようやく1923年、逆にフランスでは1913年の翻訳出版となる）特異な評価の変遷を経る。講演会を重ねるうちに成立した最終形は、「犯罪」というセンセーショナルなタイトルとレトリックから生みだされた誤解が時代とともにさらなる誤解を生み、文脈とは関係のない評価にさらされることになったのである。

白い壁の誕生 —《ミヒャエル広場のロース・ハウス》

ロースは1910年まで新築建物を設計することができずにいた。都市的な建築の表現に関する検討については、1904年マリアヒルファー通りの既存建物に［アルゲマイネ・フェアケアーズ・バンク］[fig-2] を組み込む計画において、店舗のみならず建物全体のファサードの表現を参照すれば、ロースが意図した建築と都市との関係を理解することができる。こうしたスタディが6年後にミヒャエル広場に実現する新築建物のための確実な前哨戦となっており、重要な先行実験であることが理解できよう。

この銀行計画では、角地の建物全体を平滑なファサードとし、上層階の壁面には窓以外何もない表現が検討されていたことは、《ゴールドマン＆ザラチェ紳士服店》と住居の計画がどのように進むのかを十分に予測させるものとなっていたのである。窓のプロポーションやデザインは《カフェ・ムゼウム》と酷似しており、新しい都市の顔に関するロースの発想はすでにこの時点で固まっていたと考えられる。銀行にはアーチのリズムによる開口部と、周辺に石のパネルを割り付けることで、人間が直接接する部分にマテリアルを与えていることも興味深い。上層階の表現は、スケッチからは完全に空虚な白い壁、というにふさわしい、真っ白く抽象的な印象を与えられる立面であった。つまり白いファサードの建築はほとんど《カフェ・ムゼウム》の時点から構想があって、建築されなかっただけであり、極めて早い時期から抽象的な造形の建築は構想されていたのである。

ミヒャエル広場の建物は王宮に対面し、中心広場のある聖シュテファン教会方向への導線となるコールマルクトを側面におく、都市的に見ても非常に重要な位置にある。不整形な街区の形態をもつ歴史的に形成された残余空間を、王宮前の広場として整備するためのセットバックを前提とし、実質的に王宮の隣にあることから、広場に面した象徴的な正面性が期待されたことは十分理解できる。王宮の曲面の構えに合わせて円形広場とすることで、計画は新たに形成される広場の中心に向けてファサードを調整する形態となった。

計画は1909年5月にコンペティションが企画された。ロースはすでに施主が所有する商店の改装、邸宅の改装をいずれも依頼されて実施しており、紳士服店のクライアントでもあったことから、公共性の高い建物に課せられたコンペにかける義務を形式的にたどりながら、いったんコンペへの参加を拒否したうえで、実質的に施主のアドヴァイザーの位置から、最終的に実施する立場を戦略的に獲得したと考えられる。下層階の中央を紳士服店、左右のウイングを貸店舗、2層目を全面的に紳士服店とし、上層階を分譲用住宅、屋根裏部屋にも紳士服店の作業空間を一部配置するという構成で1909年の年末には早々にプランはまとまり、模型が制作されたことがわかっている。

1910年3月に着工し、同年9月には建物の全貌が開示された。下層階は石による重厚なマテリアルと入り口にはオーダーが配される予定であり、歴史的な構成法を踏襲していることはわかるものの、上層階は真っ白で何もない平滑な壁面にくっきりと枠のない開口部を切り取ったような、硬質で冷たく取り付く島のない印象を与える表現であった。新聞にこの話題が取り上げられ始めると、市の建築局から建築許可申請の手続きに関しての異議が出されることとなった。すなわち使用許可が下りないという事態に直面することとなったのである。立場の異なる人々からの攻撃や限定的な擁護は、収拾する兆しはなかなか見えないまま年末を迎え、一方では住居部分の分割販売が許可され内覧会が行われている。

ロースは立面計画としてはいまだ未定であり、形式上そして戦略上、横方向に縞状のレンガ積みを施す案もあるとしていたが、施工側から事態を打開するための別案も市に提示され、事態は混沌の度合いを深めてゆく。市の建築申請記録によれば、こうしたヴァリエーションは確かに提出されているが、マスコミ、市議会を巻き込んだ議論は収拾点を見出せないまま使用許可が下りる気配もなく時間ばかりが経過した。1911年4月からロースは事態改善に向けての一連の講演会を開き、啓蒙活動を始めるものの、しばしば横槍が入って中断することもあったという。月末には低層部の石張りの施工が終わり、公表されるものの、上層部に関する議論は結論付けられず、5月に入ると施主からは工事担当側からの案を廃棄し、施主主催のファサードコンペを開催する旨の発表がなされる。

施主とすれば、使用が見通せないままいたずらに時間が経つことへの危機感があったものと思われる。審査員にはオーストリアエンジニア協会と建築家協会による構成員が指名されたが、ヴァーグナーがこれを辞退したことがきっかけとなり、建築家協会はすでに芸術家が進めている作品に異物を加えることの問題を指摘し、ボイコットを表明したことから事態は一気にロースの意図を尊重する流れが生まれた。ただし、計画が自由自在に進められるわけではなく、プラントボックスを窓に配置するという妥協案が検討されることとなった。市議会では変わらず施工者案の再採用が主張されるなど議論の収束は見出しにくく、こうした事態に影響されてロースの健康状態は7月から急激に悪化した。プラントボックスの設置問題が個数判断で揺れたものの、ようやく1912年11月に使用許可が下りたのであった。

fig-15
オットー・ヴァーグナー
《Neustiftgasse40》
(1909-11)

白く平滑な建築ファサードをめぐる論争がここまで紛糾したことは、当時の建築表現における禁忌を意味するというだけであれば簡単な結論である。しかし同時代に成立したヴァーグナー学派の成果を確認すれば［fig-15］、建築の装飾要素の質・量の変化は顕著であって、確実に表現はロースの向かう道を示していたことは間違いなく、あともう一歩の違いにどうしてこのように激しい批判があったのだろうか。厳しい反駁の焦点は、ロースの建築は何もない白いプラスターである、ということが許せない、というところに絞られる。歴史時代の芸術を強く表現した王宮という公共があり、一方で教会が広場に参入しているのに、公共の顔をもつべき重要な位置に顔をもたない、のっぺらぼうな建物が登場した、しかも歴史様式と比較すれば、本当に顔を失ったかのような空虚な壁面は、当然ロースの戦略であったはずである。

前述の通り、軍事省のコンペ［fig-16］に示したような横断する縞模様の詰み柄をファサードに表現する案も図面として残されているものの［fig-17］、ここで新しい表現を追求することは何も残さないことだ、という選択肢は、構造体に対してもっとも素直でもっとも簡略な仕上げ方をマテリアルとして押し出した結論なのであり、それはすでに《カフェ・ムゼウム》［アルゲマイネ・フェアケアーズ・バンク］などで示されてきたロースのたどり着いた結論であった。建築は芸術ではない、と芸術の名のもとに気まぐれな表現を展開する同時代人への批判としての、極めて強烈な芸術表現でもあったのである。

外観に関する議論ばかりがセンセーショナルに強調されるものの、内部空間における試みも極めて独自で新しかった。1層における厳格なグリッド構成を見せる独立柱の規律と有機的に折れ曲がって人を誘導する階段のディテール、トップライトによってハイライトされた踊り場での鏡による視界の拡張展開、2層での段差を積極的に設けた空間の分節化などが、美しい素材の力とともに動的な空間体験をテーマとした雄弁な物語性をもった新たなる空間性を提案することとなったのであり、空間を立体としてとらえる計画法は、そもそもロースの最初の計画から遺憾なく発揮されていたのである。

fig-16
軍事省案立面図／ALA376

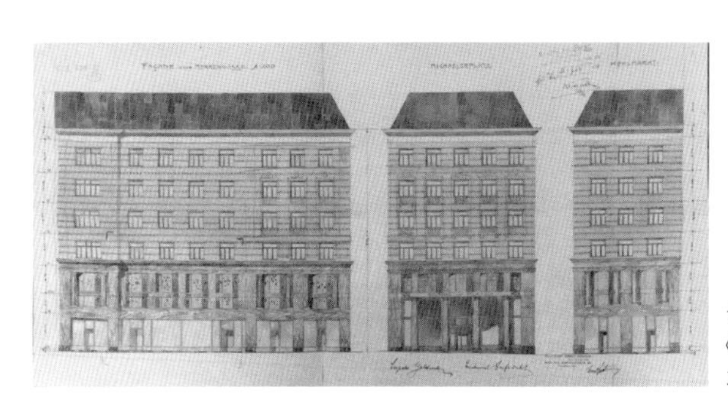

fig-17
《ミヒャエル広場のロース・ハウス》
立面案、申請図（ウィーン市MA37）

《シュタイナー邸》

ミヒャエル広場の仕事が進捗しながら、同時にもうひとつのエポックメイキングな作品の設計が進んでいた。ロースにとって代表作となる最初の住宅建築は、いわゆる近代主義の標準的な表現として定着してゆく、白い壁の抽象的形態による建築の嚆矢であり、ロースの住宅建築におけるその後の展開のすべてはここから始まったという意味でも、重要な作品《シュタイナー邸》[fig-18] である。施主はすでにウィーン市中心街に商店のインテリア設計をロースに依頼していて、家族の付合いも定着しているという、確立した信頼に基づく依頼であった。

fig-18
《シュタイナー邸》／
ALA3236

建設地となったヒーツィンク地区は田園都市運動の影響を受けた、良好な緑地を計画的にもつ閑静な住宅地であり、当然、依然として保守的な感性が求められた場所である。計画建物の道路から見た姿はドーム屋根が顕著で、伝統的なイメージも感じられるが、ミヒャエル広場での真っ白な壁面表現への拒否反応によるトラブルの経緯を考えると、建築許可を得やすい建築要素をあえて選択したのではないかと考えられる。しかし、道路からは知ることのできない背後となる庭に面したファサードは、白い壁以外に何もない合理主義建築といいうるような表現とし、タワー状に突出する左右対称のヴォリュームをいきなり頭部で切り終えて、水平なラインによる抽象的な形態でまとめられている。

同じ年にデザインされたふたつの白い建物に共通で、同時代の建築では行われなかったことは、開口部を即物的に開けて、枠状のエレメントを設けないことである。特に窓枠がその縁周りにうるさく絡まないように、彫りを深くし、即物感と形態の純粋性を高める努力をすることで、空白感を強調していることに特徴がある。強い喪失感は強い彫塑感を伴っているのは、この最初期のふたつの新築建物で表明され、その後の多くの建物は、ロースの主張である「外に対しては沈黙」[9]する、という意図を示す表現方法としてのスタンダードとなった。

[9] (7)、「郷土芸術」1914、p.150

もうひとつ重要なことは、外形が左右対称をおおむね守る構成になっているにもかかわらず、内部空間において中心性を排除し、個別の空間には軸性があるものの、何度も直行する軸の交差点で屈曲させながら人の動きを演出することで、空間の変化を伴った連続性を重視したことである。中心の喪失は日本建築の影響であると、のちに弟子のハインリヒ・クルカは指摘しているが、ことの真偽はともあれ、外部の顔と内部の空間の対照的な相反は、さらに内部空間を内密にしてゆく効果を獲得している。伝統的な材料はマテリアル性を強調しながらも形態的には簡素な表現として扱われ、質感の豊かさが最大限に引きだされる。以後成立するすべてのロースによる住宅は、このような内部空間と外部表現の相反・対立と、動的で濃密な内部空間世界の展開によって創造されてゆく。

《ショイ邸》— 白い箱の完成

弁護士グスタフ・ショイは社会民主党の創設メンバーであり、ウィーン市の市議会議員として活躍した名士である。ロースを高く評価し、特に自宅と大戦後の公共住宅の整備に関してロースに仕事を依頼しながら、ロースの晩年まで良好な関係をもち続けた。最初の依頼は田園都市ヒーツィンクの自宅であった。同じ地域にあって先行する《シュタイナー邸》では道路に面して、つまり公共に面して完全に抽象的な白い壁を向けることをしなかった。斜線など合理的な理由はなくもないが、本格的に真っ白な建築で勝負せず、道路面以外の3方への試みだけに留めることを当面の最大の目標にしたのであろう。

そもそも屋根裏は平面計画的にはほとんど形態との整合性をもたず、外観だけの皮膜にすぎなかったことは、その後《ホーナー邸》での屋根が一応断熱層の役割を担うことと比較をすると表面性の高さが際立つ。問題は明らかに持ち越されてきたのであり、完全な白い平滑なファサードをもつ住宅は《ショイ邸》において戦略的にもたらされた。しかも独立住宅ではなかったこともこの戦略を後押しした。接する共同住宅に《シュタイナー邸》での屋根の役割を、屋根を載せたうえにゼツェッション風装飾をわざと施した、建つことのない建築と一体となる主張を確認申請に含めることによって、《ショイ邸》の抽象的な表現の突出を緩和させている［fig-19］。

fig-19
《ショイ邸》

こうした戦略によって、ロースの作品としては初めて、完全に抽象的な形態で白い箱を完成させたのである。今回はしたがって表現は極めて積極的であった。道路面にあえてテラス部分を露出して表現する徹底ぶりであり、しかもこのテラスは東に向けて隣接する建物側に向いて開く設定となり、基本的に無理を押した不合理な配置計画である。本来なら南の庭園側に向けて展開することが常套であろう。すなわち、3段の階段状に明快に下がってゆく構成をわざわざ道路に露呈することを目標にしたとしか考えられない。つまり、このシンプルで直接的な階段形状以外の表現は屋外に何もない、これが建築の実体的な姿だと明示したのである。

当然、当時の評価の中には多くの批判が渦巻くことになるが、中でも形態を決定付けるテラスの存在に向けての疑義が批判の核心部となった。アルジェリアではなくウィーンにはテラスは不自然だ、という批判であった。《シュタイナー邸》《ホーナー邸》ともに、一部庭園との関係をもつテラス空間や出窓状の小テラスはあるが、屋上テラスと呼べるような空間はなかった。《ショイ邸》の屋上テラスは、場所にかかわらず室内から自由に外部空間に出てテラスの開放的な空間の楽しみを与えられる、というロースの主張は、基本的に閉鎖的な室内を好むロースの嗜好性と、組積造による必然的な開口部の小ささから、内外の連続性を強くもつことができず、室内からテラスへのアクセスは必ずしもよくはない。

屋上テラスという形式がもたらす抽象的な形態表現を推し進めることにより、幾何学的で単純な形態を完成させる可能性をその後の住宅のみならず、ホテルなどにも拡大させてゆくきっかけになった実験的な住宅が《ショイ邸》であった。1912年において、近代主義の表現を特徴付ける平滑な白い壁面だけによる住宅建築はこのように完成したのである。また《シュタイナー邸》《ショイ邸》で家具や照明器具、建具などのヴァリエーションもほぼ確定している。職人の技術を抽象的で簡潔な表現にまとめようとする姿勢は、既製の電球をそのまま見せて使う方法も含めて手法が確定しているし、建築同様、素材感の追求はスチール、真鍮、クロスなどを素材の特性を生かし、強調しながら表現する指向性をすでにはっきりと示している。

初期の住宅作品

初期の住宅作品である《シュタイナー邸》《ショイ邸》《シュテッスル邸》《ホーナー邸》《砂糖工場の管理者住宅（バウアー邸）》などは、いずれも各階の重なりによって構成された白い箱の住宅であるが、外観において正面性を強く与えているにもかかわらず、正面性は内部空間に反映されない空間構成が意図されている。したがって人の動きは外部によって与えられた

fig-20
《シュテッスル邸》1階階段

強い軸線意識をもたず、ヴォリュームを回遊するように導かれる感覚が与えられている。階段には、上層階に消えていなくなる人がステージから退場するような演出が顕著に感じられる［fig-20］。外部に構築された左右対称の空間構成は、内部では素直に正面に向けて真っ直ぐ抜けることはなく、必ず屈曲して振り分けられて動きが始まる。

ヴォリュームの中心付近に到達するまでの動的な道のりが空間のテーマであることは、最初の作品である《シュタイナー邸》から始まっている。各階は機能的に独立し、（半）地下にユーティリティー、使用人の部屋、地盤から半層高められた1階に居間・食堂など共用スペース、2階に寝室、3階は特別な機能を与える場合と使用人室などユーティリティーの一部を構成する場合があるが、最上階は基本的に屋根裏部屋であり、けっして快適な部屋ではないということを前提とした構成である。居室としての1階の充実が（伝統的な建築がそうであるように）初期作品から明快な階層構成の論理となっている。またもうひとつ特徴的なのは、自然環境との距離の取り方である。《シュタイナー邸》は花壇などの造作をもちながら、建物が庭と一体になってゆくかのような蔦の繁殖が当初より計画されており、竣工後から蔦を伴う写真が多く残されている。西側には特に植物用の下地が用意され、温熱環境の最適化を含めた自然との関係性の確立を植物によって求めていたことがわかる。

《砂糖工場の管理者住宅》には初めてパーゴラ状のテラス屋根が載る。これも良好な住環境整備のための植栽と建築の融合を意図したものとして考えられるが、敷地は今日でも田園的な環境をもち、広大な庭があって、積極的に自然に埋まるように融合してゆく建築を想定したと考えられる。すでに増改築作品の前例としては、湖畔の広大な敷地とともに計画された《カルマ邸》があったが、その後こうしたパーゴラをもつのは、ヴェネツィア・リド島の田園的な環境に計画された［アレクサンダー・モイッシ邸］［fig-21］や、傾斜地に計画された［テラス付きヴィラ］の2階小テラス［fig-22］、［シュトロス邸］の庭園側［fig-23］、イスラエルのハイファに計画された［フライシュナー邸］［fig-24］などであり、周辺に対して建物がどのような顔をもち、どのように自然に融合するかという問いに一定の指向性を示したものと考えられ、初期の作品からすでに検討されていた方向性であった。

アドルフ・ロース建築学校

1912年、オットー・ヴァーグナーは教授職を退任し、後継候補が検討された。工科大学をヴァーグナーのもとで卒業したルドルフ・シンドラーは、ロースがこの職に立候補するように働きかけ、工科大学内でもそのような

fig-21
[アレクサンダー・モイッシ邸]模型

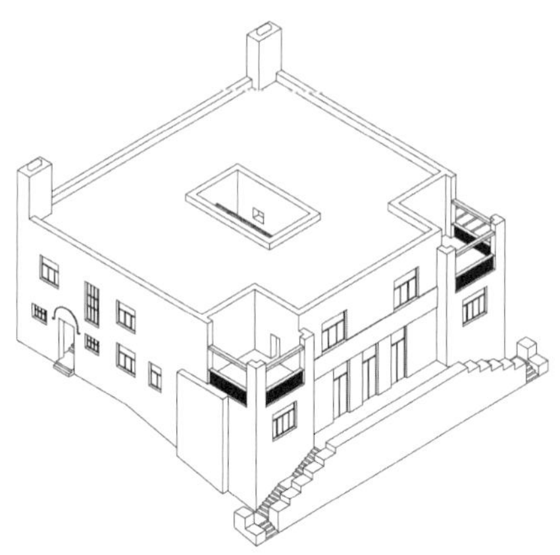

fig-22
[テラス付きヴィラ]の2階小テラス

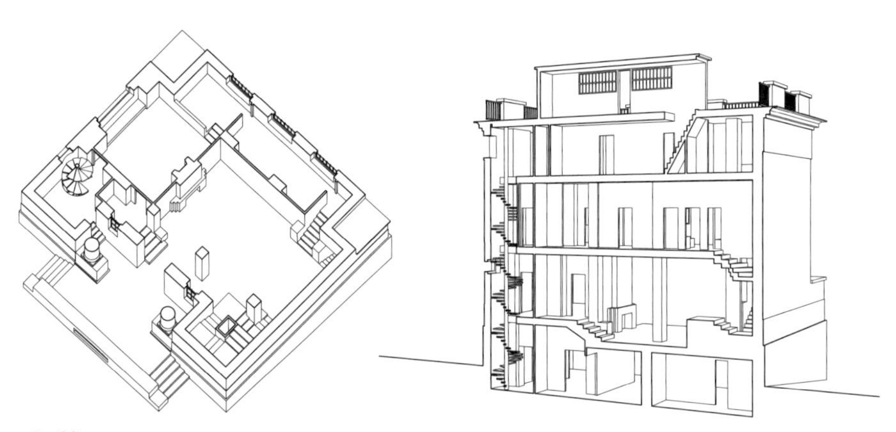

fig-23
[シュトロス邸]立面およびアクソメ

ファサード側断面立体図

fig-24
[フライシュナー邸]模型

主張を行ったとされる。結局、後継候補者の展覧会が開催されたうえでヨジェ・プレチュニクに決定するが、こうした出来事がきっかけとなってロースに教育への情熱を掻き立てさせた。すでにロースは、スイスの大学を卒業した初めての女性であり、教育者であり社会政策の実践者でもあったオイゲーニエ・シュヴァルツヴァルトの私設の女子学校「シュヴァルツヴァルト・シューレ」で教鞭をとっていた。

若い学生たちとの関係は、ロースが特殊な立ち位置で個人的な活動を展開することで、大学とは異なる知的刺激を発する拠点として自然な交流関係を築き始めていたと考えられる。もとより建築設計事務所のスタッフはつねに必要であり、事務所の運営上もスタッフの探求が重要な仕事であったことは想像できる。そしてロース自身が基本的に年下の人たちと活動し、指導することが好きであったことは、オスカー・ココシュカやアーノルド・シェーンベルクを徹底して援助したり、婚姻関係を結んだ女性たちや関係の深かった女性たちへの熱心な援助の姿勢を示したりしたことから理解することができる。ロースは根本的に若手の支援者であり教育者であった、といえよう。

アドルフ・ロース建築学校の開校時期は、1912年から1913年、1913年から1914年の2カ年、そして第一次大戦をはさんで、再度1919年から1920年、1920年から1921年の4年度だけであった。1920年にパリを訪れたロースは、以後学校の継続した姿を憧れのパリの地に求め続けたが、これは所詮かなわなかった。ロースの建築学校において興味深いのは当然カリキュラムである。というのも彼の建築に関する考え方が凝縮した形で、如実に表現されていると考えられるからである。まずロースは「アドルフ・ロース建築学校のコースガイド」を公開した。教育プログラムは3年間で完結する形式をとり、初年度は美術史、インテリアデザイン、材料の知識の3科目を週に3日でそれぞれ1時間ずつ、シュヴァルツヴァルト学校の場を借りて受講するものであった。内容は極めて興味深い。

美術史コース＝①「古代の芸術」、②「中世の芸術と東洋の人々」、③「現代美術の歴史」を学ぶ。

インテリアデザインコース＝①「住宅の文化、暖房と換気、セントラルヒーティング、衛生、設置工事、賃貸アパートと民間アパートへの住宅の諸機能の配置、家具付きのアパートや別荘の訪問」、②「ホテル、カフェ、バー、レストラン、講堂、カジノ、シェルター、監視所、銀行と換金施設、ショップとデパートの建設」、③「教会、学校、劇場、サーカス、祭典施設、プール、病院、療養所」などを学ぶ。

材料コース＝「地質学と鉱物学の一般的な知識」を学んだうえで、①「便利な石（砂岩、石灰岩、花崗岩など）、表面仕上用高級石（大理石、閃長岩、斑岩など）、半貴石、瑪瑙、貴石、動物界の素材（真珠、真珠母、鼈甲、角などの組合せによる材料）、石灰、石膏、セメント、コンクリート、鉄筋コンクリート」、②「レンガ、陶器製品、陶器および磁器、ガラスおよびガラス製品、冶金学（鉄、銅、亜鉛、鉛、青銅など)」、③「テキスタイル（リネン、綿、ジュート、ウール)、毛皮となる動物」

などのさまざまな素材の性質と使い方を学ぶ。ロースの素材に関する指向性の詳細が語られているかのようである。そして、実物を直接学ぶための旅行が多く用意された。ロースが記述する具体的な資料によれば、

1913年4月1日から5月15日まで「古代美術の地と大理石採石場を訪れて、美術史コースと材料知識を補完する」調査旅行：「ブダペストへのドナウ川での汽船による出発。訪問。ドナウ川を汽船でルストチュクまで移動し、ブカレストまで電車で行き、王宮へ。コンスタンツェへの電車。コンスタンティノープル、スキロス大理石の採石場、チャーターされた汽船でクレタ島、クノッソス、デロス島、エギナ島。エピダウロス、ナフプリオ、アテネへの列車。途中、ティリンス、ミケーネ、コリントス、エレウシス。アテネでの長期滞在。ペンテシレイア大理石採石場の訪問。アテネから汽船でコリント海峡を通ってデルフォイまで、翌日オリンピアのパトラスまで。Austro-American Companyの汽船「America」でパトラスからパレルモまで。アグリジェント、タオルミーナ、シラクーザ、メッシーナを周遊。汽船でポンペイ、ナポリへ。汽船でリヴォルノ、ピサ、マッサカッラーラ、パルマ、マントヴァ、ヴェローナ、ヴィチェンツァ、カステルフランコ、ウィーン（特別列車）へ」

という交通手段までも含めた計画が記録されているものの、実施されたとしたらギリシャ・ローマ文化を総覧する長大な旅行であった。

1914年の研究旅行：ヴェネツィア、パドヴァ、フェラーラ、ボローニャ、ピストイア、フィレンツェ、ローマ、オルヴィエート、ペルージア、シエナ、アンコーナ、フィウメ
1915年4月の研修旅行：フランクフルト、ケルン、デュッセルドルフ、ブリュッセル、オステンド、ロンドン、ルーアン、パリ、ストラスブール、シュトゥットガルト、ミュンヘン

などいずれも旅好きで各地の文化に詳しいロースらしい、長期にわたる旅行であった。

特徴的なのはまず実物・実体験の重視である。旅行で実物と空間を見ることの大切さを徹底して追求し、詳細な旅行計画がなされていることと同時に、材料の授業に関しても、まず産地で素材を見たあとに、最終的に使

われている建築をエクスカーションで見学するという、実践的な学びの姿勢がふんだんに示されている。彼の作風に見られる素材を重視する姿勢は、いかに素材に精通するか、という意識が示されたカリキュラムの中に実戦的に徹底して含まれているといってよいだろう。特に石の知識に関する追求は、格別に重視していることがうかがえる。歴史の授業においては古代、中世、現代と区分して語るのは標準的であるが、「東洋の人々」というカテゴリーが入っていることは注目に値する。ロースの著作には、頻度は低いものの日本に言及することがあって、授業では日本の空間文化について語られた可能性が高い。

ロースは生涯の旅人といってもよいくらい、広く世界を頻繁に旅行しているが、そこで見るものの詳細な分析が彼の作品を支えていることがわかるカリキュラムである。エクスカーションは、多くの国にまたがる広域な活動だけではなく、時にウィーン市内を詳細にめぐることも学生の記憶から語られている。バロックの建築からヴァーグナーまでさまざまな建築の部分、詳細やプロポーションについて語りながら、生徒に語り続けるものであったようである。特に石の使い方、比例の適切さ、歴史様式の各部分の調和、階段の設計の要点などが次々と語られて、ロースの博識が尊敬を集め好評であったという。

学校といっても各授業に対して報酬を支払うという形式で、厳しく出席をとるものではなく、自由な出入りが可能であった。同時にロースの事務所での手伝いを含み、これを機会にロースはウィーン市内のベアトリクス街に事務所を開設している。第1期の参加者にはパウル・エンゲルマンやリチャード・ノイトラ、ミラノ出身のジュゼッペ・デ・フィネッティなどがおり、第2期となった1920年にはのちに主要な作品を担うズラトコ・ノイマンやハインリヒ・クルカ、ノルベルト・クリーガー、レオポルド・フィッシャーらが参加していた。ある意味、ロースをカリスマとする特殊な組織の形成であって、多いときでも十数名ほどで、生徒数は必ずしも多くはなかったが、ロース流の思考方法や、設計思想が確実に次の時代に伝播していったのである。

私は伝統にこそ力点を置こうと考えていたのだ。我々は19世紀のはじめに伝統と切れてしまった。私はそこにもう一度立ち返って、今とつなぎ合わせようと思っているのだ。我々の文化は、何よりもまず古代ギリシャ・ローマの文化遺産を深く理解することのうえに成り立っている。我々の考え方、感じ方の雛形はローマ人から受け継いできたものだ。また現代の社会感情や魂のあり方すらも同様である。(中略)今日という日は昨日、昨日という日は一昨日を土台に成り立っている[10]。

[10] (7)、「私の建築学校」1907、p.64

建築プロジェクトは内部空間から始まり外部に向かって順にデザイ

ンしてゆかねばならないこととした。床と屋根、つまり寄木造りの床と天井の格間が優先され、ファサードはその後にくるべきものである。(中略) この方法に従って、私は生徒たちに立体における三次元的思考を鍛えるようにした[11]。

[11] (10)、p.66

ロースの教育方針は明快であった。そして注目すべきは伝統からの新たな空間の創造、そして内部空間の充実であった。1907年の時点で、三次元的思考に軸をおいた建築空間構成を教育すると明言していることは、立体構成の着想はさらに遡ることを意味する。

世界大戦中に完成した改造住宅〈ラウムプラン〉

世界大戦前夜から終戦までの間、民間の生産活動全般は当然滞り、戦時の中で建築論を語ることも難しい環境の中で、ロースは増築・改修工事において3つの代表作を完成させている。初期の住宅作品は、外部を白い壁で表現しながら、平面計画において独特の動線計画をもつ、経路をデザインする動的な内部空間をもつ建築であるが、経路のデザインに加えて立体的な空間構成が積極的に場面の展開に参加する計画がこの時期に完成したという意味で、世界大戦中に進められた住宅計画において、ロースの立体的空間思考の深まりに基づく実践活動は、一定の深度に達したと評価できる。いわゆる〈ラウムプラン〉の完成である。

初期の小規模な室内計画や家具の計画は、工芸の近代化における新たな試みという指向性が強く、空間性の議論は難しいものの、《ミヒャエル広場のロース・ハウス》に実現した空間や、建築学校での指導方針を見てもわかるように、もとより三次元的思考を計画の基本におくことを大前提としていたことによって、その後の計画に見ることのできる空間の特質を総括すれば、ロースの空間はすべてが〈ラウムプラン〉である、とここではまず定義したい。すでに定着した言葉ではあるものの、〈ラウムプラン〉の由来と意味するところをここで確認しておこう。最初に〈ラウムプラン〉という言葉をロースの晩年での作品集(*Das Werk des Architekten*)の前書きで公に表明したハインリヒ・クルカによれば、

アドルフ・ロースによって根本的に新しく高度な空間思想の世界が開かれた。空間の自由な発想と空間計画によって、異なるレヴェルにある連絡関係のない階を結びつけ、互いの空間を関係付ける構成法で、分かちがたい調和した全体を経済的な空間として構築する。空間にはその意図や意味があり、単に広さや高さが異なるものというわけではない。ロースは同じ建築構法でより大きな居住スペースを生みだし、同じヴォリュームで同じ基礎の上にそして同じ屋根の下に、同じ間仕切りの中により多くの空間を納めるのである。(中略)

キュービックな構造体を表現するものはほとんどが、ロースとは別

の考え方によるもの、むき出しの外形としての量塊的な造形を目指すものであり、空虚なファサード建築である。〈ラウムプラン〉はそのような外部造形を行うものではない。ロースにとっては内部こそは優先する。そのうえで外形が決まる。しかしだからといって、空間造形と外形によるヴォリューム構成が相容れないという訳ではない。ロースは、もっとも明快な形態である立方体、世界でもっとも完璧な建築作品である壇状ピラミッドなどを我々の生活に蘇らせたのである[12]。

[12] *Adolf Loos Das Werk des Architekten*, 1931, Heinrich Kulka, Anton Schroll(筆者訳)

また、パウル・エンゲルマンも彼の書籍で〈ラウムプラン〉に言及し、以下のように論じている。

建築はグラフィックアートになってしまったが、ロースが設計する住宅は、平面を下敷きにするというよりも、三次元的思考によるものである。彼の住宅は空間性を守り、互いの空間の結びつきや配置を考え抜かれて決定されている。(中略) 1階、2階と積み上げられるような空間構成であれば、完全に1層(階段にして16段くらい)の高さを、主婦は台所から寝室へと、きつい移動をせねばならないが、三次元的な設計であれば、こうした距離を最大限縮めて半層、8から10段ですむのだ[13]。

[13] *Sätze von Adolf Loos*, 1946, Paul Engelmann(筆者訳)

いずれも、いったん住宅をヴォリュームとしてとらえたうえで、三次元立体の中で必要な高さをもつ空間をパズルのように組み合わせて、各機能間のレヴェル差を組み合わせて、無駄のない経済的な空間配置を構成すると同時に、ひと続きの空間として空気の流れをもたらしながらも、適度に分節化した、高度な空間配置を〈ラウムプラン〉の説明としている。当然こうした解説はロースから伝わった言葉である。ロースの著作でこうした表現について語っているのが、前述の教育方針における三次元的思考と、「ヨーゼフ・ファイリッヒ」(1929) の中での一文などである。

シュトゥットゥガルトの住宅展で設計するチャンスがめぐってきた際に、(中略) 私が展示しようと考えていたのは、住宅の部屋割りを従来のように各階ごとに平面で考えるのではなく空間で考えるという方法だった[14]。

なぜなら部屋割りを平面図でなく空間において思考する、というのは建築界における偉大な革命だからである。(中略) いつの日か我々が平面板の上ではなく立方体の中でチェスができるようになるのと同様に、建築家も将来的には平面を空間でとらえ、思考することになるだろう[15]。

[14] (7)、「ヨーゼフ・ファイリッヒ」1929、p.260

[15] (14)、p.261

晩年では明快に方法論を意識しながらほとんど今日の3D CADをイメージ

させるような言葉を綴っている。

ロース本人の立体思考に関わる言葉は少ないものの、実作に着手するときに始まり、大戦までには具体的な方法論として十分に成熟した手法として認識し、確立していたのである。クルカによる『ロース作品集』の作品目次によれば、1919年の《シュトラッサー邸》に初めて〈ラウムプラン〉の位置付けを与えている。ロース生前の作品集であるだけに、ロースの合意のもとに編集されたと理解すれば、ロースの意識はそのようなものであったと理解するべきであろうが、すでに《ミヒャエル広場のロース・ハウス》では、空間性において一種の迷宮性といえるような複雑な段差を伴う表現に到達していることを見ると、断面方向の変化を前提とした動的なプランは、「私の建築学校」の立体思考にふれる言説から考えても、そもそもロースの最初期から用意されていた空間構成であったと理解できる。したがってクルカの作品集での（したがって狭義の）〈ラウムプラン〉の名に値するのは、むしろ外壁で構成された閉じたヴォリュームを前提とし、閉じているがゆえの、そして住宅であるがゆえの最小空間単位の中で、上下のヴォリュームがパズルのように組み合うかたちで構築された計画を〈ラウムプラン〉と位置付けたことが理解できる。

大戦前夜から大戦中にかけて手がけた増築改造住宅を順に見てゆくと、動的な空間によって段差がダイナミックに空間展開する最初の住宅作品は、オロモウツの［コンスタント邸］（1919頃）であるが、住宅におけるその後のロースの〈ラウムプラン〉が成熟してゆく過程を追うことができるのは《マンドル邸》（1916）［fig-10］と《シュトラッサー邸》（1918）［fig-8］である。一方で、これまでウィーンでのインテリア計画でも散見されてきたマテリアルの個性が際立つ室内空間を突き詰めてゆく作品の完成と見なすことのできる作品は《ドゥシュニッツ邸》［fig-9］であった。いずれの作品も、もとの建物がどこであったのかがほとんどわからないくらいのさまざまな変更と増築を経ての最終的なプランであって、極めて巧みなヴォリュームの追加と内部化は、明らかに〈ラウムプラン〉が完成するための習作の過程であると考えられる。もともとロースのインテリアは直行軸が組み合って方向転換をしてゆく動線計画に基づくシークエンスをつくりだすプランであるが、増築計画はヴォリュームの立体的な交錯が顕著であり、空間エレメントの追加による三次元的展開をもつ〈ラウムプラン〉的な空間の連携を計画の目的としているといっても過言ではなかろう。

《ドゥシュニッツ邸》は、追加された増築部分が主に音楽室の追加であり、加えてアプローチの軸線を明快にするための階段の改造を含む空間提案を主眼とし、立体的な空間構成を積極的に表現することは計画の主軸にはおかれなかった。しかしこの計画では、ロースにとってのマテリアルとの対話がひとつの結論を出した作品といえるものとなった。パイプオルガンを配置された音楽室はチポリーノの荘厳な空間、食堂は華やかなパヴォナツェット、エントランス前空間はトラバーチン、白と黒の大理石の清潔で重厚な空間、南仏に存在する重厚な暖炉のレプリカなどによって強烈な空間の存在感を表現しているが、特に音楽室は帯状の古代ギリシャ風レリーフや床の木製象嵌による星座の表現、格天井による古代風のしつらえによって、神殿の内部であるかのような空間となっている。ウィーン、ブルノやプルゼニュにて表現されたインテリア空間の集大成はおおむねここで達成しえたのではないか。またこの作品ほど豪華な石に彩られながら古典的なモチーフに満ちた作品はほかになく、歴史的継承の痕跡は文化の痕跡であり、古典文化の継承者であることを表現するために、もちろん疑問をもつことなく既存の使うべき装飾を使ったのであろう。

《マンドル邸》の増築計画は、その後のロース住宅作品における〈ラウムプラン〉の手法を決定付ける最初の作品となった。既存の建物を道路側から見て幅方向に倍増するように拡幅し、屋上にテラスを設定し、玄関からのレヴェルを調整しながら階段を経て居間に連なるような典型的な経路のデザインを増築部分にもちこんだ。およそ既存の平面計画からは想像もつかない、異なるレヴェルを設定して、段差を伴う連続空間の中に段差間の見合いの空間をつくりだした。《マンドル邸》での立体的な空間の完成は、その後に新築独立住宅として設計された《ルーファー邸》のプランニングに直接結びつく試作となったに違いない。

《シュトラッサー邸》は、クルカのロース作品集では初めての〈ラウムプラン〉としてクレジットされた作品である。既存建物はおおむねL型のプランをもち、その入角を埋めてさらにコーナーに円筒状のコージーコーナーを追加し、さらに上層階を1層足してドーマー屋根を掛けたものである。《マンドル邸》で試みられた連続的に段差を伴う空間展開はさらに舞台をつくりだすような効果を加え、《ドゥシュニッツ邸》で採用された古典的な装飾と存在感のある大理石を中心とするマテリアルによるインテリアが合体して、さまざまな居場所をつくりだし、ヴォリュームの異なる多様な空間を演出している。数段の階段を絡ませて段差をつくりだす舞台のような空間は、上下どちらにいても劇場的な空間を感じ、華やかで動的な空間を創出している。演出の要になっているのが増築部分であって、玄関からの導入部分は、上層階の床レヴェルを調整して設定されたピアノが置かれた音楽室上段とパズルのように組み合って、以後の住宅空間のほぼ定番となる、素っ気ないが効果的な導入部分はこの作品で完成するのである。

増築は、一般的には新築と比べた際の経済性の高さから選択されたはずである。つまり、不足している必要な空間を充足して、求められた面積を満足させることに主眼がおかれる。しかしロースの増築計画は、新たな空間の関係性をつくりだすことに主眼がおかれているようである。既存と増築の差異を特にレヴェル差として表現することで、空間の多様性を強調している。したがって、こうした増築計画の体験は、典型的な〈ラウムプラン〉の完成に向けての試作期間であり、同時に空間的な機能の連続性を構築するための試作作業が、既存の部屋と新たに組み合わせるヴォリュームとの関係の中に行われたと評価できるのであり、むしろ既存の前提条件を分析して空間の足し算をすることによって外形計画へとつなげてゆく試みが実を結んでゆく過程であった。〈ラウムプラン〉の完成は、こうした増改築計画の体験があって初めて可能になったのである。《シュトラッサー邸》の増築計画がクルカによって初めて〈ラウムプラン〉と記されたことは、三次元的な空間展開をシンプルな外観の中に実現することができるまでのこうした経緯を物語るものであると考えられる。

世界大戦中の数少ない仕事の成果は、逆に大きな意味をもつものであった。むしろその後の基礎をつくりだした貴重な時間であったともいえるのではないか。

戦後復興住宅

ロースのデザイン対象は、戦時中までは新興企業家（プチブル）の邸宅や商業拠点のデザインであり、いわゆる富裕層をクライアントとする建築家の立場で制作してきたことになる。しかし、ロースが単に富裕層に貢献するだけの建築家であったとするならば、『ノイエ・フライエ・プレッセ』での社会に向けてのステートメント・論評は単に狭い範囲でのペダンティストとして書かれたものとも理解されようが、ロースの本来の主張であった文化的な生活が新しい社会にどのように根付いてゆくか、という社会への視点を、計画行為においても示せる機会が終戦後間もなく訪れた。

第一次世界大戦はヨーロッパに大きな被害をもたらし、同時に政治的な枠組みの変更を各地に引き起こした。オーストリアもハプスブルグ家の専政から民主主義に体制を変えて、新しい社会の環境整備が課題となった。戦後間もない普通選挙において社会民主党を中心とする政権が誕生すると、社会民主党の創設メンバーの一人でもあった弁護士グスタフ・ショイがウィーン市の住宅局の責任者となった。数多くの傷痍軍人や民間の貧困層にとっての最大の問題は当然住宅問題であり、大規模で抜本的な住宅政策が必要であった。いわゆる「赤いウィーン」と呼ばれる社会事業としての住宅供給は、ウィーン市民の10人に1人の比率に及ぶほどの大規模計画であり、必然的に幹線道路と付帯設備を基軸とする大々的なインフラの整備を含む根本的な都市計画に依拠するものであった。

住宅のハード面での方向性はふたつあった。まず郊外に田園都市を指向する長屋住宅を整備すること、そして都市内での街区に展開する共同住居建築の建設であった。しかも、いずれもが低所得者層の集合住宅としての可能性を追求することを目標としていることで、空間のあり方、建築デザインの方向性、都市における表現の指向性、そして何にも増して経済性など、さまざまな議論が必要となったことは間違いない。1920年2月にはショイによって小住居開発に関するアイデアコンペが開催され、すでにドイツにおいて実績のあるテセナウを含む6名の建築家に声がかけられた。ロースもショイによってここに呼ばれたことは必然的な流れであった。

1920年4月に住宅局の小部門が労働者住宅団地の計画を担当することとなり、マックス・エルマースが責任者となった。ロースはまず芸術省のガイドラインづくりに参加し、1921年、住宅局の庶民住宅建設に向けての事業に取り組むこととなった。さらに5月より1924年6月まで、チーフアーキテクトとしてほぼ無償で計画に関わることとなる。彼の最初の仕事はスタンダードの策定であった。住宅地の開発は基本的に生活レヴェルの安定という社会政策であり、空間の解決と同時に限界を追求するような経済性の実現であって、その中で建築空間の問題まで引き寄せてくる壮大な構想でもあった。次に都市のガイドラインとなる新規郊外住宅地を特定する都市計画図の作成があった。ウィーン大都市圏の主に西南側に、ガーデンシティをイメージさせるような新しい街区の形成を促すものであった。ロースは以下のように記している。

> 建築家の存在理由は、人の人生の深さを推し量り、何が必要とされているかを徹底して想像し、それが将来どうなってゆくのかということまで考え抜き、社会的弱者を助け、可能なかぎり多くの家庭に完璧な家具や家を提供することです。けっして新しいフォルムを生みだすことではない[16]。
>
> 私はシュトゥットガルトのある公団住宅に案内される機会を得たのですが、これは私が今日ここでお話するつもりである公団住宅とは全く違うものでした。実にすばらしい市民向け住宅でしたが、今日お話したいのは工場で働く労働者向け住宅についてなのです[17]。

[16] (1)、「節約について」1924、p.216

[17] (7)、「現代の公団住宅について　ある講演にて」1926、p.220

したがって、ロースの提案した庶民住宅とは、最低限の生活を保障するものであり、住まいという現実的な機能に対し、必要最小を突き詰め、合理主義に裏打ちされた思想を設計に込めた最小限住宅のことであった。

ロースも街区の計画から住棟の計画まで手がけることとなり、その最初はラインツのティアーガルテン地区の計画であった。ロースの配置計画は、直線的な道路に細長い敷地が並列する素っ気なく繰り返される住戸計画であり、主に南北に軸をもち、ガーデンハウスにはありがちなピクチャレスクな雰囲気づくりのデザインとは異なる、実務的で「非絵画的」な配置となった。

「最低限の空間の中にも文化的に住む」ことを求め、食料を供給できる食物栽培庭園を占有空間にもちながら、トイレ・ユーティリティー部分を通路で仕切って、室内はわずかな空間の中に通り廊下に与えた段差を介して分節化された、連続空間を追求した最低限の〈ラウムプラン〉であった。計画は間口の幅でヴァリエーションが与えられ、6m、7m、8m、9mなどそれぞれのタイプが検討された [fig-25]。しかし、さまざまな思いを込めた全体と部分の計画は施設建設の財団から却下された。全体計画はコンペによって別の建築家の案によって進められたが、辛うじて36軒の住宅はロースの間口7m案をもとに建設された（ロース案のまま実現したのはさらに少なく、わずか4軒であった）。

この間に小住宅の建築基準が経済性を追求する目的で緩和され、こうした変更内容が反映された。住宅群が竣工を迎え、オープニングが行われた際には市長はじめ住宅関連の市の役員が出席し、ロースも住宅の家具や小物までモデルハウス用に整えて出席（後述）したとされる。竣工後の評判は悪かったという。その理由は水回りが分節化されて使いにくく、居住空間が狭すぎるという、極めて直接的な要望にあったが、ロースのプランは農家や郊外住宅をモデルとすることなく、イギリス式ともいえる労働者のための集合住宅に、新たに広大な菜園を接続することであって、そのための水回りと内外空間の連続性を追求するものであった。しかも低廉価であ

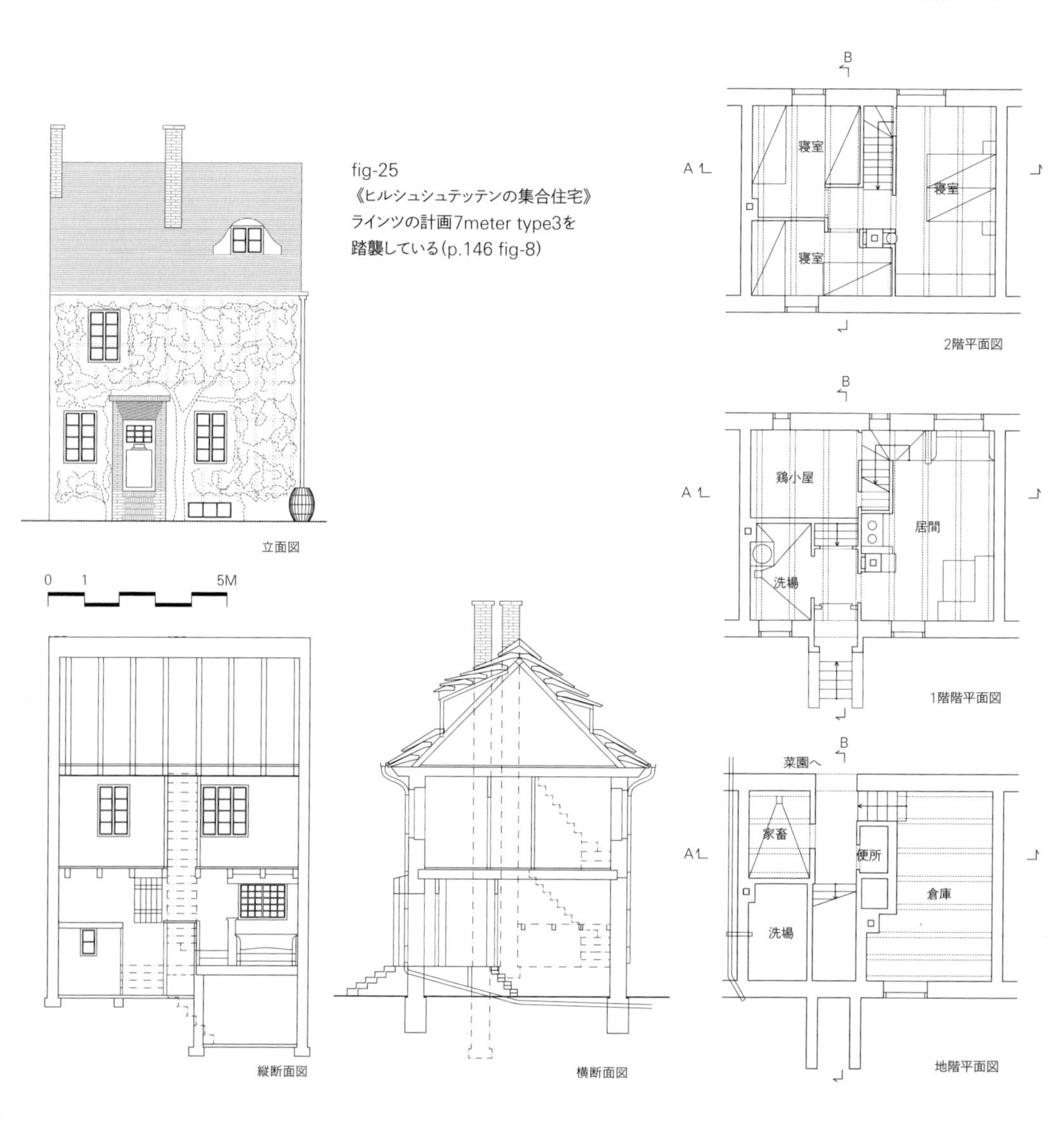

fig-25
《ヒルシュシュテッテンの集合住宅》
ラインツの計画7meter type3を踏襲している（p.146 fig-8）

fig-26
《ホイベルクの集合住宅》

るための技術的な障壁が低く、セルフビルド可能な伝統的に知られる工法に基づく建設簡易性を確保している。

こうした計画的な枠組みは、次の計画《ホイベルクの集合住宅》[fig-26] に発展的に示された。住戸の界壁のみをレンガを主体とする耐火壁とし、この壁の間に木製梁を掛け渡し、外壁を吊り構造として基礎を省略する、というものであった。簡易で安価な工法の開発は、単純に経済的な論理に支配されているだけではなかった。ロースの主張によれば、自らの住まい空間を自分でつくりだし、住まう技術を学ぶことができる機会を公平に与えられるという、労働者階級の意識向上と文化の向上を目指したシステムでもあったのである。

その意識は菜園への各家庭の取組みも同じ論理の延長線上にあった。このようなシステムにはおよそ歴史的装飾趣味は当然無縁であったが、ピクチャレスク的指向性ですら表現の対象とはなりえず、工法に即した即物的でシンプルかつミニマルな表現が生みだされた。白い壁の住宅が新興財閥の住宅から生みだされた流れは、また一方で最低限の表現に必要とされる簡素な住宅の流れによって完全な形で補強されることとなったのである。

大戦後の国の再編および再出発にあたっては、特に深刻な通貨危機に見舞われたこともあって、通貨の安定が実現するのはようやく1923年になってからであり、国の安定に向けては相応の時間が必要であった。ロースの後ろ盾となっていたショイは23年の市長の辞職に伴って、市政府の中から住宅協会へと立場を変えざるをえなくなった。戦後間もない時期の最初の政策であった郊外型田園住宅が大規模に生みだされ定着しはじめると同時に、住宅協会の目標は都市内の街区を埋める大規模集合住宅へと向かうことになる。ロースはまたもこの流れの中で独自のアイデアを提示することとなった。大規模テラスハウスである。

ペーター・ベーレンス、オスカー・ストルナド、アドルフ・ロースらの参加によるオーストリア住居施設庭園区画連盟（ÖVSK）組織が推進した最後の大型案件として、都市型ブロック住宅への空中庭園の提案が1923年に行われた。おそらくその推進役はロースであっただろう。テラスハウスは戸建て住宅では《ショイ邸》に始まり、10年後の1922年にはル・コルビュジエの［シトローアン型住宅］が提案され、広くアイデアの共有は進み始めていたし、都市内のブロック型集合住宅に屋外空間を与える試みは当然の流れでもあった。しかし［ウィーン市小住居共同住宅計画］でロースが選んだ空間テーマは、テラス状自由通路という突出したアイデアであった。

労働者階級の子供たちが自由に敷地内の日当たりのよい場所で安全に遊べる空間を提供する、という目的が語られ、80mに及ぶ長い通路が南側に与えられて、段丘状にセットバックする構成によって、プライバシーを一部犠牲にしながらも、いかにも楽しそうに感じられるテラス空間と長屋を組み合わせる提案であった。室内空間は徹底した立体的空間構成に基づく〈ラウムプラン〉であり、段差を伴った連続する内部空間の充実が、実際にはテラスを独立した存在にしているともいえる。

《ショイ邸》では、必ずしも室内との緊密な空間連携をもちきれなかった結論にはなったものの、ここでは私的領域から緩く区分された都市のテラスがもつ中間領域性をむしろ強調する形となった。そして当然のごとく経済性において計画は却下された。その直後には、《ヴィナルスキー・ホフ》の大きな複数区画にまたがる計画が、ベーレンス、ロースら一団の建築家グループに与えられた。ロースはその一角の部分担当となったが、またしてもテラスハウスの主張を展開し始めた。三角形の中庭に対しておおむね南に面する部分を担当すると、庭側に連続するテラスを配置し、再度同じコンセプトを追求しはじめたのである。

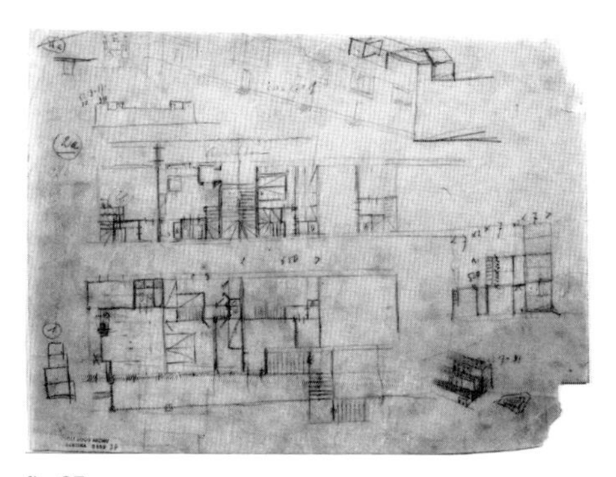

fig-27
《ヴィナルスキー・ホフ》／ALA459

この計画はスケッチが残されているだけで [fig-27]、結果、今日《オットー・ハース・ホフ》として1924年に竣工した建物となっている [fig-28]。ロースは再度アイデアを却下されると、支援者であったグスタフ・ショイの住宅事業からの距離が変化したことも相まって、急激にウィーン市の労働者住宅に興味を失ってゆく。《オットー・ハース・ホフ》の計画は同僚の女性建築家マルガレーテ・シュッテ・リホツキーらとの協働によっていたものの、3辺のうちリホツキーとロースの担当する2辺が全く同じプランであることから判断できるのは [fig-29]、ロースは彼女に仕事を任せてしまったのであろうということである。ペーター・ベーレンスやヨーゼフ・ホフマンらが担当した、隣接する《ヴィナルスキー・ホフ》[fig-30] が一部表現主義的であるのに対して、《オットー・ハース・ホフ》は極めて抽象的な真っ白い壁面が独特の抒情的な雰囲気を見せているものの、結局ロースが目指す労働者の共有空間テラスは実現しなかったのである。

fig-28
《オットー・ハース・ホフ》

fig-30
《ヴィナルスキー・ホフ》

このように一連のロースの戦後復興住宅への試みは多くが未完であった。そして極めて厳しい経済性の追求の中で、潰えた貴重なアイデアがあったこともここでは強調しておきたいが、一方でロースの建築表現が、新興勢力のインテリアを貴石で飾るだけのものではない、社会への奉仕の姿勢と社会基盤の整備への情熱とともに、本質的な空間追求に向かっていたことを確認する重要な一連の作品であったということをここでは再確認しておきたい。

ロースの集合住宅に示された意思は、あくまでもすべての階層の人々にとっての文化的な生活の追求であり、繊細な人間の五感から始まり、生活習慣と合理性を細かに分析し、その結果としての生活美学に到達する提案にいたっている。強い意気込みで臨んだ作業がわずか実質3年間で終了したウィーン市住宅局における活動の短さは、彼が組織の中で力を発揮するタイプの建築家でなかったこともその一因であろう。しかし、根本的な問題点は、ロースが近代にふさわしい生活のあるべき姿として設計を追求したのに対し、市の意向はあくまで経済性と形態における因習に基づく、極めて形式的な計画であったという指向性の違いが挙げられる。またロースの計画が、特に都市型ブロックの計画においては経済的に厳しい、共用空間の多いオーバースペックの計画であったことも実現に向けての距離があった。住宅において完成した〈ラウムプラン〉による多様な空間を、都市型の集合住宅に組み込もうという意欲的な計画であったことは残されたスケッチから読みとることができるが、複雑なプランが繰返しを前提とする施工規

fig-29
《オットー・ハース・ホフ》

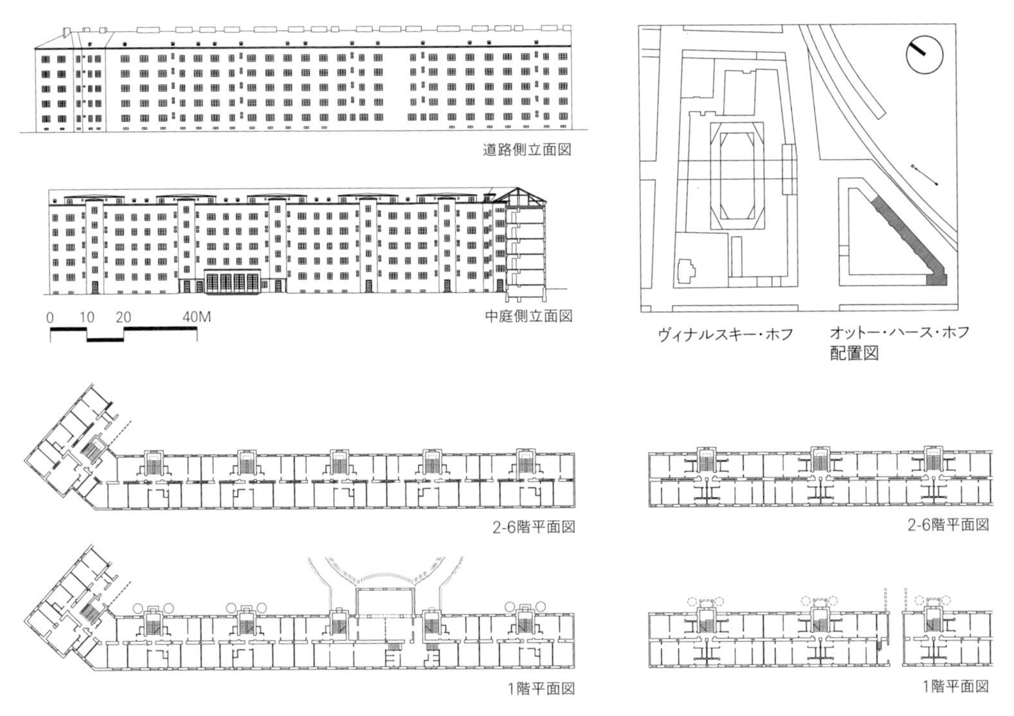

模の実現には当然難しい条件であったことは想像に難くない。結果として、数多くの未完の計画案が残されることとなった。

わずか6m、7mの間口の中で空間変化が用途を分節化するというプランニングや、自給自足のための菜園付きの計画、単純に飾りや外形の主張としてのテラスではない、共用の機能空間提案としてのテラスのあり方、そして貧しいから白い壁でもなければ、豊かだが装飾を剥ぎとるでもない、本質的に空白の外壁に向かっていたことを示す表現への指向性は、連続的に表現されることで、庶民住宅におけるデザインと空間の本質を追求しているように思える。ヨーロッパ中で建設された労働者住宅の表現が、一気にこの20年代中盤から簡素さがそのまま平滑に向かってゆく流れは、はたしてロースの表現意図と同じ道をたどったと評価すべきかどうか、検討する必要があろう。

フランスとの出会いと失意

建築家ロースとフランスとの関わりは、1912年に著作『建築』が、1913年に「装飾と犯罪」の抄訳がジョルジュ・ベッソン主宰の『カイエ・ドージュルドュイ』に掲載されたことに始まる。時事性や環境の違いを超越する形で、フランスではこの出版がロースの名声を一気に広める役割を担った。したがって1914年にこの年のサロン・ドートンヌへ招待されたのは極めて順調な出来事であったが、間もなく世界大戦が始まり、最初のパリへのデビューは、6年という大きな年月の先送りとなってしまった。このタイミングの悪さは、ロースのその後のキャリアにとっても大きな不幸であっただろう。世界中から名声を求めてパリに集まる芸術家や文化人は数知れず、文化の中心がパリであることは明白であり、当然ロースはこのチャンスを待ち望んでいたはずである。ではパリとロースの関係は、その後いかなる展開があったのだろうか。

1920年、突然パリから住宅の依頼（正確な施主名は不明）があり、ロースは業務を目的とした短期の滞在を果たす。パリでの滞在は、自らへの批判が渦巻くウィーンの閉塞感から解放され、コスモポリタンな雰囲気がロースに新しい世界が開かれたと感じさせたに違いない。著作のフランス語版を出版したベッソンやマルセル・レイらとの再会、ポール・ヴェルディエール夫妻からの別荘の依頼、そしてル・コルビュジエとの対面など、ロースにとってこれまでにない大きな喜びを与えられる充実した滞在となった。

秋のサロン・ドートンヌはグラン・パレで行われ、公式のカタログにはロースの名前は記載されていないものの、フランス語の堪能な妻エルジー・アルトマンは当時のロースが歓待された様子を克明に語っている[18]。展示作品は1913年に作成されたゼメリンクのホテル計画の模型であった。このとき、出版社ジョルジュ・クレ社の責任者に会って初期著作集となる『虚空へ向けて』の出版を取り付けた模様である。続いて『アクション』誌に「装飾と犯罪」に関する記事が掲載され、アメデオ・オザンファン、ル・コ

[18] *Mein Leben mit Adolf Loos*, 1986, Elsie Altmann Loos, Salon d'Automne, 1920, pp.153-154
「ロースは大忙しだった。（中略）私は、一日中ブースにいて、どんな説明もすることを約束していたのです。説明することがたくさんあって、あっという間に日が暮れました。来場者は、詳細を知りたがっていました。ロースが誰なのか、どこに建てたのか、ゼメリンクホテルはどこなのか、ゼメリンクとはどういう意味なのか。壁に掛けられた図面を丹念に読み、写真に見入った。もちろん、ロースを知る人はみんな来ていて、ル・コルビュジエや、1階に展示した日本画家の藤田氏なども来ていた。」（筆者訳）と記述している。

ルビュジエ、ポール・デルメによる『エスプリ・ヌーヴォー』に「装飾と犯罪」がフランス語に再度完訳されて掲載された。

先に紹介したように、「装飾と犯罪」は主に分離派、工作連盟の作品に対する直接的な批判に始まり、ミヒャエル広場の仕事の進捗を背景とした議論であったのに対して、パリでの文脈はむしろ近代に道を開いた先駆者、装飾から無装飾へと表現を転換させた革新的な表現者という位置付けとして広まり、ロースの作品が追求した文化的脈絡の追求という世界が置き去りにされながら、予言者的な扱いに終始したきらいがあり、その微妙な位相の変化は今日の著作の評価にも強く影響を残していると同時に、その後の彼の作品を正確に把握し評価する道筋を難しいものとした。しかし、そんなパリでの状況をロースはそのまま受け入れざるをえなかったのである。

その後のロースは、パリへの本格的な移住を考えながら、頻繁にフランスとウィーンを往復し始める。1922年のシカゴ・トリビューンコンペの発送地はニースであった（後述）ことも象徴的であったが、1923年のサロン・ドートンヌには渾身の作品発表を目指し、［グランドホテル・バビロン］［ルーフテラスをもつ20軒のヴィラ］［ブーローニュの森のスポーツ・ホテル］［アレクサンダー・モイッシ邸］の4作品を出品した。いずれもパリ、フランス、あるいは彼らの興味が及ぶ世界を意識した作品のチョイスであり、新しい世界への参入を期待した内容となった。

こうした作品の評価は、好意的に見られたものの、幸か不幸か、すでにロースは若い世代に先んじて機能主義者としてラディカルで抽象的な作品を手がけた先駆者という位置付けは定着していた。しかも、すべての装飾を排除し尽くすことが真のラディカルである、とする流れの先頭に立たされたのであって、ロースの作品が伝統に支えられている事実と抽象性を一義的に最優先するわけではなく、むしろ文化の継続性を追求する立場であったことは完全に置いてきぼりにされた。近代の予言者ロースは必然的に先頭を走らざるをえなかったが、そこには確実に本来の姿との間の大きな溝が存在した。一義的にアヴァン・ギャルドを称揚する近代主義の評価の中では、逆にその点において（のちのバンハムのように）先進的ではない過去の人物との評価に陥る方向性が最終的には顕著になったのであった。

ロースは旺盛に計画案を作成し続けたにもかかわらず、重要な作品の依頼を受けられないまま、失意のうちに1928年にパリを離れることになったのは、さまざまな齟齬の組合せによるものであったに違いない。そして舞踏家としての仕事をもち、舞台表現に強い欲求をもつ妻エルジーにフランス語を完全に頼っていたこと、体調もままならない中でホテル住まいであっては事務所の体制を築くことは難しく、現場運営において勝手の異なる地であったことも厳しい環境であっただろう。希望と賞賛に満ちた憧れの地パリが、最終的に夢破れ失意の地に変わったことは、その後のロースの心と生活にも重くのしかかったに違いないのである。

シカゴ・トリビューンの本社ビルコンペティション

1922年、シカゴ・トリビューン社の本社ビル新築コンペが告示された。示された目標は、「世界で一番美しくユニークなオフィスビルを建てよ」[19]、260人以上の建築家が参加するという世界を巻き込む魅力的な計画提示であった。このときロースは、ウィーン市住宅局のチーフアーキテクトであり、パリへの道がサロン・ドートンヌを通じて開かれつつあって、多くの目標に向けてさまざまな活動を展開していた最中である。創作意欲の高まりによって、コンペへの参加を躊躇させる理由などなかったのだろう。

ロースの選択肢は、もはや著名なドリス式のオーダーをそのまま超高層ビルとして表現するという方法であった。あからさまで直接的にオーダーをそのまま高層建築の形にすることがさまざまな憶測を生み、評価は当惑の度合いに合わせて散々な議論も多く見受けられる。曰く、キッチュ、クリシェ、アイロニーなど、建築作品としての作家の意図を極力深読みして、背後の論理を探ろうとしながら空洞を見る、という結果に終わっているように思う。しかしロース本人が、わざわざ自信たっぷりな自作の解説を文章で行っていること、たまたま『シカゴ・トリビューン（*Chicago Tribune*）』紙の社長が南仏を訪れていることを知り、意図して同じ電車に乗って、作品を売り込んだことを妻のエルジー・アルトマンが記録していること[20]を考えると、ロースは極めて本気でこの建築を自らの代表的な作品として考えていたことが理解できる。

その意図と表現がどのような関係を刻んでいるのかを検証することは、ロースの建築論を理解するうえでも重要であろう。今日的な評価は往々にして歴史的な視点を忘れ、前提条件を無視する傾向がある。最終的には、ポストモダニズム期における解法を先んじて示した、という議論にまで到達することも記憶に新しい。

ロースが自作を説明する際に、《メトロポリタン・ビル》《ウールワース・ビル》《ニューヨーク・ヘラルド》《モルガン・ビル》など、参照先を積極的に例示している[21]。いずれも歴史主義的な表現が恣意的な選択肢として扱われ、一種のリバイヴァリズムの発展形が続いている環境が理解できる。しかも場所性が失われ、ファッションとしての形態操作が横行している、というのがロースの視点であった。それはある意味、ウィーンにおけるヴィーダーマイヤー趣味や歴史主義と同列に語られる文脈であり、一方で最終的には摩天楼としてのモニュメント性が求められる象徴的な建築形式の追求がテーマとなったとロースは理解したのだろう。

残されたスケッチには明らかに思考の経緯を示している部分がある［fig-31］。先行する高層ビルのタイポロジーを踏襲しながら、ニューヨークに多く見られた当時の歴史的古典的構成が、一気にオーダーに発想が展開することが理解できる描画である。つまり古典的な形式や詳細部分が顕著な作品群に対して、ユニークであるためには距離をおかねばならない。オーダーを直接的なエレメントとして利用したのは［サムエル・ブロンナー邸］

[19] (1)、「シカゴ・トリビューン円柱建築」1923、p.184

[20] (19)、Chicago Tribune, pp.175-176
「ロースはイギリスの新聞で、モンテカルロにいるマコーニック氏がある晩カンヌのパーティーに行くために‘トラン・ブルー’に乗ろうとしている、と書いてあるのを読んだのだ。この日、ロースは早めにモンテカルロへ行き、ニース行きの‘トラン・ブルー’の切符を購入した。モンテカルロからニースまでの1時間という短い時間で、マコーニック氏の共感と理解を得られると確信していた。(中略)ロースは、自分から名乗ることなく有名人のコンパートメントに入り、すぐに話しはじめた。彼のプロジェクトについて、どのようになるのか、どのように計画されたのか、その形、そして時間通りに到着しなかったこと。マコーニック氏は明らかに苛立っていて、時間の浪費と感じていたようだ。ロースは、‘大事な話がある’と言い、どうしても譲らない。マコーニック氏に、‘自分のプロジェクトを見てほしい。そうすれば、シカゴ・トリビューンの新社屋建設が現実のものとなる’と説得したかったのだ。マコーニック氏は、あまり丁寧にとは言えないが、ロースに‘これ以上迷惑をかけないように、コンパートメントから出て行ってくれ’と頼んだ(筆者訳)」。ロースの本気の営業は結局実らなかったということであった。

[21] (19)、pp.184-186

fig-31
[シカゴ・トリビューン・コンペ案]コラム／ALA683

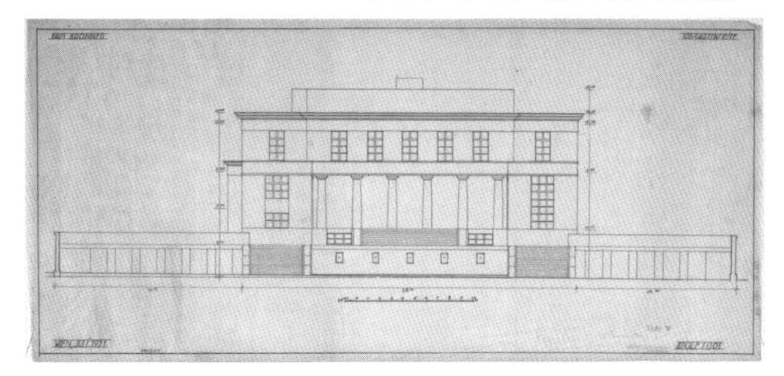

fig-32
[サムエル・ブロンナー邸]アクソメ／ALA606

(1921)［fig-32］、［シュトロス邸］などが最後の事例であったが、ロースにとってもすでにオーダーは基本的に公共空間における記号であった。したがって形式としてのオーダーは、ロースにとってこの時期が最後の直接的な引用要素であった。しかしシカゴ・トリビューン・タワーが公共性を主張するために古典主義的オーダーをそのまま参照したものなのだろうか。

発想はすでにスケッチの指摘の通り、従来型タワーからの発想の転換として発想されたことは間違いないが、ではイメージの源泉がドリス式オーダーであるとして、立面図を見たときに、本当にギリシャのドリス式プロポーションを再現したと判断できるか、といえば相当に問題がある。つまりそこにこそアイロニー的な表現、あるいは戯画的な印象が強く、理解の難しい根本的な予断を許す原因があるのだろう。つまり本当にこれをドリス式のオーダーである、と主張することは、ロース自身がそうしているように可能であるが、しかしそれはあくまでも形式としての、記号としてのオーダーであることは明白である。

イメージを喚起させる台座と円柱、最終的なエレメントとしてのアバクスという極めて即物的な要素のぶつかり合いこそが、構成要素の実態であって、それが磨きの黒大理石による量塊である、という説明は、より即物的な強さと要素の純粋性を意図した表現になっていると判断できる。つまりギリシャ・ドリス式と呼ばれる平滑な壁面をもちながら石の重量感が外壁の意匠構成を決める、象徴の強度が機能となるモニュメント建築の存在感を最大限に高めるマテリアルを与えられた摩天楼こそがロースの超高層案ということであろう。「一度見たら二度と忘れない建物を建てよ」ということであった。

ニューヨークやシカゴの当時の高層ビルにおいて、特に象徴性を追求する建物に平面計画の巧みさを議論する論者はいない。あくまでも伝えるべきイメージの、イコンとしての存在こそが機能である、とするならば、ロースにとってまさに建築が芸術の対象となるのは墓碑か記念碑であるとする議論[22]に依拠すると、シカゴ・トリビューンは成り立ちからそもそも記念

[22] (7)、「建築」1909、p.107。「建築のごく一部は芸術に属しているといえる。墓碑と記念碑である。」としている。

碑としての存在であり、ロースはそこにあえて芸術ではなく建築的な形式を象徴的に示すことで解答としたのだと考えられる。建築の表現が伝統に根ざす既存の感性から隔離されて、別の文脈になることをロースは視野に入れてはいなかった。過去からの断絶こそを芸術とする流れに徹底して抵抗するロースの象徴を求める表現は、必然的に歴史の継承と発展をどのように表現するか、という以外に選択肢はなかったのであり、歴史の源流に立ち帰ればギリシャにたどり着くことがもっとも象徴的であった。彼はそれを疑う感性すらもちあわせてはいなかったのである。

〈ラウムプラン〉による展開

クルカによる作品集で初めて〈ラウムプラン〉と記載された独立住宅は《ルーファー邸》(1922) であった。同じ時期の計画案である[テラス付きヴィラ](1918) [fig-33] の24m角という巨大な平面における空間の分節化には、すでに同様の空間性の萌芽が見えている。立面は左右対称を見せているのに正方形の隅にエントランスを置き、上昇して二度折れ曲がって中央の空間に到達するが、そこには正面側から派生するステージのような空間があって、中央の空間は沈み込むような段差をもつ。正面の食堂に抜けると、直交する方向にまたステージをイメージするような段差がつくられ、方向転換を促される。外形とは裏腹にずれを伴ったいくつかのピースを組み合わせたような構成は、動きを誘発する仕掛けとして理解できる。

歴史様式の色濃い外壁をもった[コンスタント邸](1919頃)では、クルカによって〈ラウムプラン〉とは指定されていないものの、ロース全住宅作

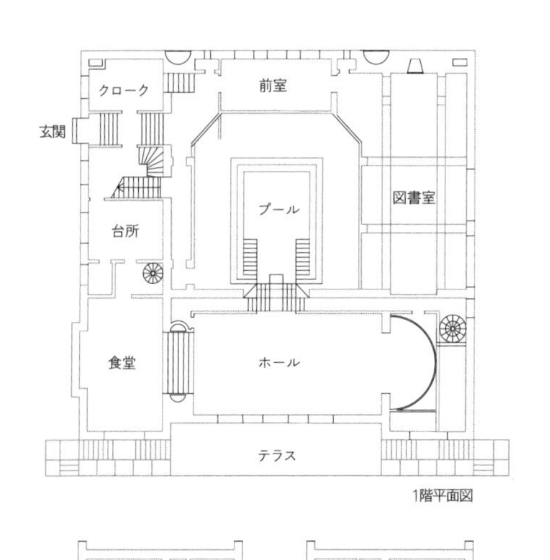

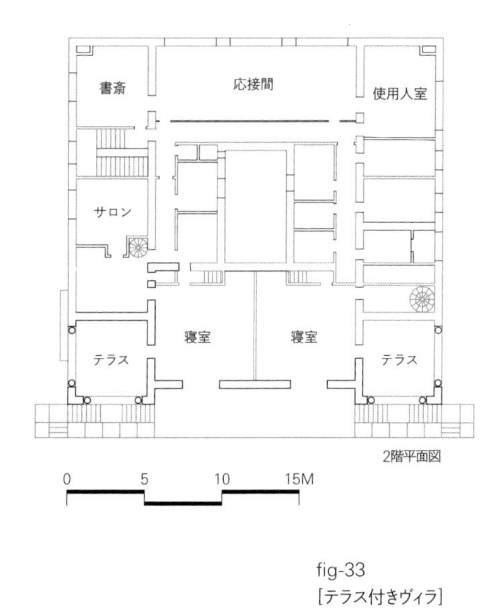

fig-33
[テラス付きヴィラ]

品の中でももっとも大胆で縦横無尽な仕掛けが提案されていた。傾斜地の下部から大階段で一気に建物中央にたどり着き、2方向に割れてヴォリューム内での段差を伴いながら回遊する。階段はつねに動きを先導し、随所にステージ状の空間をつくりだす。空間の軸性はフォーマルな形式を守るものの、いったんひとつの空間に到達すると、そこから直交方向へ異なるヴォリュームをもつ空間への次の動きが始まり、極めて流動的な空間の提案となっている。

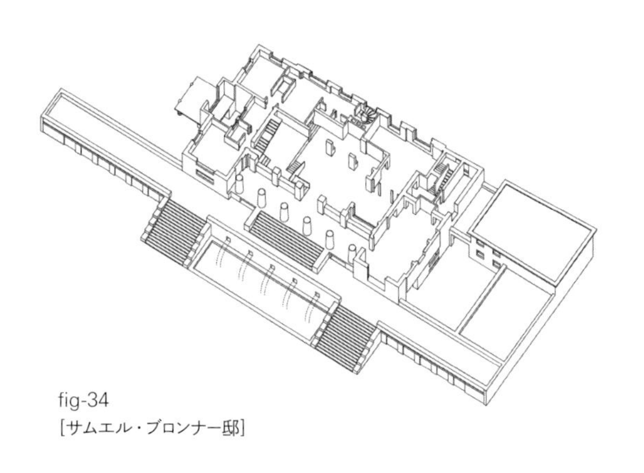

fig-34
［サムエル・ブロンナー邸］

［サムエル・ブロンナー邸］［fig-34］はウィーン中心市街地に計画された巨大な宮殿であるが、外観においての正面性を内部でことごとく崩そうとする空間の流れをつくりだしている。側面に与えられたエントランスから、正面方向を横断するように二度階段をずれながら進み、建物の中心付近に到達する。正面を見ても、右側に旋回するように向かう基壇が中心軸を壊し動きを誘発する。ここから寝室へと退出する退場口が用意されている。巨大ヴォリュームの中に渦を巻くような動きで上層階に向かう空間構成は、平面と立体の間に演出された完成した〈ラウムプラン〉の途上にある作品である。

［コンスタント邸］が19m角であるのに対し、一見ちっぽけな10m角の《ルーファー邸》が段差を伴いながら空間を上昇させる力をもつことは、空間計画の成熟といえるだろう。《ルーファー邸》の実現によって、その後の代表作に見られるシークエンス展開の方法論が確定したといっても過言ではない。非常に小さな玄関からいったんたまり空間のようなクロークに到着し、ここから2回屈曲する階段によって主階の中央付近に到着する。この2回の階段の曲がりが先を見通せない通路として、いつの間にか気づくと住宅ヴォリュームの真ん中に導きだしてくれる仕掛けになっている。主階の空間は構造のラインでふたつに割れて段差を伴い、見上げ‐見下ろし、見る‐見られる、の関係を構成する。上段から寝室階へ退場してゆく階段の意匠構成は《カルマ邸》から変わらない。

このように《ルーファー邸》は〈ラウムプラン〉の典型的な事例であり、ロースの空間指向性が完全な形で実現した作品である。しかも、比較的質素で小さなスケールでありながら、ダイナミックな動きと空間ヴォリュームの巧みな組合せの実現は、その後の作品のスタンダードとなり、さまざまな空間展開を可能とする構成法の基盤となったのである。

たとえば［H医師のための郊外住宅］(1922)［fig-35］は、のちの［フライシュナー邸］(1931)［fig-36］とスケールは異なるものの、同じ空間構成によって計画されている。建物の裏隅にエントランスを設け、2回の方向転換を経て建物中央の空間（待合）にたどり着く。空間の方向性はそれぞれ

fig-35
[H医師のための郊外住宅]
アクソメ

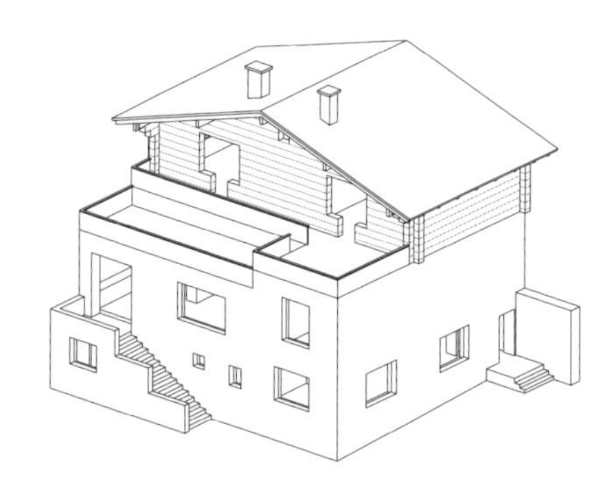

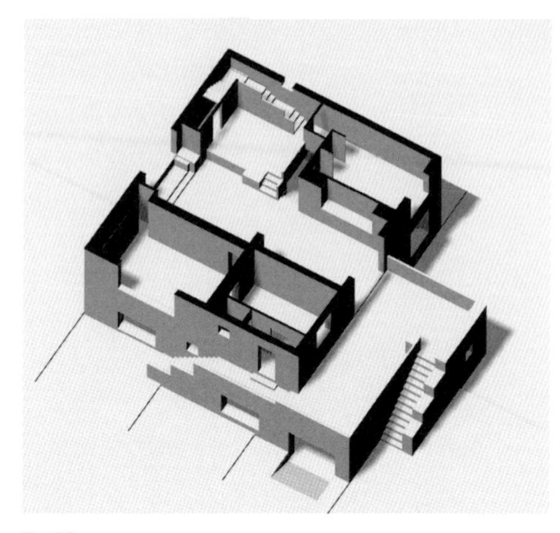

fig-36
[フライシュナー邸] アクソメ

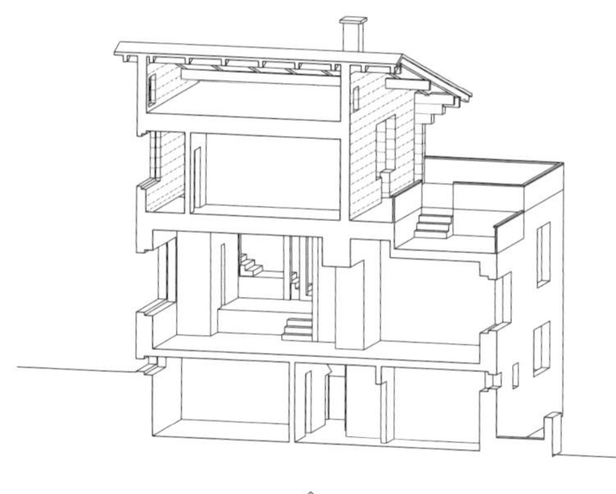

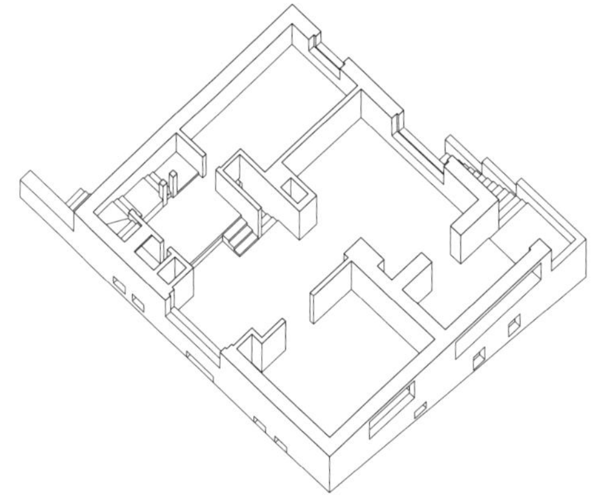

異なり、[フライシュナー邸] は正面方向に開放する郊外型プランであり、[H医師のための郊外住宅] はむしろ閉鎖的な演出で、郊外型の印象は上層部に載せた木造部分がテラスに開放的な関係性を見せている部分である。都市的に展開するクリニック部分と田園的な住居が縦方向につながった構成になっているのであろう。ここでも《ルーファー邸》と類似の手法を使いながら、エントランス上の空間を待合から派生する段差でもちあげて下方エントランスからの動線を滑り込ませ、段差はステージを生みだし、上層階に消える階段を演出している。

[プレッシュ邸] (1924) は、基壇の大きさによって異例に高さをもつ建物となったが、住宅の機能を標準的に果たす主要部分は《ルーファー邸》程度の面積で、エントランスからクロークへの空間は規模が大きく茫漠としているものの、回り込むように建物の中心に達すると、《ルーファー邸》と類似する手法でステージから上層階段へと消える仕掛けが居間と対角に用意された。庭側の基壇は左右対称のモニュメンタルな構成ではあるものの、内部空間は中心軸をつくることなく3列構成の一部を閉じて横滑りするような空間設定によって、段差による人の動きが中心のテーマにすり替わっている。

一方で、[アレクサンダー・モイッシ邸] (1923) は、当初よりサロン・ドートンヌへの発表を意識したためか模型まで制作され、特殊な意図で作成された独自性の強い計画である。外部から道路がそのまま巻き上がるような階段に取り巻かれ、造形性を追求した作品として見れば、内部から決まるロースの作品とは異質な成り立ちであるように思える。動線を露出させて見せることで、アドリア海からエーゲ海への文化圏に見られる集落の造形性を視野に入れたとも読みとれるし、テラスと室内空間の関係が必ずしも密接でないことも、テラスは外としての公共性を意識したものとも読みとれる。あるいは俳優であるモイッシの空間が、劇場的なものであることを目標に形態化する試みがあったのであろうか。エントランスからほぼ直線的に主階にいたる経路もほかにない方法である。ヴォリュームをふたつに割って中央を横断する構造ラインでの出入りをシークエンスとする〈ラウムプラン〉の方法論は、ここでは廊下の中間領域が複雑に中間層に余白を残し、使い切れる用途も見えにくくなっている。

いずれにしても、こうしたさまざまな空間構成の試みは、以後、後期の作品となる《トリスタン・ツァラ邸》《モラー邸》《ミュラー邸》へと〈ラウムプラン〉による空間ヴァリエーションの充実に向けて展開されてゆくのである。

パリでの活動の成果 ― 2軒の住宅作品

ロースがパリでの仕事に熱意をもち、パリでの滞在日数を増やし始めた1924年以降、実績を残すことがほぼ確実となった《トリスタン・ツァラ邸》の仕事のために、パリへの移住を決断したのは1925年11月であった。ロースの思いとは裏腹に、本来の彼の主張は、理解のずれを伴いながら異なる評価へと向かう中で、計画案は積み上がるものの、結局依頼主は基本的にフランス人ではなく、外国人であり、土地との関係が脆弱な人々であった。そしてついに唯一実現したのが、ルーマニア出身のダダイスムの創始者として知られる詩人のトリスタン・ツァラ（1896-1963）のための住宅に賃貸住宅部分を含む作品であった。

モンマルトルの丘の傾斜地という立地は、はじめからレヴェル差の克服がテーマであった。前面道路にはフォーマルで古典的なファサードを構成し、背後の山側の芸術家村としての中庭には全く別の賃貸部分の入り口を用意し、ふたつの全く異なる顔をもつ住宅の提案となっている。この事情はちょうど《シュタイナー邸》が道路と庭のファサードの性格が異なるということと同様である。このふたつの作品はある意味、類似した状況を表現しているといえるのだろう。ウィーンにおける最初の戸建て住宅、パリにおける初めての建築計画、そして前面道路への古典的なファサードと庭側の抽象的なファサード、ここには明快な意図が込められていると考えざるをえない。公共性には型式があるが、私的な領域にあえて表現するべき形式はない、ということであろうか。

古典的に受け継がれたけじめが公の顔であり、その枠を外したときに一気に抽象的で尖った形態が突出して表現される二面性は、ロースが本来的にもっている表現の指向性であった。道路側ファサードの基壇はちょうど崖地の背後の高さに合わせて表現され、その上に門型に凹みを入れた小テラスを配置することで中央を示しながら、古典的に安定した形態を表現している。対称に配された扉の右側を入ると、長大な階段がツァラの住宅へ誘導し、回り階段を形成しながら背面のテラスに連なるサロンにたどり着く。半層ずれた食堂が段差をそのまま開口部として居間サロンに開き、正面の凹んだ空間の上段に窓を開く。サロンと食堂が見合いながら、互いの視線を交錯する舞台空間を演出しているのである [fig-37]。

fig-37
《トリスタン・ツァラ邸》居間／
ALA3256

構築された内部空間は、中庭側の芸術家村からの賃貸側入り口と道路からの入り口のふたつの方向性がレヴェル差を調整しながら第3層目で出会う形になり、実質的にこの階がエントランスホール、クローク、ユーティリティーを形成し、したがって第4層が主階となる。芸術家村を見下ろすテラスをもつ広間は建物の幅いっぱいを与えられ、ステージ状の食堂の段差に向かいあうという構成をとる。中心軸を形成しながら建物幅いっぱいの段差のない広間をもつ住宅は、《トリスタン・ツァラ邸》のほかには《ミュラー邸》と《ヴィンターニッツ邸》だけである。

オリジナル案では5層、6層に寝室、アトリエを配したが、結局最上階はつくられずに、テラスの端に背後の建物とつながるアトリエを設けることで決着した。この選択によって、完全な幅でテラスに向かう広間はアトリエに連絡する壁で仕切られることになった。崖地の前後で自然に半層ずれる条件は、段差を積極的に建物に取り込む試みを容易に誘発するが、エントランスから主階にかけての動きの統制は、高さのある建物の中央付近で行うことになり、高いゆえの階段の長さが負の条件となって複雑で長大な階段室内のやりくりに終始し、効果的な抜けを伴う演出を困難にした。

fig-38
《トリスタン・ツァラ邸》立面／
ALA3258

残された計画案と現存建物の一番大きな違いは6階の存在の有無である。ツァラ夫妻の経済状態では5階建ての建設も難しいほどであったとされる。階層構成のみならず、内部仕上げの多くはロースの意図を下回るものとなった。プランに関するツァラ夫人との意見の相違やそれゆえの変更も含め、ロースにとって納得のいかない結論であることは、雑誌へ発表されたのは建設されることのなかった6階建てのロース原案に則った図面であり、その後のクルカによる作品集ではオリジナル案の図面とフォトモンタージュ（修正写真）が掲載され、実現案の上部が寸詰まりの印象を与

える形状であることを説明的に補完していることでわかる [fig-38]。完成形に関してはロースの忸怩たる思いがあったこととは容易に想像できるし、パリでの戸建て住宅が未完成という結論は、ロースにとってかなりの敗北感を残したのではないか。

立面計画に関しては、スタニスラウス・フォン・モースの指摘するル・コルビュジエの《プラネクス邸》(1927) と、ロースの次の作品となるパリで計画し、ウィーンで実現した《モラー邸》との形態の類似性は興味深い[23]。モースの指摘は《トリスタン・ツァラ邸》の立面計画は《プラネクス邸》への刺激となり、逆に《プラネクス邸》は《モラー邸》へのデザインソースとなった、とするものである。確かに時系列的に考えれば、頻繁にル・コルビュジエの作品を掲載していたバドヴィッチの主宰する『アルシテクトゥール・ヴィヴァント (*Architecture Vivente*)』8号 (1927) に《トリスタン・ツァラ邸》はオリジナル案のプランで掲載され [fig-39] 作品は周知の事実であったろうし、おそらくロースとル・コルビュジエの間には影響関係があったことは想像がつく。しかし一方で建築の存在感、あるいは重厚感の違いが圧倒的に見えるのは、同じ白い壁が構造壁と造作壁の違いに起因することであり、成り立ちの本質的な違いがそのまま外観を表現している。外部造形表現に該当する内部空間の対照的な扱い(《プラネクス邸》がトイレ等水回り、《モラー邸》がソファーを伴う読書スペース) もそれを素直に表現しているように感じる。

[23] スタニスラウス・フォン・モース『ル・コルビュジエの生涯：建築とその神話』住野天平訳、1981、彰国社

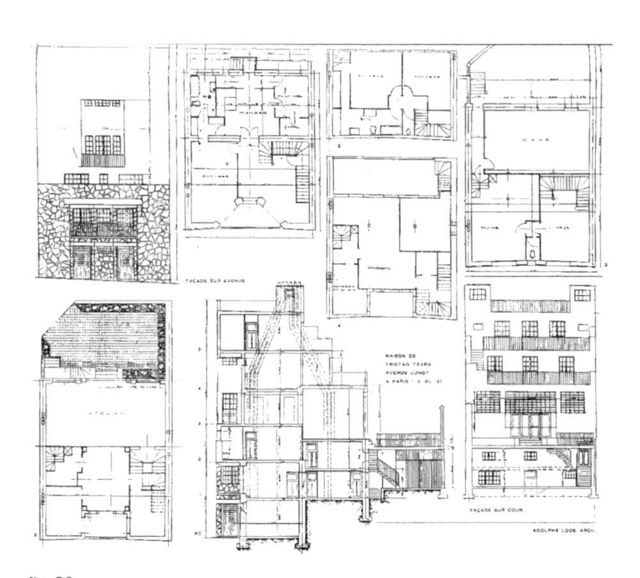

fig-39
《トリスタン・ツァラ邸》図面。
Architecture Vivente No.8
(1927年秋冬号)

フランスにおける《トリスタン・ツァラ邸》の紹介は、あくまでも外観の写真と立面断面とおおむねの平面図だけで、マテリアルを伴う内部空間表現には全くふれられていなかった。並んで紹介される同時期の作品群も、外観の造形性が選択の根拠となるような近代的表現のショーケースであり、オリジナル案も実現できなかった《トリスタン・ツァラ邸》は、その中で完全に埋もれた存在でしかなかった。住宅の空間性こそがロースの意図であった中で、古典的な外観表現以外にあまりにも伝わるものが少なかったことは、こうした表層の議論を引きだしやすくする背景であった。

もうひとつのさまざまな憶測を生みさまざまな解釈がなされているパリにおける作品が、16区に設計された時代のミューズ、ジョセフィン・ベイカーの家である。この計画が成立した理由は不明である。時代のミューズで

あったベイカーであったために、多くの有名人・芸術家が彼女と対面し交流していることはわかっているが、ロースもそのうちの一人であり、ロースの最後の妻クレールの手記によると、ベイカーはすでに顔見知りではあったロースとパリでのショーで顔を合わせたときに、自邸の設計を建築家に依頼しているものの提案が気に入らないと話をしたようである。そこでロースは「それならば私が設計しようか」ともちかけると、「あなたは建築家だったのか」とベイカーに驚かれたとの記述が残っている[24]。これをきっかけに設計が（おそらく自主的に）始まったものと思われるが、詳細は不明である。したがって自発的な計画案の提案であったと判断して大きな間違はないだろう。

[24] *Adolf Loos Privat*, 1936, Claire Beck, 「ジョセフィン・ベイカー ウィーンでの踊り」

既存のふたつの建物を一体とする改装・増築計画であるが、空間計画的には住宅とはいってもむしろレヴューの会場という印象が強い。エントランスからホワイエへと連なる導入部があって、らせん大階段によって場面は転換し、上層階に上がるとサロンとしてのレヴュー会場へと向きを転換して彼女に出会う。一方で場面は暗転し、隣では水中ショーが始まる。ジョセフィン・ベイカーは踊り、泳ぐ、そのすべてを体験できるファンとしての希望の館こそがこのいわゆる住宅であった。周囲に通路（観察）空間をもつプールを配したことで、のぞき窓からのぞき見するエロティシズムを強調される評価が一般的であるが、ジョセフィン・ベイカーはセックスシンボルであり、すべての所作はエロティックな感性に置き換わる羨望の対象であった。

ここがもし彼女のすべてを演出する場であるならば、主役を取り囲む演出空間こそがテーマであって、裸体を前提とする願望はそのまま直接的に表明されたのであろう。外に対しては沈黙する、とのロースの主張とは裏腹に、[ジョセフィン・ベイカー邸] は白黒の大理石による縞模様のファサード表現になっている。ベイカーの公演の中には「白と黒」という演目があり、当然黒人である彼女の演目として意図して選ばれた内容である。そのまま白と黒のファサードは直接的にこうした演目をイメージするもの、とするのは安易だろうか。少なくとも白は何もない表現なのだとすれば、ここには黒があるということだろう。すなわち黒人の魅力こそがベイカーの魅力であり、表現されるべき世界である。彼女のレヴューの場としての建築の機能は、このように象徴的に表現されたと解釈もできる。

ウィーン、プラハへの帰還 —〈ラウムプラン〉の完成形へ

パリでの作品制作では、主に忠実な弟子であったズラトコ・ノイマンがパートナーとなった。[ルーフテラスをもつ20軒のヴィラ]、リドの [アレクサンダー・モイッシ邸] など、当時のロースの代表的な作品が彼の担当であったが、いずれも実現せず、最後に関わって紆余曲折ありながら実現したのはウィーンの《モラー邸》であった。ちょうど同時期に進んでいたヴィトゲンシュタインの友人であったロースの弟子パウル・エンゲルマン

fig-40
《ヴィトゲンシュタインハウス》

によって進められていた住宅 [fig-40]、ルートヴィッヒの姉《マルガレーテ・ストーンボロー邸》の現場監理を行ったジャック・グロアグが、引き続き《モラー邸》も現場監理を担当した。ロースは変わらずパリでの成功を夢見て、基本的にウィーンやチェコへの関心を弱めていたにもかかわらず、たまたま作図ノイマン、現場グロアグという非凡なスタッフに恵まれて完成した《モラー邸》は、ある意味〈ラウムプラン〉の集大成ともいえるような完成度の高い傑作となった。

《モラー邸》は10m×12m程度の小さなヴォリュームでありながら、道路側にフルハイトの存在感のあるヴォリュームを見せ、庭園側にテラスによるセットバックを設けることで、同じ建物でありながら前後で対照的に存在感の異なる印象を与える計画となった。玄関は廊下でしかなく、早速横移動して小階段を上がって2度目の曲がりを経るとクロークルームに到着する。ここから再度2回の方向転換をしながら建物の中央付近に到達する。この経路の豊かな空間体験は、図面からは絶対に感じとることができないシークエンスである。

2階に到達すると上階に消える階段を前にして左に段差をもつニッチのコーナー、右に音楽室が展開するが、引き戸を介してすべての空間はひとつながりとなって、さまざまな居場所を提供する。音楽室と食堂は、軸に載った位置関係にありながら、舞台の仕切りを感じさせる段差が与えられ、食堂はテラスへの強い開放性によって、直行する方向性を感じ、単純に並列された空間にも微妙で複雑な指向性の組合せの中に、一種の物語性を感じとることができる。

玄関から始まる経路のデザインは、スケール感の変化と鏡による幻影的な仕掛けによる期待と驚きに満ちたアプローチ空間であり、たどり着いた居間の前室は、さまざまに展開するレヴェル差によってそれぞれの空間の対面し競合する複雑で豊かな空間効果とさまざまな居場所の提供によって、けっして広くはない空間をプロムナードデザインの体験として極めて魅力的に演出している。音楽室のチェリー煉付け、食堂のトラバーチン、書斎のマホガニー以外は、梁型造作を含め塗装で終えてしまうという簡略な仕上げの選択、抑制を効かせたマテリアルのチョイスと組合せによって、全く華美ではないが充実してかつ爽やかな印象の各室の空間は、居心地のよさを十分に発揮しているし、互いの空間軸の交錯によって空間単位同志が結び付きあい緊張関係にある、という全体性を獲得している。

前述したように、同じ時期にル・コルビュジエによって実現し、形態的に類似した計画となった《プラネクス邸》[fig-41] では、象徴的に表現された道路側突出部分にはトイレが割り付けられたのに対して、《モラー邸》ではむしろ全体を支配するかのような高い位置のソファーが設けられ、1日

fig-41
《プラネクス邸》

中気持ちよくその場にいられるような休息空間となっている。外部の象徴性は、内部においても同時に極めて象徴的な空間として存在している。食堂は居間（音楽室）と軸線で結ばれ、段差によって分節化され、食事の場所から音楽が展開している部屋への見下ろしによって、一方が舞台空間、一方が観劇空間のように、演出された空間構成が与えられている。3階はプライベートな空間が合理的に配置され、最上階はユーティリティーあるいは屋根裏部屋として最小限のらせん階段で結ばれている。

《モラー邸》の完成は、ロースのウィーンおよびプラハ、ボヘミア地方への帰還を意味するものとなった。第三の妻となったクレールは両親がすでにロースのインテリアの施主であり、チェコを代表する工業都市プルゼニュを拠点としていたことから、ロースのパリへの執着とは裏腹に、1928年以降は主にプルゼニュのユダヤ人新興財閥のインテリア計画を多く手掛けることとなる。

最後に残された作品の主題は、当然、空間構成とマテリアルの表現であった。《モラー邸》にロースらしさが薄い部分があるとすれば、それは明らかに豊かなマテリアル性である。作家の個性が直接的に示される部分を、パリに固執して離れなかったロースはグロアグに放置してしまったのではないかと考えられる。初期のウィーンにおけるインテリア計画に始まり、プルゼニュでの多くのインテリア計画から《ミュラー邸》で終える一連の室内空間の同一性は、ロース自身の極めて個性的な室内空間の提示であり、この感性に追随することのできるものはいない。古典ギリシャに始まり、すべての歴史的事象を経て、現代の生活を豊かに支える室内空間にたどり着いた経緯をそのまま見るかのような古くて新たなインテリアこそが、こうした一連のインテリアの世界であって、その最終案が《ミュラー邸》であった。

プラハ、プルゼニュの建設会社社長であったミュラー夫妻のための住宅は、ロース自身による敷地探索から始まり、ブルノ出身でプルゼニュにて活動していた技術者カレル・ルホタの技術協力によって、設計・施工両面のバックアップを得た計画であり、ロース渾身の作品といえよう。

傾斜地で展望のよい敷地はロースの推薦によるものである。周辺の家屋は傾斜屋根の建物ばかりであったが、ロースのデザインは陸屋根であり、1928年10月の契約によって始まった計画は、外壁は白いプラスターの抽象的な表現であったことも相まって、29年には建設許可が下りない中で躯体工事が進められ、建築が完全に姿を現してもプラハの政府はロースに建築許可をなかなか与えず、ようやく29年6月になって正式な許可は下りた。30年初めには、使用許可が下りる以前にミュラー夫妻は入居を始めるという施主の気に入り様であったと伝えられる。30年を通じて内装工事が進み、その後庭園工事が行われたが、30年の年末、ロースの60歳の誕生日パーティーは邸内で開かれたのであった。

プランニングにおいては、レヴェル差による空間の分節化と段差間の視覚的統合、連続的に連なる異なった空間性の見事なシークエンス体験など、いわゆる〈ラウムプラン〉のより複雑な完成形的展開となり、たった1回の空間体験だけでは全貌を理解するのが難しいくらいに積層された空間の束である。あわせてマテリアルの組合せは独自の世界観を垣間見させる。ギリシャ由来の石をプルゼニュの計画と《ミュラー邸》で使い分けた成果が存分に感じられるのも、複数の計画に腰を据えて取り組んだ成果であろう。

いったん建物に入れば、経路が一連のストーリーを体験しながら最上階にいたる徹底した空間変化の提案となっている。これまでの〈ラウムプラン〉は、主階に向かう経路と主階から上層階に消えるまでが見せ場として演出されたのに対し、《ミュラー邸》ではさらに〈ラウムプラン〉は個別の書斎と夫人室にまで及び、より複雑な空間構成を成立させることによって、建物内に行動する人間同士がより複雑な対置関係を形成し、シアターのホワイエや桟敷席のようなさまざまな居場所を組み合わせたかのような全体性を獲得したといえるだろう。しかも、これまでの独立住宅では室内空間のマテリアル性には抑制がかかっていたのに対して、《ミュラー邸》では〈ラウムプラン〉の空間ストーリーに各室で異なるマテリアルの豊かな表現が加わり、より豊穣な体験を提供している。

玄関から居間に抜ける二度の小さな方向転換はプロローグを形成し、食堂への階段、回り込む夫人室への秘密の階段はヴォリューム全体を回遊するプロムナードの印象が強い。食堂から書斎に向かう階段は劇場の上層階に向かうメイン階段であり、そのまま縦に貫く直通階段に結びついて迷路をつくりだす。居間の大理石は、プロセニアムをつくる構造的な仕切りとして明快な存在感をもってRC柱の位置を示している。組積造の外壁に対して内部空間に4本のRC柱を配し、複雑なレヴェル差を合理的に支えることによって変化に富んだ空間を実現しているが、ラーメン構造のグリッドを基本にする発想とはほど遠く、段差を支える柱は造形物の組合せを組み木でつなぎ合わせるように接合し、間を縫って構造を差し込んだという印象程度の存在感しかない。構造自体を表現するという感性で空間を構想しておらず、あくまでも空間単位の連鎖の実現に構造が寄与しているという指向性である。

玄関外部を構成するトラバーチンに始まり、玄関通路の鮮やかな色彩のタイル、いったん木質パネルの塗装壁で落ち着くと、巨大なチポリーノ大理石の壁面と柱に対面する。水槽には熱帯魚が飼われていて、［ジョセフィン・ベイカー邸］で計画されたプールのミニチュアのように別世界へと誘い、食堂はマホガニーの重厚ながら華やかな壁・天井に取り囲まれ、多方面に開くひとつの中心を形成する。夫人室（ブードワール）はのぞき窓によって微妙に居間との視覚的な交錯が図られ、この小さなひと部屋だけでもほとんど〈ラウムプラン〉が完成するような、さまざまな高さの変化をつくりだしている。

各部屋の仕上げは独自の彩をもって表現され、素材感の豊富なインテリアで一見豪華な室内となっているが、子供部屋は赤いリノリウムの床に、壁は水色と黄色の塗装だけによる鮮烈なカラーコディネーションで、簡略ながらも華やかで活動的な雰囲気をつくりだしている。最後までプランが固まらなかった最上階は、最終的には夏の食堂（和室）と暗室という2室で構成されることとなったが、和室はあくまでもミュラー氏が所有していた浮世絵を飾る場所であり、テラスへの解放性が期待できることからテーマを和ということにしたのであろう。しかし、提灯風の照明器具と蓙風のカーペットがかろうじて和風であるのみで、塗装による黒の縁取りと緑の家具が際立つ独特のカラーリングが印象的な小空間の提案であった。

こうしたマテリアル群によって彩られた室内空間は、クロスが貼られる壁の枠以外は、ほとんど一様にフラッシュサーフェスのシンプルな造形でありながら、マテリアルが語る歴史の重みを感じるインテリアとなっている。住宅内部の空間はマテリアルが凝縮し、外部とは全く異なる世界を形成しながら意識をさらに内側に向ける。外部を見る余裕もその意思ももちようがないくらいに充実した内部空間に浸る感覚は、立体的な空間構成こそが実現した空間表現であるように感じる。

外壁を組積造で構成する構造壁に囲まれた内部空間の中央付近に、全体を支えるRCの独立柱はチポリーノの強い存在感とともに中心領域を形成し、空間が必然的に求心的であることは、濃厚なマテリアルと一体となって独特の雰囲気をつくりだす。伝統的な構法による古く重い建築に歴史的な文化の風を吹き込むことによって完成するこの建物が、古いからこそよいという説得力をもつと感じられるのは、ロースが独自にもちえたラテン語を話す建築家（石工）としての感性の鋭さによるものであった。

構造的な視点から見れば、明らかに異なる作品も生みだされ始めていた。［フライシュナー邸］（1931）［fig-42］は、図面中に描かれた正方形状の柱は明らかにRCのラーメンを構築し、したがって主階における空間構成は、

fig-42
［フライシュナー邸］

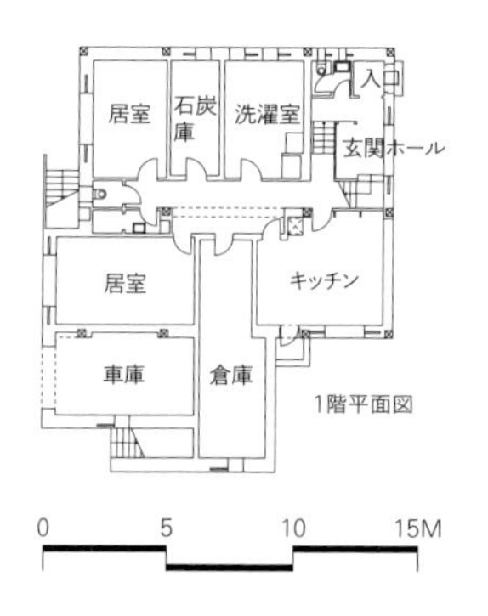

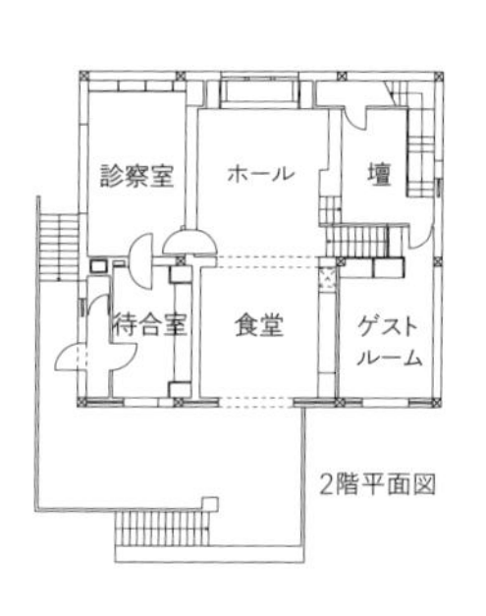

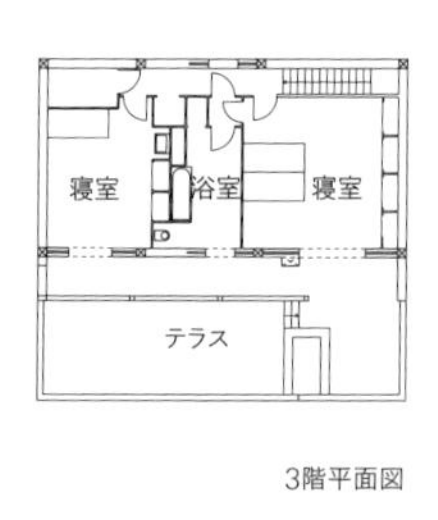

枠組みの中に落とし込まれたという印象が強い。開放的な空間提案は、敷地の性格だけによるものではないことも物語っている。技術の変化を如実に表現しているのは《ヴィンターニッツ邸》(1932) であろう。これまでにないキャンティレバーを含む造形と居間の開放性は、明らかに構造の軽量化とRC造の徹底が招いた表現の変化であり、3階に露出したラーメン構造状の柱梁は、あえてそれを見せつけているかのような存在感である。

《ミュラー邸》同様に、幅いっぱいの居間に玄関から小さな階段で飛び込むものの、玄関からの距離感の違いと居間の開放性の違いによって空間の印象は大きく異なる。その違いは基本的に庭園との関係性の違いにも起因している。樹木園のような庭と居間の開放性は、同時に計画的に検討されたであろうと思われるからである。いずれにしても、こうした傾向は技術者としての補助者がおおむね主体となって進められた作品の空間性として、《ミュラー邸》とは一定の距離があるものとして理解しておく必要もあるのではないか。

[最後の家]に託した思い

ロースの体調は徐々に恒常的に悪化していたことは、ほとんど《ミヒャエル広場のロース・ハウス》から始まっていて、若くから障害をもっていた聴覚のみならず、消化器官、自律神経系も根本的に悪化に向かっていったようである。肉体的な環境悪化も相まってロース作品の評価は、《ミュラー邸》をもって最終章、最後の傑作、と結論付けることが一般的である。1929年以降はほとんどプルゼニュ、プラハでの仕事が集中し、活動領域はおおむねチェコとウィーンに集中した状況を、ロースは相変わらず好ましく思ってはいなかった。

1928年以降、実質的に撤退していたパリ、コート・ダジュールへの憧憬や意気込みは、実は消えることはなく、《ミュラー邸》を終えたのちに、最後に意を決して妻クレールとともに南仏からパリへの旅行を行ったのは1931年7月であった。表向きは観光旅行を装っていたものの、各地で計画を検討し、可能性を追求する中で妻との生活意識に齟齬が生じ、最後の離婚に向けて引き金を引くことになるのも、異国での計画への思いの強さに起因するものであっただろう。

このとき検討された[コート・ダジュールのホテル計画][fig-43,44]は『アルシテクトゥール・ドージュルドゥイ (*L'Architecture d'aujourd'hui*)』に掲載されるものの、聴覚を失いながらフランス語でのコミュニケーションを前提とする設計・建設監理の仕事を進めるにはハードルが高すぎたことは自明の理であった。しかし、作品の締めくくりとして《ミュラー邸》を大団円とし、最後の代表作と評価することで作品史を終えるのは、まだロースの視野内にあった世界からは大きく見失うものがあるのではないか。1929年以降はプルゼニュ、プラハのユダヤ人財閥や富裕層への計画に取り組み、勢い貴重なマテリアルを多用して豪華なインテリアを提案した、と

fig-43
[コート・ダジュールのホテル計画]。
L'Architecture d'aujourd'hui No.7, pp.67-69, 1931.10

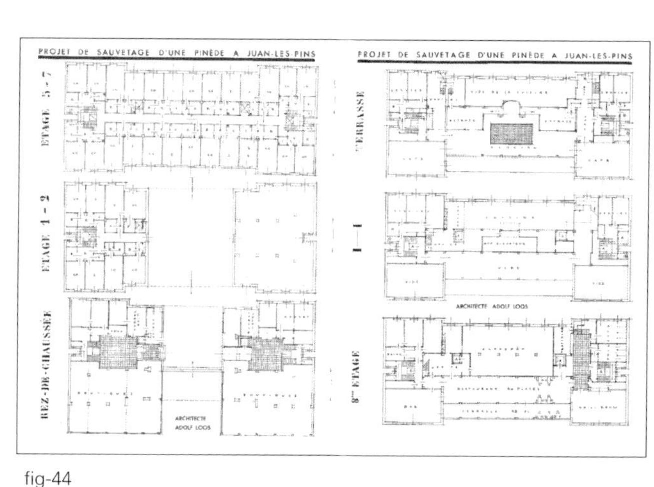

fig-44
[コート・ダジュールのホテル計画] 平面図

いう表面的な評価に終わるようでは、ロースの社会に向けての思想的な側面が見えにくくなる。

もうひとつ、ロースの晩年に強くこだわった作品群がある。それはウィーン工作連盟のジードルンク計画に始まり、最終的には小型の木造住宅へと連なる提案である。非常に地味な一連の作品には、ロースがウィーン市の戦後復興計画に関わって以来もち続けていた思想と〈ラウムプラン〉的な空間操作が組み合って、近代社会に向けての眼差しとして彼の本質的な部分が明快に見える作品群であると考えられるのである。

ウィーン工作連盟による集合住宅群は、最終的に建設された作品は鉄筋コンクリート造であり、成立作品だけを見るとロースの本来の意思は理解しにくいが、成立の経緯において、その後の同じ方向性をもった作品に関する思いが伝わってくる。ウィーン工作連盟の集合住宅計画は、シュトゥットガルトの《ヴァイセンホッフ・ジードルンク》とは異なり、本来庶民住宅であった。本来の目標を達成するには、基本的に適切な規模をもち安価で住みやすい仕様が求められたはずであった。その基本方針こそがロースの参加した原動力であったにもかかわらず、計画はさまざまに紆余曲折があった。敷地の変更はその最たるものであったが、敷地の性格に起因する地下の扱いと構造の変更が工作連盟より要求された。

設計は1930年から、主にハインリヒ・クルカの作図によって進められていた。ロースが抵抗したのは、完全な地下室の設置および主体構造として高額なコンクリートの採用を避けることであったのに対して、工作連盟は構造的な制約を与えることで、ホイベルク以来の計画に由来するロースの基本案を却下し、最終的にはこれに従わざるをえなかったクルカの作図によって建設は進んだ。不満を抱いたロースは最後まで抵抗を試み、コート・ダジュール滞在中に、最晩年に行動をフォローした弟子であったクルト・

ウンガーの作図によるコンパクトな〈ラウムプラン〉による改定案を提示するも、建設が進んでいることであえなく却下されることとなる。ロースの推進する住宅を理解するうえで両案の対比が興味深い［fig-45］。

小住宅のプランを練ってゆく過程は1929年の「立方体の家」［fig-46］において見られるが、これをベースに発展的に考案されたのが「一家族住宅」［fig-47］であって、これがウィーン工作連盟住宅においてロースが対案として主張した案のベースとなる。「立方体の家」は8×8×8mという〈ラウムプラン〉を最小のヴォリュームで試みた計画である。玄関から方向転換をしながらレヴェルを上げたスラブ下から居間に滑り込み、もちあげられたスラブの舞台から寝室階へ連なるという、典型的な〈ラウムプラン〉である。基本的な構成としてヴォリュームをふたつに分けて構造ラインを引き、その前後で空間のつながりを演出するという方針が理解できる。

この案を継承するかのように9×9×9mで計画されたのが、「一家族住宅」である。ヴォリュームを平面でおおむね1：2で割り、互いの境界線構造部分の行き来をすることで、スキップフロアを形成する提案となってい

fig-45
［2軒連続住宅］（ウィーン工作連盟住宅展のための試案）

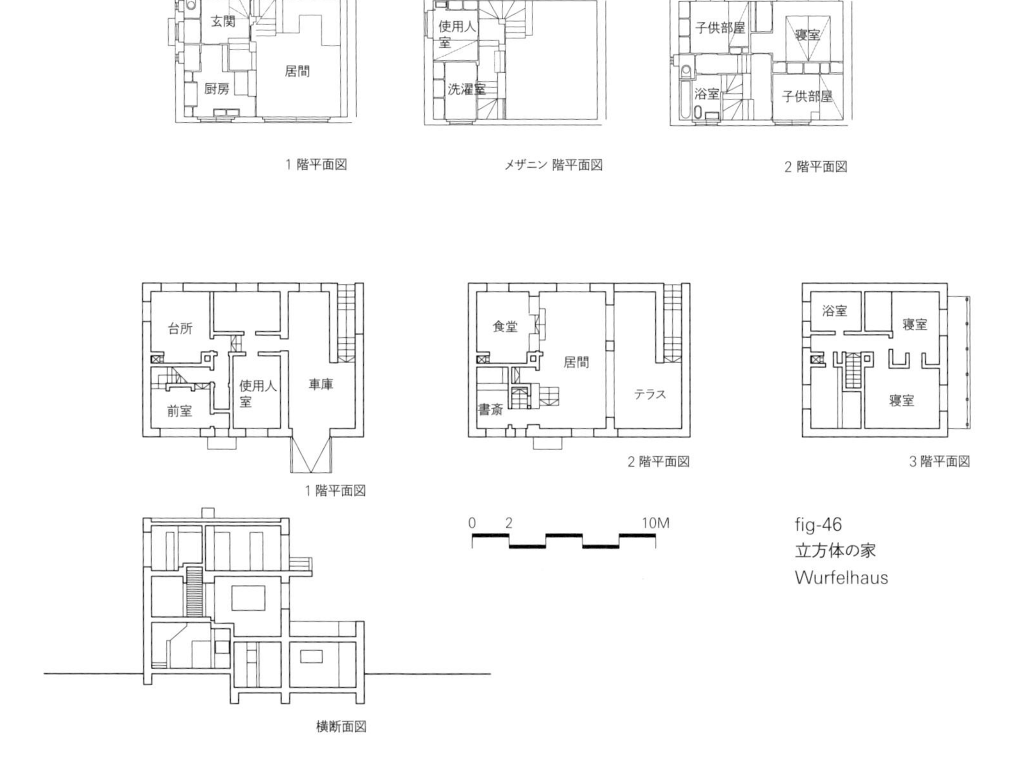

fig-46
立方体の家
Wurfelhaus

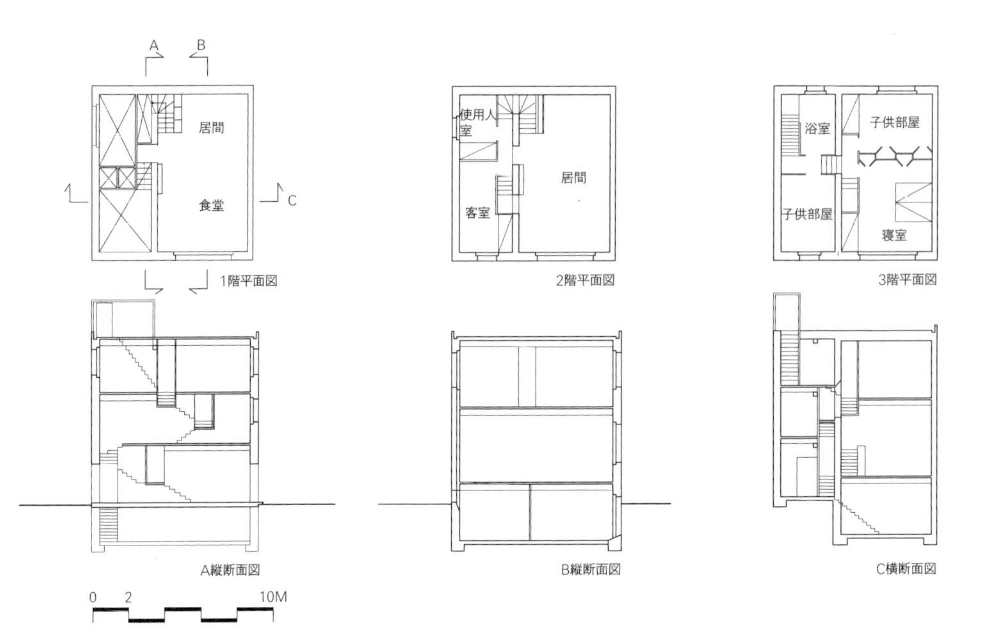

fig-47
[一家族住宅]

る。各空間ヴォリュームの大きさがすべて異なるものの、それぞれの構成要素を立方体に組み込んでいるという意味では、一連のスタディの最終的な形ともいえるような〈ラウムプラン〉の構成要件を満たした完成度の高い試案といえる。また、同様の方針は7.8×8.6×8.2mで計画された［最後の家］に引き継がれている。

段差による空間効果と連続性、快適なヴォリューム感が追求され、これをいかに経済的に成立させるかという試みは、本来的に《ルーファー邸》から執拗に行われており、《ウィーン工作連盟の2軒連続住宅》へとつなげることを考えたのである。この最終案は、地下を半地下とし、しかも面積に制約を与えたうえで、内部の梁、スラブを木造とし、吹抜け空間のない半層ずれる立体的な構成として、ユーティリティーと室空間の距離を縮めるプランニングをすると同時に、屋上へのアクセスを与えている。また、低所得者用の住宅を前提としながら、余分なものをもちこまなくても済むように、収納がはじめから十分に用意されていることも印象的である。

fig-48
《ヴェルクブント・ジードルンク》
リートフェルト棟外観

現存する最終案のプランニングが、隣接するG.リートフェルト案と酷似していることを考えると［fig-48］、最終実現案はロースのオリジナル性も疑われる計画内容とも受けとれよう。ロースの追求していた空間と方向性が、実現作品とは大きく異なり、無理と知りながらも図面を提出した作品によく表れている。コンパクトでシステマティックなプランは適切な空間ヴォリュームを各所に配置し、機能の連携がよく練

fig-49
《ヴェルクブント・ジードルンク》
外観

れたプランであることがわかるのに対して、2層吹抜けと寝室という簡潔な組合せによって、ダイナミックというよりは、あっけらかんとしてわかりやすい実施作品とは異なる空間性をもっていることが理解できよう［fig-49］。

小規模で効率よくまとまる、標準的な〈ラウムプラン〉の追求は、一品生産の作品を制作する意識と異なり、階級に対するふさわしい建築の提供という社会性への視野をもつ、ホイベルク、ラインツ以来の、ロースの重要なテーマであり、最後のいくつかの作品にも継続して提案された。1931年以降に、ロースは体調不良を抱えながらもカプサ&ミュラー社のための社員住宅などを含む小住宅に取り組んだ。RC案と木造案の双方が存在するものの、低廉化での空間可能性の追求は、最小限のスケールの軽量で施工が早い木造が特に検討され、〈ラウムプラン〉の発想を交えながら、庶民住宅の普遍的な姿へ向けての成果へと向かうのである。こうした試みの流れは、一生仕えた使用人ミッツィ・シュナーブルのための木造の家［fig-50］に始まり、カプサ&ミュラー社のための社宅としての計画、最後にはミュラーの娘のための木造小住宅として計画された［最後の家］へと連なってゆく。

fig-50
《ミッツィ・シュナーブル邸》
外観

［最後の家］は1枚の仕切り壁の両側で階段を行き来させ、ふたつの空間の出入りをシークエンスとして表現するという空間テーマによって構築された。一方を2層、もう一方を3層にして必要な階高を仕切り壁で隔てて割り振るという、これも〈ラウムプラン〉のひとつの、そしてロースにとって最後の試案である。同時期に計画された《ボイコ邸》（1930）は長手方向に2分割して構造スクリーンを設け、その前後で居間と諸室を分ける方針をとった。いったん中心部に到達してから方向を90度転換し、構造スクリーンの前の空間にレヴェル差をつけて長手方向の流れをつくっている。これも壁の前後というテーマで、ロース末期の住宅計画における傾向を総括するもののひとつともいえる。［最後の家］は、結局木造スラブにこだわった。《ウィーン工作連盟の2軒連続住宅》では実現しなかった構造のスリム化は、完全に木造壁式構造を採用しながら、経済性、環境性能を確保しながらも、これまで培った連続的な空間構成を実現することとなったのである。構法的にはアメリカのツーバイフォーの考え方を採用しているが、クレールに語っ

た木造の記述は興味深い。

これが現代建築だ！　未来の家はコンクリート造ではないよ。解体するには爆破せねばならないからね。未来の家は木造だよ！　それは小さな日本家屋のようなものさ！　可動式の壁を備えていてね。近代建築は日本の文化にヨーロッパの伝統を加えたものになるだろうね[25]。

[25] (24)「出発」、クレールとともにドイツからストックホルムへ向かい、ロースの展覧会で展示された《クナー山荘》の写真の前でマッチ箱を取り出しながら発言した言葉。(筆者訳)

〈ラウムプラン〉は単に新興富裕層のための豪華な空間だけではなく、最小限住宅としての合理的で機能的な空間追求において機能し、普遍性を追求する方法論にもなることを示しており、それこそはロースの豊かな人にも貧しい人にも文化的で豊かな空間の提供を目指すという、社会への視座を物語っている。それを実現するには、軽微な構造体による柔軟性が必要だと考えたのであろう。時代はすでに、多くの建築家たちがRC造の白い抽象的な表現の住宅を制作していた。経済的に恵まれた時代のリーダー、資本家などの住宅として計画されたモダニズム建築に対して、ロースの最後までこだわった住宅作品はあまりに控えめで安価ではないか。〈ラウムプラン〉は無駄なヴォリュームを排除した空間の最適化という視点で語られてきたが、〈ラウムプラン〉の最適化されたヴォリュームに加えて、建設経済的な視点においても十分に安価な建築の提案は、明らかに白い建築の追随者たち、近代主義というフォルマリズムに対する独自性の表明であり、倫理観の表明とも解釈できよう。

以後、ロースの体調問題は徐々に深刻さを増し、壊滅的な体調に向かってゆく中でも創作への意欲を失うことはなく、小規模木造住宅への取組みによって『ノイエ・フライエ・プレッセ』に始まる社会への思いも最後まで断つことはなかったのである。1933年8月23日、さまざまな病気を抱えながら最終的には肺炎にて没する、享年63歳であった。あらかじめロースのスケッチによってデザイン案が示されていた墓碑は、ハインリヒ・クルカによって実現した。そしてそれは芸術としての墓碑でありながら、何も表現するもののないキューブであった［fig-51］。

fig-51
アドルフ・ロース墓
(ウィーン市中央墓地)

第2章

ロースの空間

北側外観

12 Villa Moller

《モラー邸》

1928

レセプション・読書コーナー

玄関から踊り場を経て居間へ

食堂

居間から婦人室窓、食堂を見る

14 Villa Müller

《ミュラー邸》

1928-30

南側外観

喫煙室

玄関

17 Villa Karma

《カルマ邸》

1903-06

音楽室

食堂から居間を見る

食堂

18 Villa Duschnitz

《ドゥシュニッツ邸》

1915-16

店舗外観

カウンターバー

27 Kärntner Bar

《アメリカン・バー》

1908

ミヒャエル広場中央より

フィッティングルーム

29 Loos House

《ミヒャエル広場のロース・ハウス》

1909-11

作品の全体像

ロースの建築空間を評価するにあたり、まず実物に基づいた分析が必要であり、それが不可能である場合や実現しなかった作品は、図面表現を分析することから始めたい。筆力の強いロースの著作を取り上げながらその文言分析を重視するあまりに、ロースの空間評価が観念的なものに偏りがちである例はこれまで多くある。ここではまず実物や図面から体験でき、読みだせる空間構成を分析することで、ロースの提案する空間を物理的に確実な事実として理解を深めてゆきたい。特に〈ラウムプラン〉という言葉の示す空間の実態を記述することを目標として、ロースの作品の全貌を紹介したい。特に実現作品の多い住宅において分析しうる作品を中心に取り上げ、ロースがどのような空間を追求したのかについて、図面や写真を用いて具体的に記述したい。

ロースの作品は、*Adolf Loos Leben und Werk* [1]によれば237作品あり、抜け落ちていた作品の拾い上げ、その後のチェコ共和国での研究の深化や改修工事による復元的作品を加えると、260作品程度に及ぶと考えてよいだろう。実現した作品はおおむね150程度と想定され、今日までに改造を受けたり、部分的に残されていたりする可能性のある作品を含めれば現存作品は最多で75作品程度と推察される。各作品はおおむね戸建ての住宅、住宅の改造計画、住宅のインテリアおよび家具、共同住宅、商業施設（ファサードとインテリア）、モニュメンタルな都市施設計画、ホテル・宿泊施設、学校などである。実現作品、計画作品を概観すると、さまざまな分野とスケールでの試みが行われている中でも、ロースの作品の量的な中核を占めるのは、住宅および居住目的の作品と商業空間のインテリアである。

[1] *Adolf Loos Leben und Werk*, 1982, Burkhard Rukschcio, Roland Schachel, Residenz Verlag Salzburg & Wien

最初の作品案は1897年に『ノイエ・フライエ・プレッセ』での執筆活動が始まった同年の《エーベンシュタイン紳士服店》であり、翌年の《ゴールドマン＆ザラチェ紳士服店》へと続く。以後、初期の作品はシュタイナー家との付合いに始まるショップのインテリアや、《カフェ・ムゼウム》と《カフェ・カプア》《アメリカン・バー》、銀行のインテリアなど商業系の室内空間およびファサード、そして都市内共同住宅の家具制作およびインテリアであった。

一方で、都市としてのウィーン市全体の機能や形態に関する計画も検討し、全体計画図や都市内の要の位置にあるべきモニュメントのデザインを活動初期から試みている。《シュタイナー邸》〔作品1〕、《ショイ邸》〔作品4〕などの戸建て住宅の代表作を実現させたのちに、《マンドル邸》〔作品19〕、《シュトラッサー邸》〔作品20〕などの増築計画を第一次大戦の終わり頃に実現し、戦後復興の庶民住宅に取り組んだのちに、多国籍文化人の拠点パリでの活動が始まる。1929年以降はチェコ、ウィーンでの住宅およびインテリアに取り組み、《モラー邸》〔作品12〕や《ミュラー邸》〔作品14〕などの代表作を完成させている。

以下、カテゴリーに分けて概観し、代表的な作品は立体的な表現によって紹介してゆく。

概観

住宅作品として平面・断面を確実に追える図面が残された作品は32作品ほど存在する。最初の都市型独立住宅5作品（《シュタイナー邸》《ショイ邸》《ホーナー邸》《シュテッスル邸》《砂糖工場の管理者住宅》）は、段差を伴い機能が立体的に組み合うような典型的な狭義の〈ラウムプラン〉とは評価しにくいものの、動線計画が導く場面の転換の動的な空間性をもち、それ以外は立体的なヴォリュームの組合せによる、いわゆる〈ラウムプラン〉に基づく作品である。

32作品にはさまざまな表現と構成の方向性があり、また背景となる環境が異なる作品群である。5作品（[シュヴァルツヴァルト学校の建設管理小屋][サピエハ公のための郊外住宅][ポール・ヴェルディエール邸]《シュパンナー山荘》《クナー山荘》）が田園あるいは山岳地帯での豊かな自然環境にある、主に（[ポール・ヴェルディエール邸]を除き）木造を基本とした計画であり、残りの27作品が都市内での計画である。また都市内の計画の中で、明確に表現としての古典主義を意識した計画が4作品（[コンスタント邸][シュトロス邸][サムエル・ブロンナー邸][フォン・シモン邸]）ある。

住宅作品の中で2層の完全吹抜けをもつ作品が[サピエハ公のための郊外住宅][fig-1]、[ポール・ヴェルディエール邸][fig-2]、《クナー山荘》〔作品13〕である（居住施設としては共同住宅の《ウィーン工作連盟の2軒連続住宅》(1932)〔作品25〕がある）。本来の〈ラウムプラン〉は完全な2層吹抜けをもたないと考えるのが自然であるが、この3作品はいずれも郊外住宅・山荘であり、外部の自然に積極的に開く姿勢を見せている中央空間が計画されている。《シュパンナー山荘》[fig-3]は2層吹抜けをもたないものの、敷地の傾斜に合わせて傾斜方向に中央空間を外部に開放的に扱っている点で同じ傾向をもつ。したがって山荘・郊外住宅は、つねに空間の回遊性という性格を見せるものの、空間経済性を意識した〈ラウムプラン〉の感覚から比較的離れた作品群であるということができる。

すでに広く知られるロースの住宅における計画方針を再度ここに確認しておこう。まず、都市住宅は外部においては沈黙し、内部においては雄弁に豊かさを語るべきであって、意識はつねに内部に向かい、内部空間の充実に向かう。外部は表現としての白い箱ではなく、まさに「沈黙した」、表現を意図しない部位であり、自然に飲み込まれることがむしろふさわしい虚の存在である。一方で自然の中に計画される山荘は、自然の素材としての丸太をはっきり見せた構造体によって環境に溶け込むことを意識した、一種のバナキュラースタイルである。自然との関係性を顕著に求め、ここでは外部に視界を開き、外部を積極的に見ることができる。

ヴォリュームの構成はほとんどの場合、おおむね直方体を意識したもので

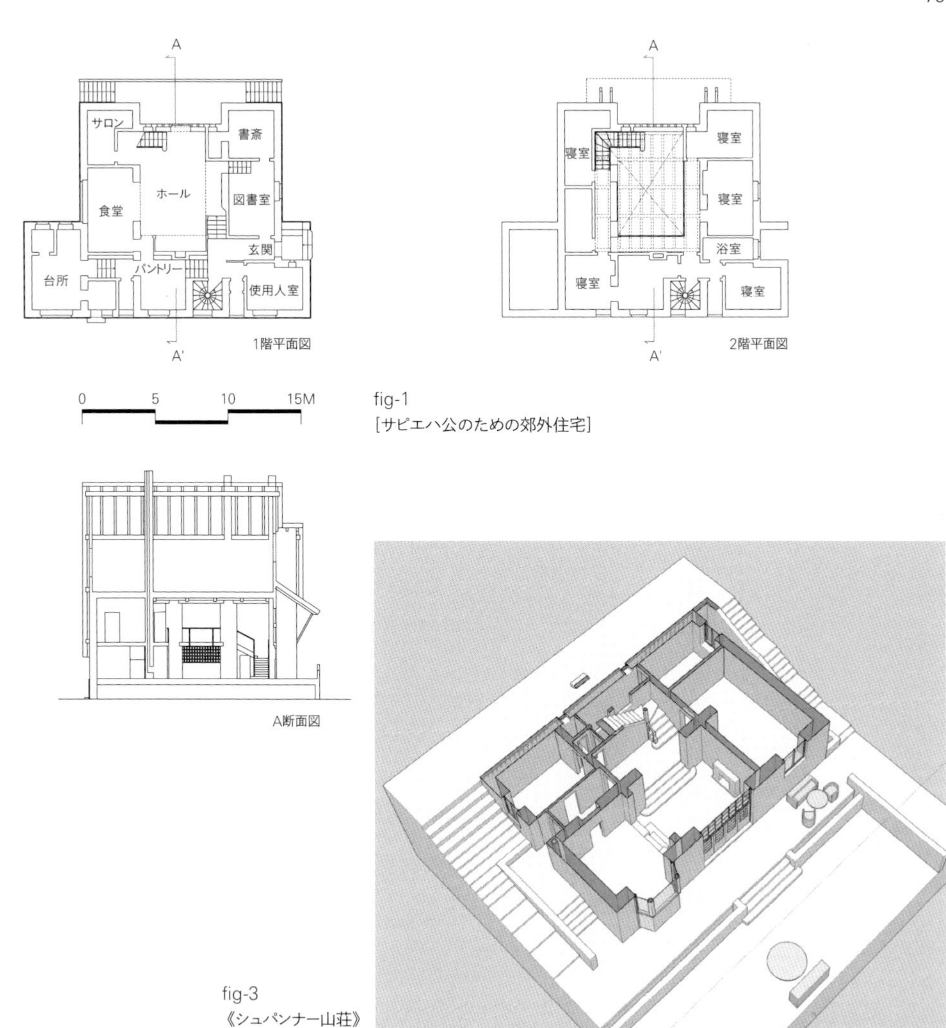

fig-1
[サピエハ公のための郊外住宅]

fig-3
《シュパンナー山荘》
1階アクソメ図

fig-2
[ポール・ヴェルディエール邸]

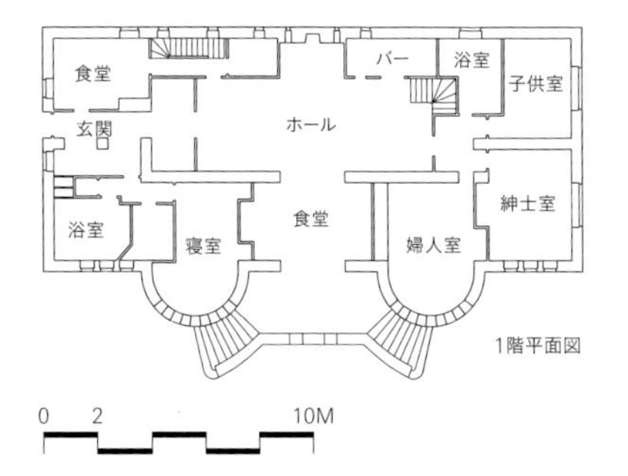

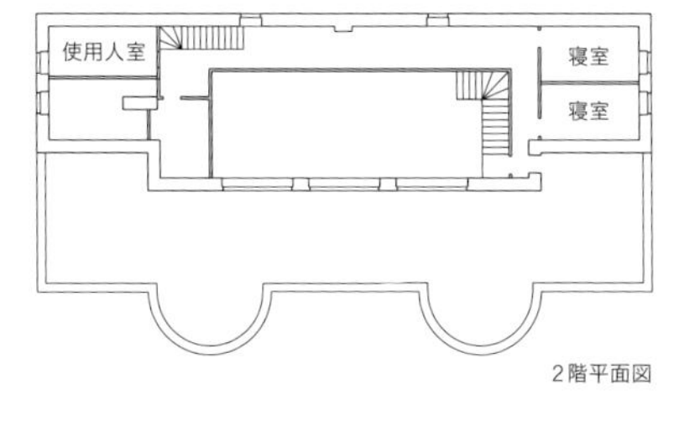

あり明快な存在感を直接的に表現する。古典的表現は過去のものではなく、自己の存在自体を構成している一部であり、時代を経て真理の表現と見なされる。もちろん表現としての古典的エレメントは、初期作品から徐々に抽象的な構成法へと変化してゆく。近代社会の現実に向きあい、時代に即した人間の生活の基盤形成を意識した彼の意思はつねに強く明快であった。

経済性の観念はロースの議論に頻出するが、主に〈ラウムプラン〉による空間ヴォリュームの効率的な使い切りという議論が一方にあるものの、一般的な建設費としての経済性も当然含まれている。すなわち、直接的に建設技術における経済性という観点は、安定した技術に信頼をおくという姿勢に現れる。ロースの都市住宅は、すべてレンガによる組積造と一部RC造の組合せによって構成される。立方体のヴォリュームを構造要素の壁、柱の軸で2分割、または4分割して支え、鉄骨梁（後期にRCの場合がある）の楣（または梁）で補強を入れて開口部を構成することが多い。

《ショイ邸》のように中央部分をより開放的にすることで、部屋間の開口部を支える梁が相当に厳しい部分を生むなど、表現としての構造の合理性は必ずしも高くない。組積造であることは当然、開口部の小ささと壁の厚さが表現の基本におかれる。新しい構造材料が新しい表現を生みだす、という技術進歩主義とは距離をおいた選択肢といってよいだろう。彼が必要としていた空間は、けっして新しい構造材料が（ホルツツェメント屋根によるテラス以外には）つくりだしてくれはしなかったと理解できる。

〈ラウムプラン〉の動的な空間構成に加えて、もうひとつの原則が軸線の転換による空間構築である。各室は基本的に中心軸を設定し、多くは左右対称を意識した構成をとるが、直行方向に軸を交差させながら人の動きを誘導して空間のつながりを展開する方法論であり、場面場面は極めて安定した古典性を感じながら、静と動が組み合う鮮やかな場の転換を意図した空間構成方法である。直行軸線展開による空間構成に段差が伴い、マテリアルの表現が展開を劇的に変化させる空間こそロースの意図する室内空間の原則である。

古典主義を意識した作品は、とりも直さず外部表現に取り組んだ作品であるが、それは表現としての外部というよりは、文化的な外部環境への応答であったと理解するのが順当であろう。[シュトロス邸]〔作品6〕の敷地は不明であるが、[サムエル・ブロンナー邸]はウィーンの中心部でのリンク（中央周回道路）に近い作品であり正面性の強い敷地環境にある。[コンスタント邸]はオロモウツの高級住宅地の特性を意識した結論と理解できるが、唯一特異な装飾性をもつ作品である。[コンスタント邸]以外の作品は、意匠性はほとんどがシンケル、あるいはルドゥーをイメージさせるような、抽象性の高いヴォリュームにオーダーを組み合わせる表現となっている。

外壁は古典的であっても、平面は全く古典的ではない。《砂糖工場管理者住宅》では強い正面性があるにもかかわらず、基壇テラス前のホールになるべき空間は外部構成に比して不規則に割られているのをはじめとして

[fig-4]、［シュトロス邸］も正面のオーダーの中心性は内部では長手方向の流れる動きに分断されているし、［サムエル・ブロンナー邸］も同様に外部空間と内部空間の連携関係がほぼない。唯一［フォン・シモン邸］[fig-5]の主階は中央の空間をそのまま素直にホールとしているものの、ファサードの軸と直交する長手方向に空間の軸はおかれ、あえて中心性を弱めることによって、内外の一致をあえて避ける、あるいは内部の充足と外部のデザインの意味との関係性を分断していると考えてよいだろう。

fig-4
《砂糖工場管理者住宅》

fig-5
[フォン・シモン邸]
1階アクソメ図

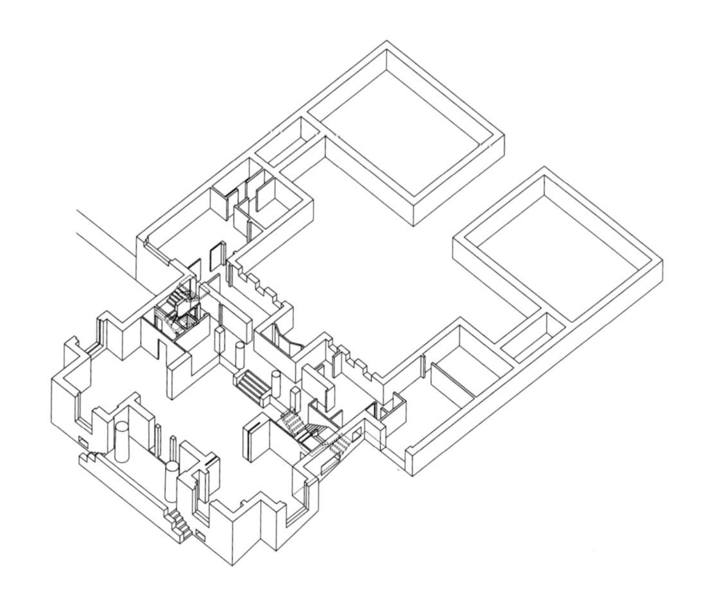

空間としての住宅

ロースの住宅におけるテーマは、すべてが〈ラウムプラン〉である、という前提で各作品の空間を評価する必要があることはこれまで見てきた通りである。「建築は外部において沈黙する」というロースの言葉は、特に住宅の作品こそ個人の表現を外部に見せずに、外部環境の中に埋没して存在することがふさわしい、という主張として理解できよう。一方で、近代における個人にとって社会との関係性は、匿名性の維持と個性の表明の問題としてとらえれば、外部において匿名性を確保し、内部に個性を映しだすという枠組みは、社会と個人の関係性をそのまま表現したことになるだろう。

匿名性を表明する表現方法の可能性として、立方体のような抽象的で意味を読みだしにくいヴォリュームの選択はロースにとってのひとつの解決であった。しかし、あくまでもピュリズム・キュビズムという芸術運動における個性的な強い造形的表現体を目的としない抽象的物体は、蔦のような植物を纏わせて都市の自然に溶け込み姿を隠す。匿名性はある意味不確かな存在、存在を隠す力であり、そこにこれ見よがしな表現は不要であるどころか、曖昧に浮遊し内部と外部の関係を強くもたない弱い普遍性をもっていなければならない。

ロースの白い立体はそのような意思を表明しながら、語らない存在であり続けてきた。そこに近代主義運動との意識のうえでの違いがあった。山荘における木造表現がバナキュラースタイルであることも、近代の力が強く及ばぬ環境にあって、集落に息づく形式を踏襲することは、個の力を弱める外皮として有効に機能したと考えられる。

一方で住まいの空間は極めて私的な空間であり、人間個人に密着した肌感覚のシェルターであるということは、ロースが初期のインテリア作品で頭角を現し始めたときから、伝統の継承と今日的な表現可能性をバランスさせながら、豊穣な空間を生みだし、まさに表現の場にふさわしい独自性を発揮したことと理解できる。写真写りが悪い、と自らの作品を自虐的に表現するのは、白黒写真の表現力では計り知れないマテリアルが生みだす迫真の豊かさがそこに秘められていることへの確信に基づく表明でもある。そして〈ラウムプラン〉は、内部空間の表現によって人間の場としての背景を与える原動力、武器であるはずである。ロースにとって〈ラウムプラン〉こそは、わずか8m角の空間に宿る建築的プロムナードの可能性であり、消費社会にあって限りある内部空間の最大化である。

写真写りが悪い、というロースの内部空間は、実際に体験してみるとほぼ息を飲むような豊穣な瞬間の連続である。ほとんど外観からは想像ができない豊かな素材と動きに満ちたインテリアは、まさにロースの精神の体現であり豊かさの顕現である。図面で知る階段の折れ曲りを歩いてみると、図面理解とははるかに異なるシークエンスを体験することになる。この体験こそは写真に写ることのない世界であって、ロースの空間の魔法なのであろう。空間とは、という問いに対して、空疎に抽象的な定義をすることなく、個人の体験に宿る世界体験をロースのように表現できるとするならば、住宅という空間は世界の表明であり、世界内存在としての（文化的）人間そのものの理解の表明である、といえるだろう。

01 Villa Steiner

《シュタイナー邸》 1910

前面通路外観

施主のヒューゴー・シュタイナーは、ロースの友人でもある作家のカール・クラウスの知己。ロースはヒューゴー・シュタイナーのために、シュタイナーの母カテリーナがウィーンに開いた商店3軒や、シュタイナー夫妻のアパート内装などを手がけている。平面は13.5×14.5mの大きさをもつ。道路側と庭側の立面はいずれも外形において左右対称であるが、道路側の窓はすべて大きさが異なり、南西にヴェランダとテラスの不規則なヴォリュームを加えている。道路側と庭側の印象の違いが際立ち、特に庭側のディテールのない立面を合理主義的建築の嚆矢とする論もあるが、あくまでも丸屋根と白いヴォリュームの組合せを前提とし、白いヴォリュームは組積造で蔓性の植物が這い包み込む計画であることを念頭におかねばならない。

入り口を道路正面に向け、法規的な制約で道路側の2階から3階の1層分に円形屋根を立ち上げた。円形屋根のある道路側と陸屋根がある庭園側のヴォリュームを分けて接合し、構造的な区分がそのまま内部空間の機能配分に生かされる。地下には車庫、専

庭園側外観

玄関ホール(居間への開口は後の改造部分)

用の入り口をもつ使用人室、暖房室、石炭倉庫などがある。地上階はテラスに連なる大きな居間と食堂を配置し、地上階と2階の間に手動のダムウェーターがある。2階庭園側には寝室と子供部屋、双方からアクセスできる浴室、道路側にシュタイナー夫人のアトリエと子供部屋を配置する。最上階は屋根裏空間として全面的に家事のための部屋として機能する。

各階の床は段差がなく、らせん階段が全階を貫く。天高はそれぞれ1階が2.85m、2階が3m、3階が2.1mである。平面計画は床の変化に富んだ段差はないものの、エントランスからつねに迂回しながら大きな動きを伴って空間の層を通過しながら居間に開放する動き、舞台のように見える2階へ消えてゆくL型階段から建物ヴォリュームの中央に到達する計画などに、ロースの特徴的な平面計画の片鱗がうかがえる。気持ちのよいコーナー空間の造り込み、空間の軸線を交錯させながら展開する空間性などは通底するテーマである。

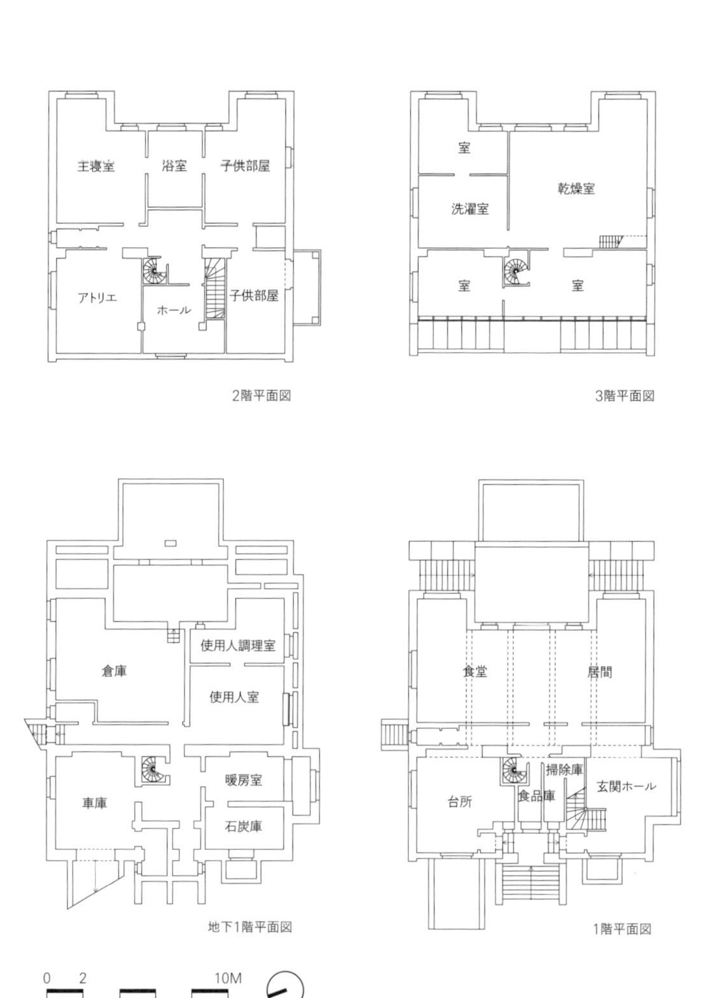
主寝室
浴室
子供部屋
アトリエ
ホール
子供部屋
2階平面図
室
乾燥室
洗濯室
室
室
3階平面図
使用人調理室
倉庫
使用人室
暖房室
車庫
石炭庫
地下1階平面図
食堂
居間
掃除庫
台所
食品庫
玄関ホール
1階平面図
0
2
10M

02 Villa Stössl

《シュテッスル邸》 1911-12

居間・食堂から2階への階段を見る

施主のオットー・シュテッスルは、カール・クラウスの発行していた雑誌*Die Fackel*の協力者であり著作家である。安価な家族用建売住宅をベースに、法規の許す範囲で、施主の希望と思われるキュービックなヴォリュームのマンサード風の屋根を載せる2層分を屋根の下に組込むことで、4層にまたがる250㎡の面積を9.2×10.4mの大きさで実現している。特殊でヴァナキュラーな屋根形態をもつが、建物本体はすっきりとした外形によって経済性が留意され、同じ時期の《ホーナー邸》などと同様の仕様である。確認申請図は3回提出され、2回目（1911年12月）は南側に与えられていた庭園への出口を東側へと変更し、3回目の提出（1912年6月）では暖房経路の変更などによって、地下より全館へ暖気を供給する設備変更を施している。後世の屋根階の内部改造以外はそのまま今日にいたっている。

ロースの計画で通常、住宅の中心的な部分となる居心地のよさを追求する食堂と居間が、この作品では軽く扱われている。敷地の傾斜と地下階とのバランスから平面計画が決定されていること、上層階にある書斎の重視などがその理由であろう。地上階で際立っているのは、階段をめぐって上層階に向かう動きが光を伴って美しく演出されていることであり、3階に向けては外壁をめぐるような動きに変わりながら書斎にたどり着く。寝室階は天高2.25mであるのに対し書斎には2.8mの高さを与え、屋根の置き換えによる計画の中心がこの部分であり、ここにたどり着くまでがロースの空間のストーリーであることがわかる。

庭園側外観

2階への階段から居間を見る

断面図

0 2 10M

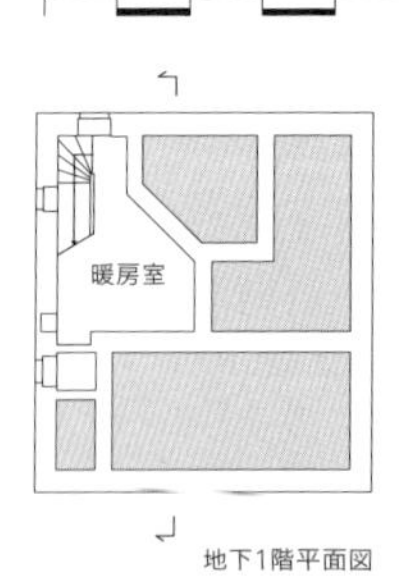

地下1階平面図

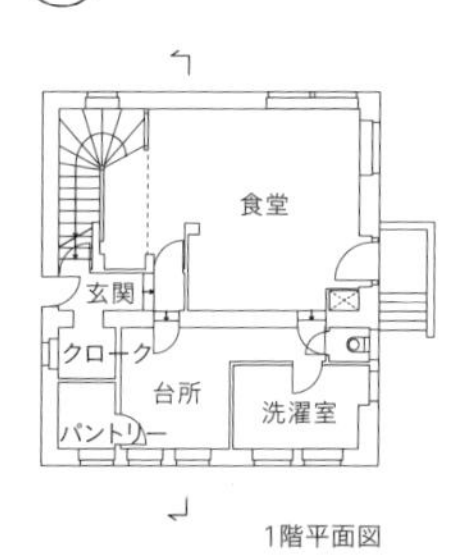

1階平面図

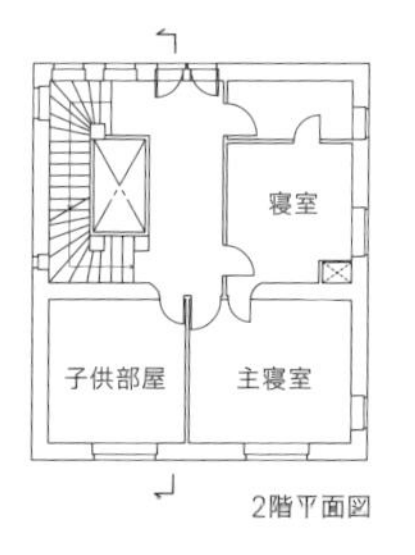

2階平面図

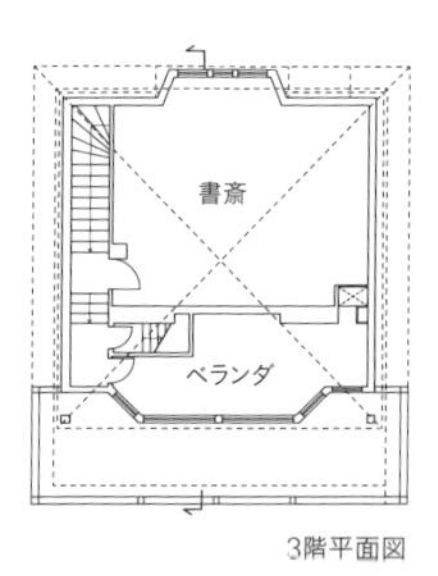

3階平面図

03 Villa Horner

《ホーナー邸》 1912

通路側外観

11×10m というコンパクトな枠組みで、レンガ組積造と綱材による開口補強、木製梁による経済的な構法に基づく住宅である。ヴォールト形状に寝室階を組み込み、木骨トラスに支えられた銅鋼板葺き屋根をもつ。おおむね正方形に近い平面を十字に割き、中央に暖炉の煙突を絡めて柱を置くという極めてシンプルな平面と構造をもつ。階段のやりくりが最小面積になるような段差を素っ気ない最小の玄関スペース周辺に与え、食堂（ホール）の続き間から2階への階段の演出を絡めながらも、上下階を階段で交差させる手法として上手に実現している。寝室テラスを形成する突出部分がヴォリュームに表情を与えながら庭へのアクセスを提供し、ユーティリティーを納める半地下は、敷地の起伏によって南側で地上階に接続し、庭園との連続性をもった突出部を計画するなど、斜面地での効果的なヴォリュームの演出を実現している。

玄関

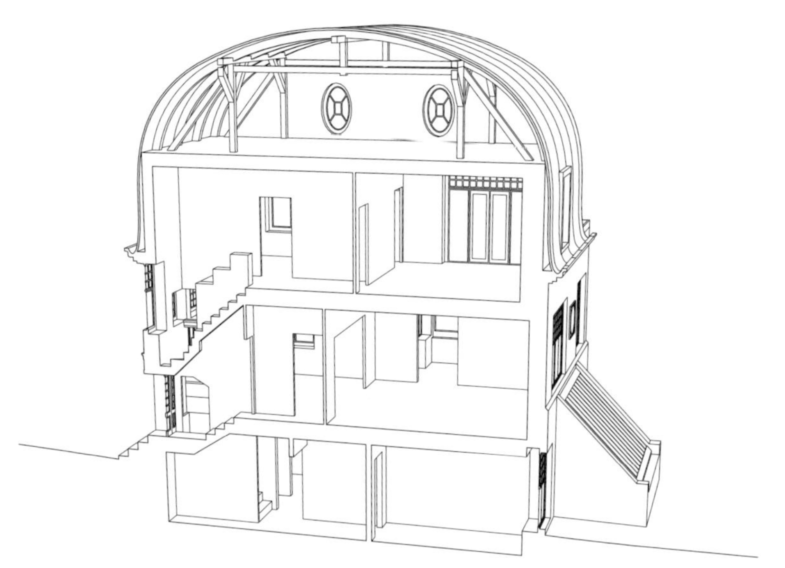

A断面立体図

庭園側立面

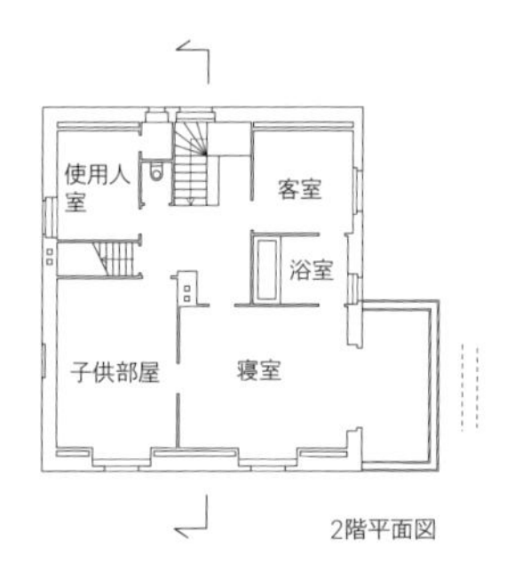

2階平面図

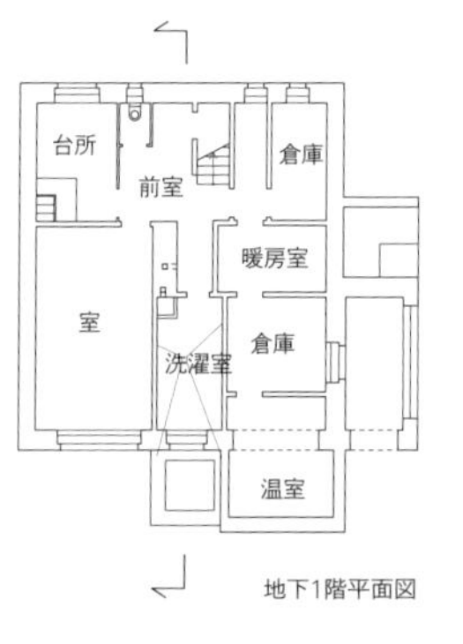

地下1階平面図

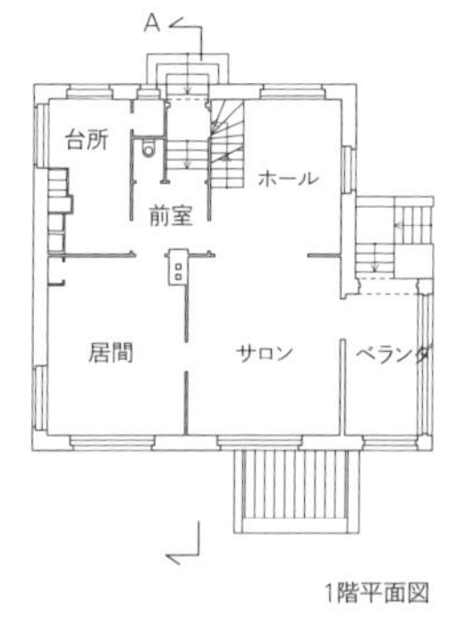

1階平面図

04 Scheu House

《ショイ邸》

1912-13

中庭外観

上部2層の寝室を4mずつセットバックして3段のテラスを形成する、際立ってシンプルな形態を東下がりに計画し、道路からテラスハウスであることを積極的に見せる計画としている。平滑な壁面による建物の建築許可が下りずに、隣接する建物にドーム屋根を載せた分離派風の建築を表現し、一体の建築として許可を得たとされる。世界でも初めての幾何学的で装飾のない白い箱型の建築の完成と位置付けてよいのではないか。

内部空間は伝統的な表現を交えながら、間仕切り部分の大きな開口部を鋼製梁によって実現し、居間から暖炉コーナーと書斎を前面道路から庭まで貫通する一連の空間として配し、書斎、サロン、音楽室をつなげた開放的な空間を実現している。階段によって人の動きを舞台のように見せる演出は、ロースの作品に多く見られる特徴である。上部2層は寝室階であり、共同住宅を主張する意図からか、最上階へは独立した入り口かららせん階段によるアクセスも用意した。開口部は以後頻繁に使われる2段の意匠構成で、上部はフィックスの採光部分、下部に通風の窓を配する。

書斎から音楽室を見る

ホール

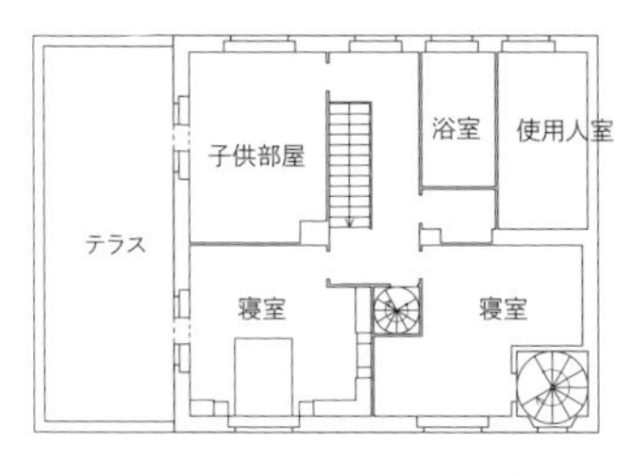

2階平面図

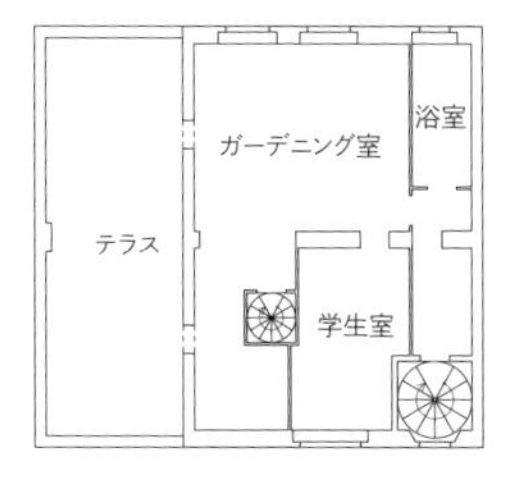

3階平面図

地下1階平面図

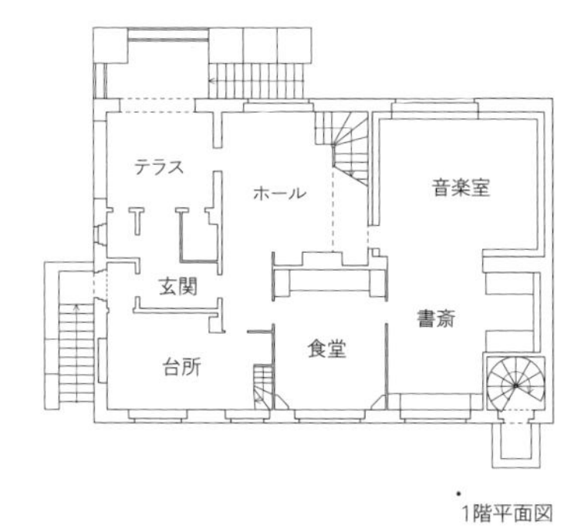

1階平面図

前面道路外観

05 Villa Konstandt

［コンスタント邸］ 1919頃

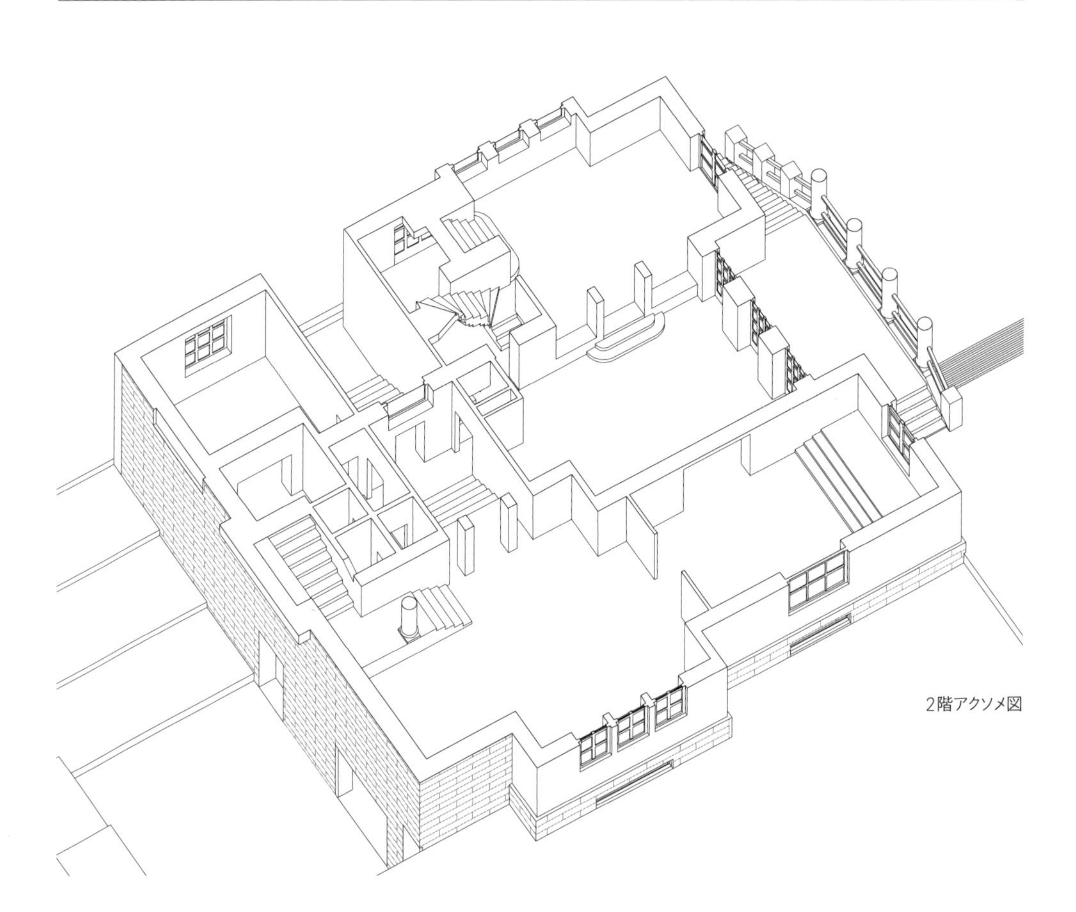

2階アクソメ図

オロモウツに住むコンスタント夫妻が新たな土地を市内に購入し、その近隣に住んでいたパウル・エンゲルマンの父を通じて、最終的にはロースが設計を担当することになった作品である。経済的な理由で結局実現せず、夫妻は1927年に土地を売却、1936年に別の敷地に別の設計者によって邸宅を建設した。

5層の建物に14の異なる床レヴェルを設けた〈ラウムプラン〉。外観は、列柱やカリアティッド風の女性の具象的な立像、軒装飾など、際立って古典的な意匠を用いた点が特徴である。玄関を入り、大階段を上がると建物の主室である居間に導かれる。その後、居間から2方向に分かれ、数段のステップが多様な床レヴェルを生みだす軸線の先は随所に舞台状の空間が設けられ、外観からは全く想像がつかないような、巻き上がる動きをもつ極めて流動的な動線計画と空間構成である。外部は正面性がはっきりしているのに対して、内部は横方向にすれ違うような構成が連続している。弟子であるパウル・エンゲルマンに与えた影響は、オロモウツに実現した住宅作品《ミュラー邸》や《ヴィトゲンシュタイン邸》（1928）の入り口階段などに見ることができる。

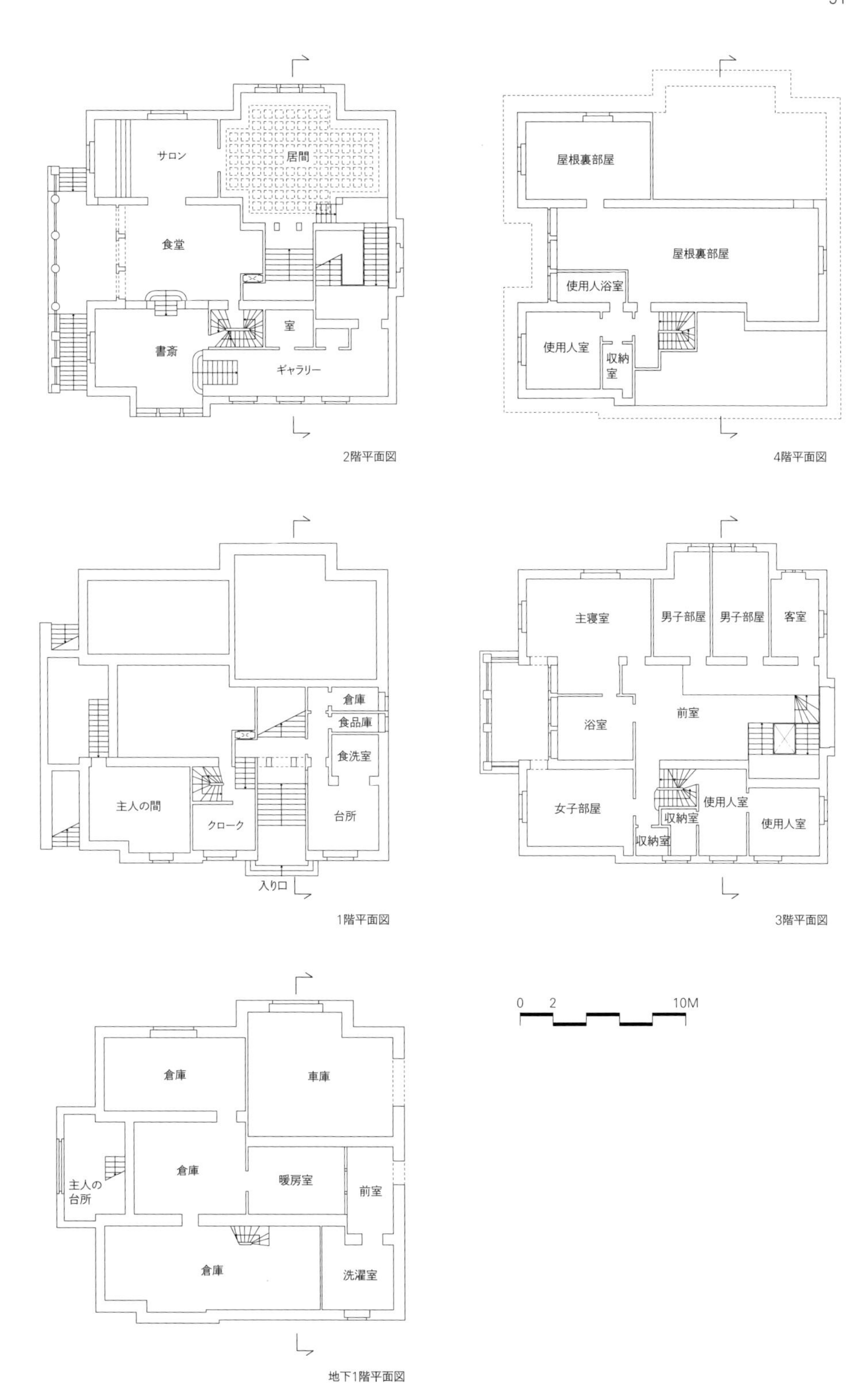

サロン
居間
食堂
室
書斎
ギャラリー
2階平面図
屋根裏部屋
屋根裏部屋
使用人浴室
使用人室
収納室
4階平面図
倉庫
食品庫
食洗室
主人の間
クローク
台所
入り口
1階平面図
主寝室
男子部屋
男子部屋
客室
浴室
前室
女子部屋
使用人室
収納室
使用人室
収納室
3階平面図
倉庫
車庫
倉庫
暖房室
主人の台所
前室
倉庫
洗濯室
地下1階平面図
0
2
10M

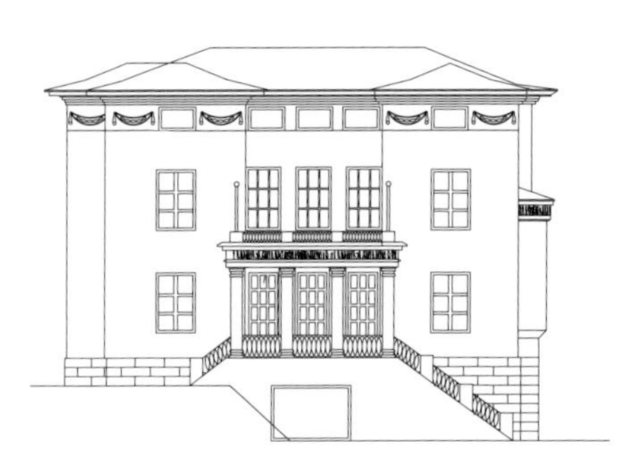

南東立面図

北東立面図

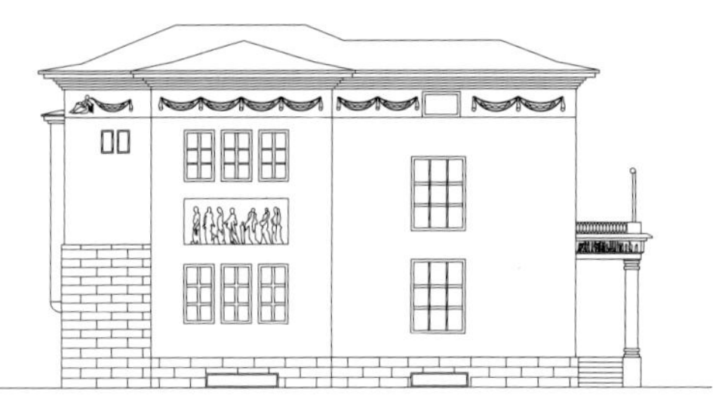

南西立面図

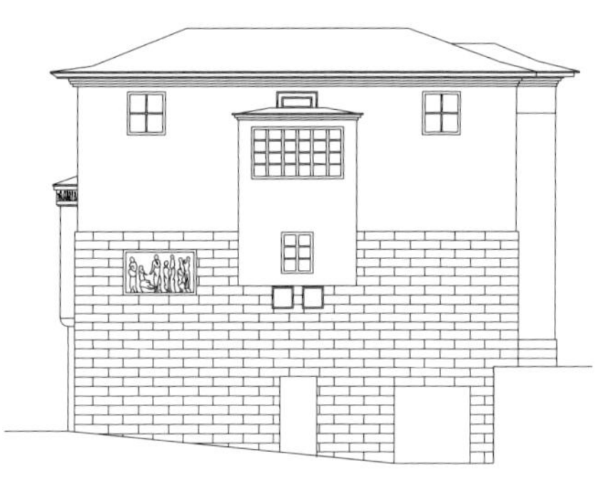

北西立面図

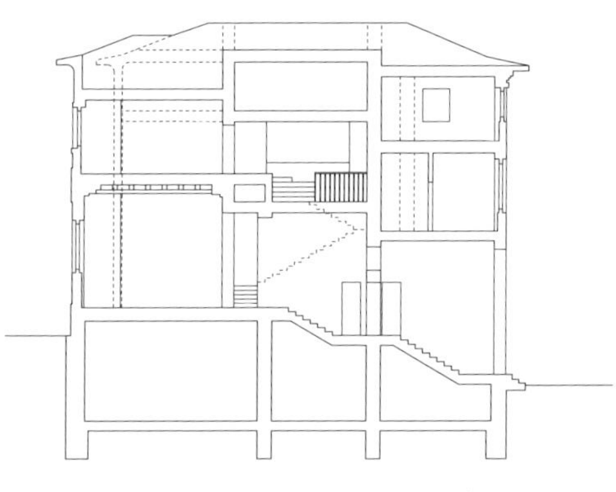

断面図

06 Stross Manor House

［シュトロス邸］ 1922

パッラーディアニズム風の古典的ファサードをもつ独立住宅。庭側ファサードにジャイアント・オーダーをもち、アーキトレーブ、コーニスをめぐらせる。玄関は地下階の車庫脇に配置され、壁沿いにL字に回る階段を進む。車庫から9 段の階段を上がるとクロークが設けられ、再度折れ上がる階段からテラスと同じ高さの2 階ホールに出る。ホールから道路側へ折り返す8 段の階段を上がると仕事部屋で、庭側へ進む5 段の階段を上がるとエレベーター前室を通り抜けて食堂にいたる。仕事部屋と食堂の間に小さな朝食室が用意されている。3 階は道路側に3つの寝室、庭側にひとつの寝室があり、全階が地下のキッチンから連続するらせん階段とダムウェーターでつながる。

3 階から使用人室や洗濯室などがある4 階へはらせん階段のみで連絡され、ここから屋上へは勾配が急な階段で上がる。立面では強い正面性をデザインしながらも、その外観に呼応した古典的な平面計画を採用していない。外観は単なる公共性の顔でしかなく、むしろ執務室と食堂の空間を段差によってラディカルに区分し、各機能空間に対して床レヴェルで高低差を設けることで分節化され連携する動線を、外部の構成から想定される軸性と交差させるような特異な効果を狙っていたと考えられる。外部から独立した動的な内部空間をあえて際立たせるように演出したのであろう。

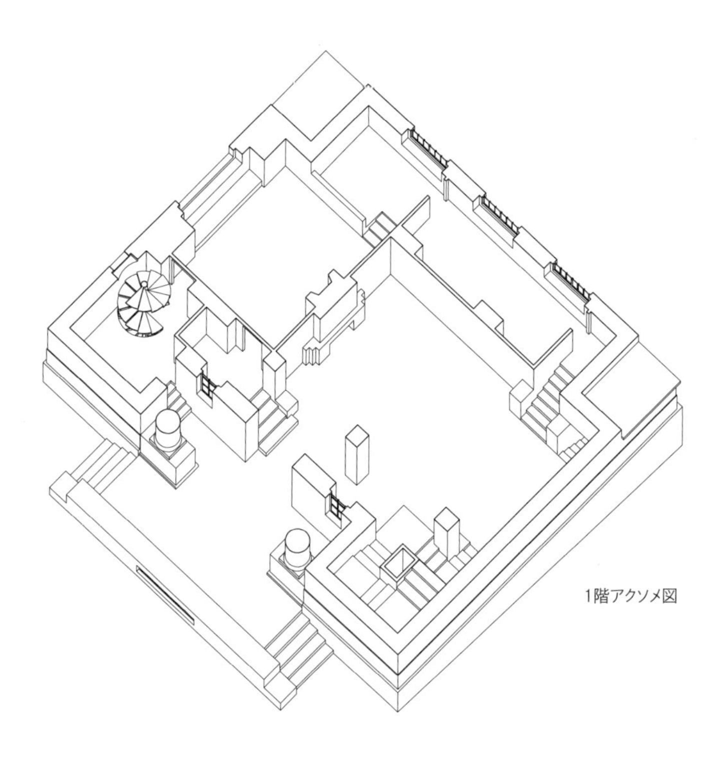

1階アクソメ図

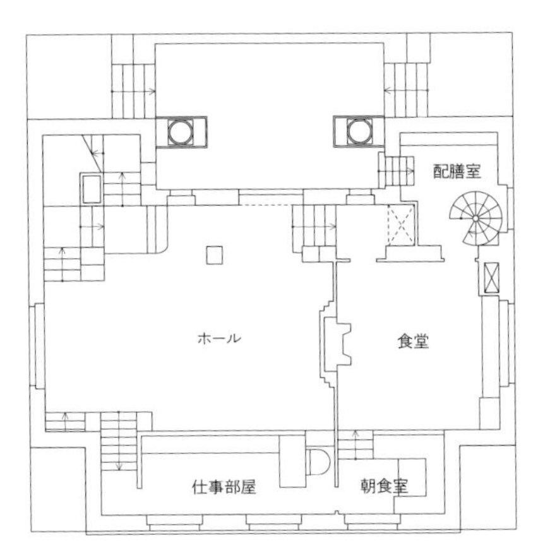

1階平面図

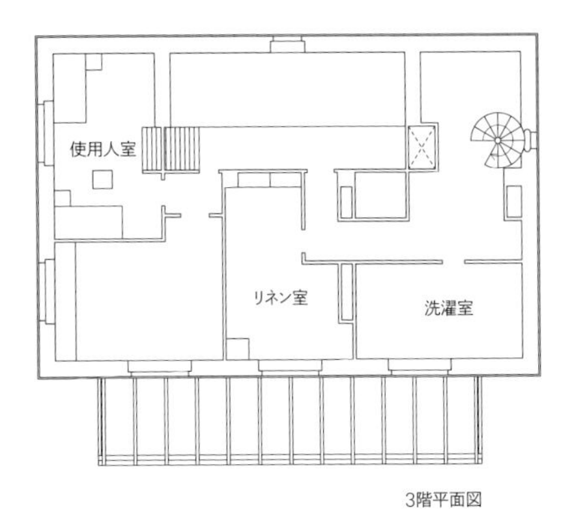

3階平面図

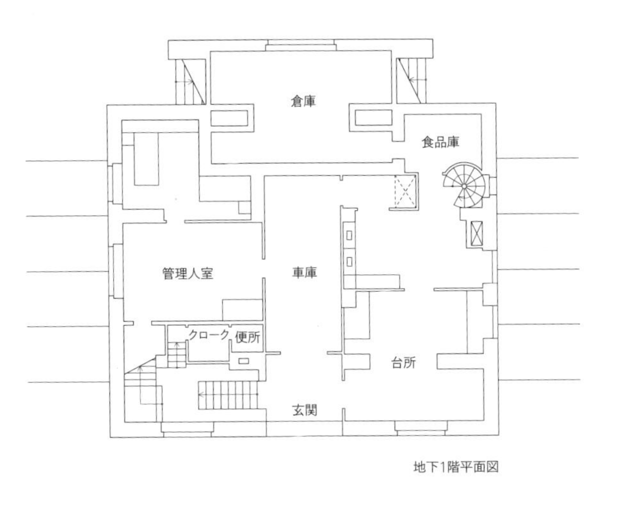

地下1階平面図

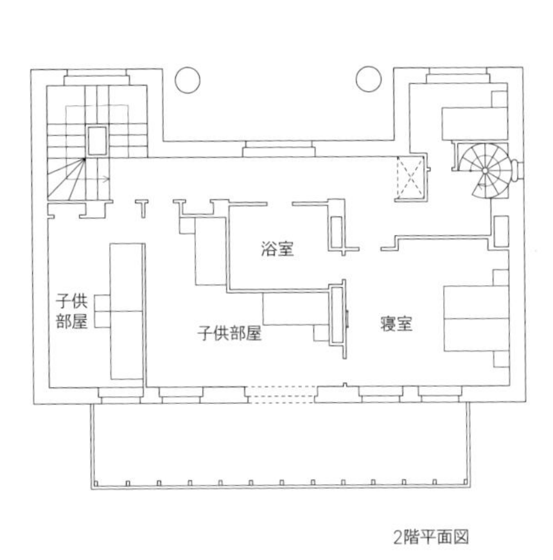

2階平面図

0 2 10M

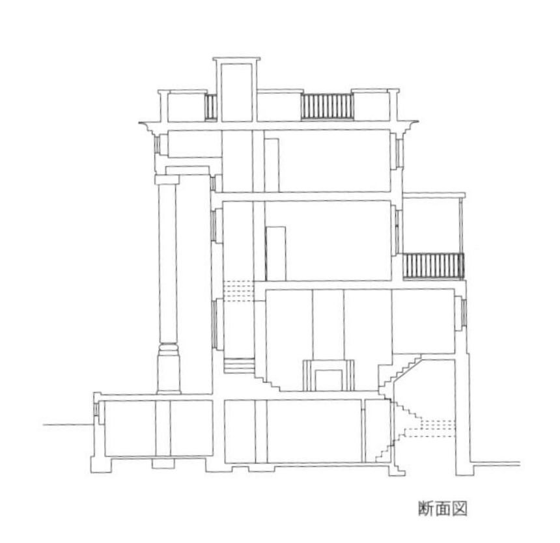
断面図

07 Rufer House

《ルーファー邸》

1922

クルカの作品集では初めて〈ラウムプラン〉と位置付けられた新築住宅作品。建物は10m四方の正方形平面で高さ12mのおおむね立方体である。内部空間のシークエンスの変化と部屋の大きさに合わせて与えられた開口部は、立面では秩序なく配置されているように見える。道路に面したファサードにはパルテノン神殿のフリーズに見られる彫刻レプリカを配置している。エントランスから階段で導かれる居間と食堂階への段階的なレヴェル差によって生まれる、見る - 見られる、という場の関係性をつくりだす空間展開が特徴である。外壁を巻いて上がる動きと、ヴォリューム中央を分断するレヴェル差が、空間に動きを与え、ドラマチックな場の展開をつくりだしている。屋外からテラス経由で居間へ合流する動線も、内部空間の動きとは逆回りで、動的なヴォリューム構成を見せている。

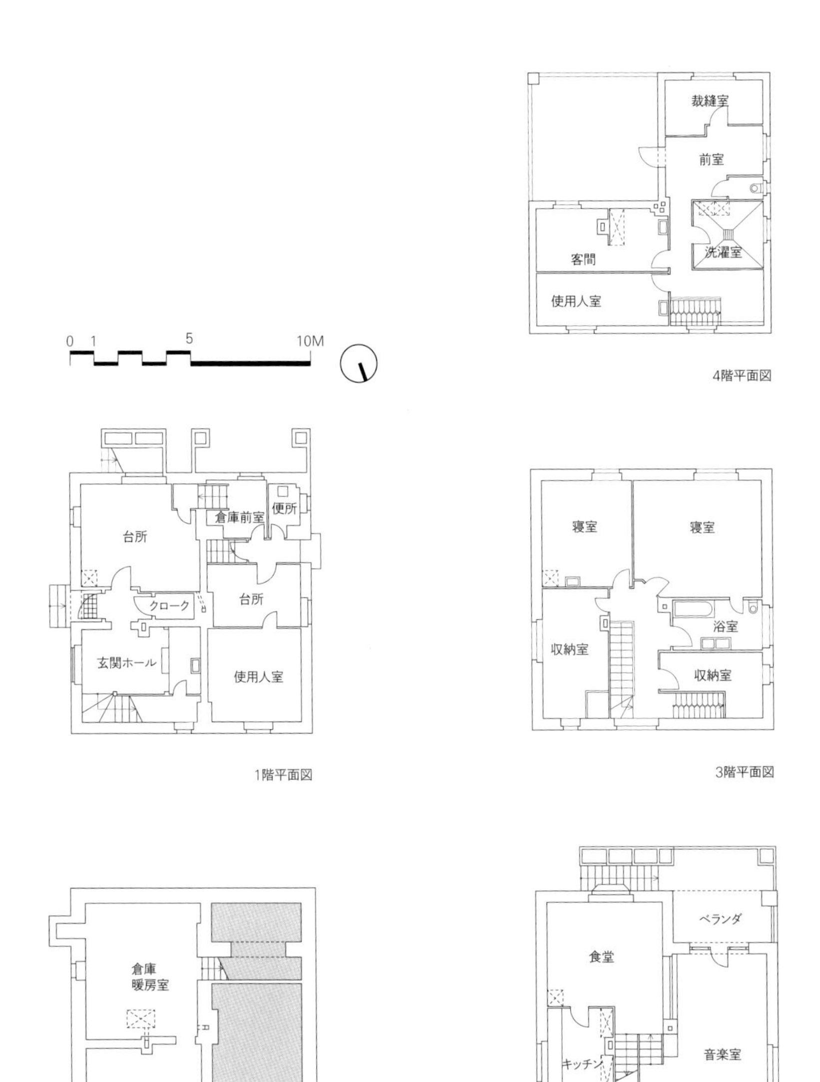

4階平面図

1階平面図

3階平面図

地下1階平面図

2階平面図

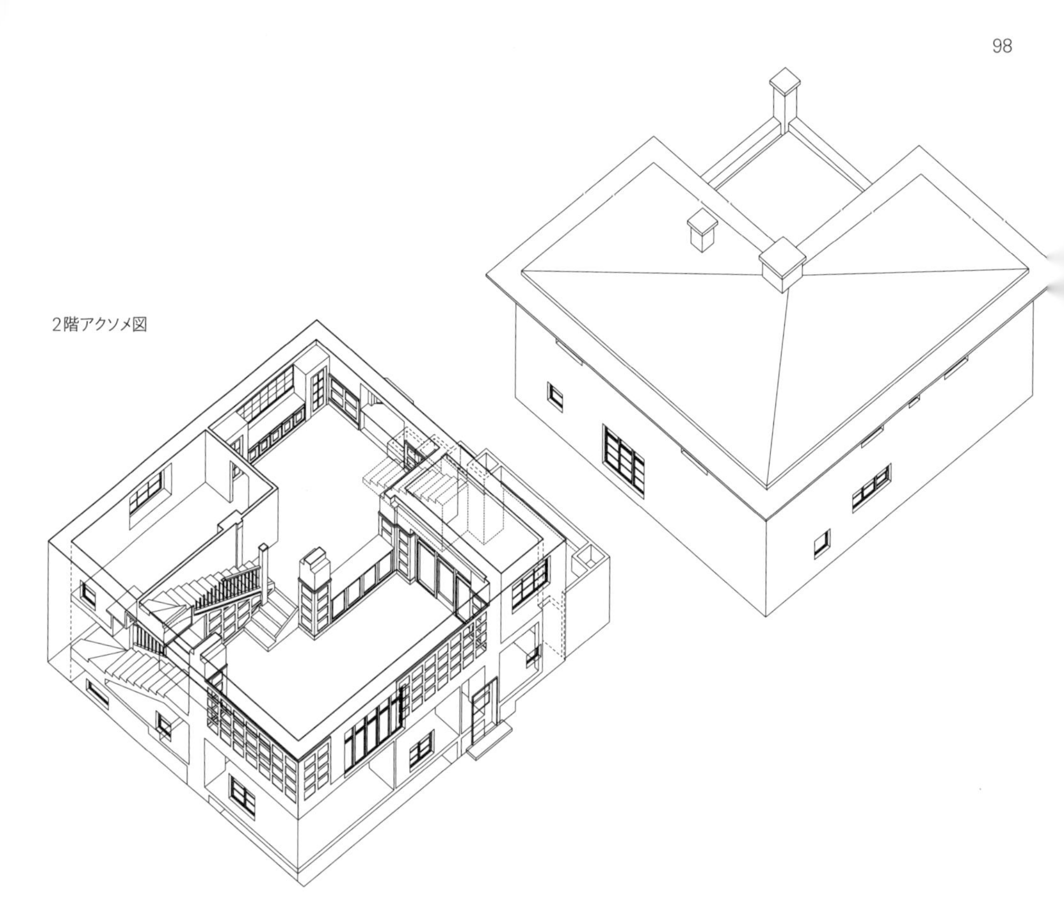
2階アクソメ図

08 Villa Alexander Moissi

［アレクサンダー・モイッシ邸］ 1923

アレクサンダー・モイッシ（1879-1935）はアルバニアとイタリアで育ち、ヨーロッパとアメリカを中心に活躍した俳優であった。ロースの施主でもあった教育者オイゲーニア・シュヴァルツヴァルトのサロンには多くの文化人か集まっており、モイッシもその一員であったことから、ロースとはここで知り合った可能性が高い。

ロースには珍しく外形に大きな動きを感じさせる住宅で、建物の外周部を巻き上がる階段を配置し、前面道路から3 階のテラスへ直接アクセスできる動線が計画された。計画当初から模型が制作されたことも珍しいが、計画模型は1923 年のサロン・ドートンヌに出品されたのち、1930 年のミラノ・トリエンナーレでも展示されていて、プロモーションを強く意識したものであったと考えられる。この外部階段の意図について、ロースは特に言及していないが、施主が役者であったため、舞台へ上がるようなシークエンスを内部ではなく外部階段に設定した可能性や、イタリアの海浜リゾート地というイメージから、造形的な指向性には地中海周辺のバナキュラースタイルを意識した可能性も考えられる。

いずれにしても、主に正面性から外形を決定してきたロースにとっては新しい展開である。最上階を主階としたのも特殊だが、外部階段からアクセスする屋上テラスとの連続性を外部で実現し、一方で内部階段はエントランスからほぼ直線的に上階へ導くこととなった。平面は長手方向でふたつに分割され、その間で段差が設けられている。廊下とテラスの間にはバッファー・ゾーンがあって、段差を利用したテラスからの採光を可能にしているなど、上下階の部屋の関係やテラスと階段との関係が、ロースがこれまで試みてきた計画とは明確に異なっている。

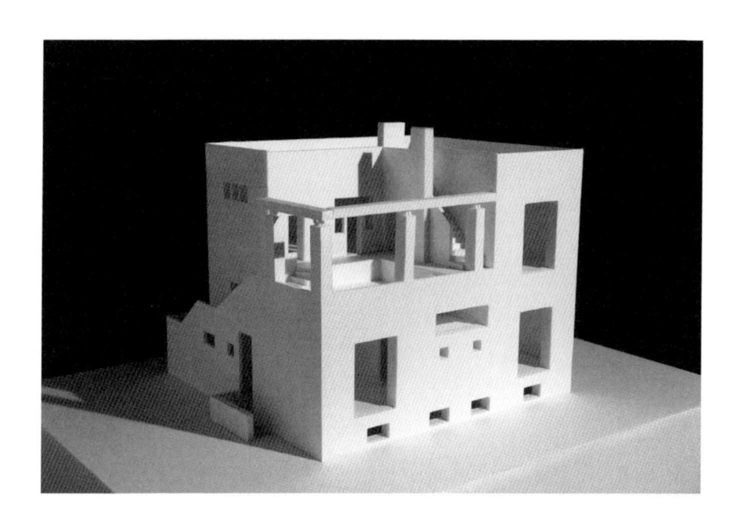

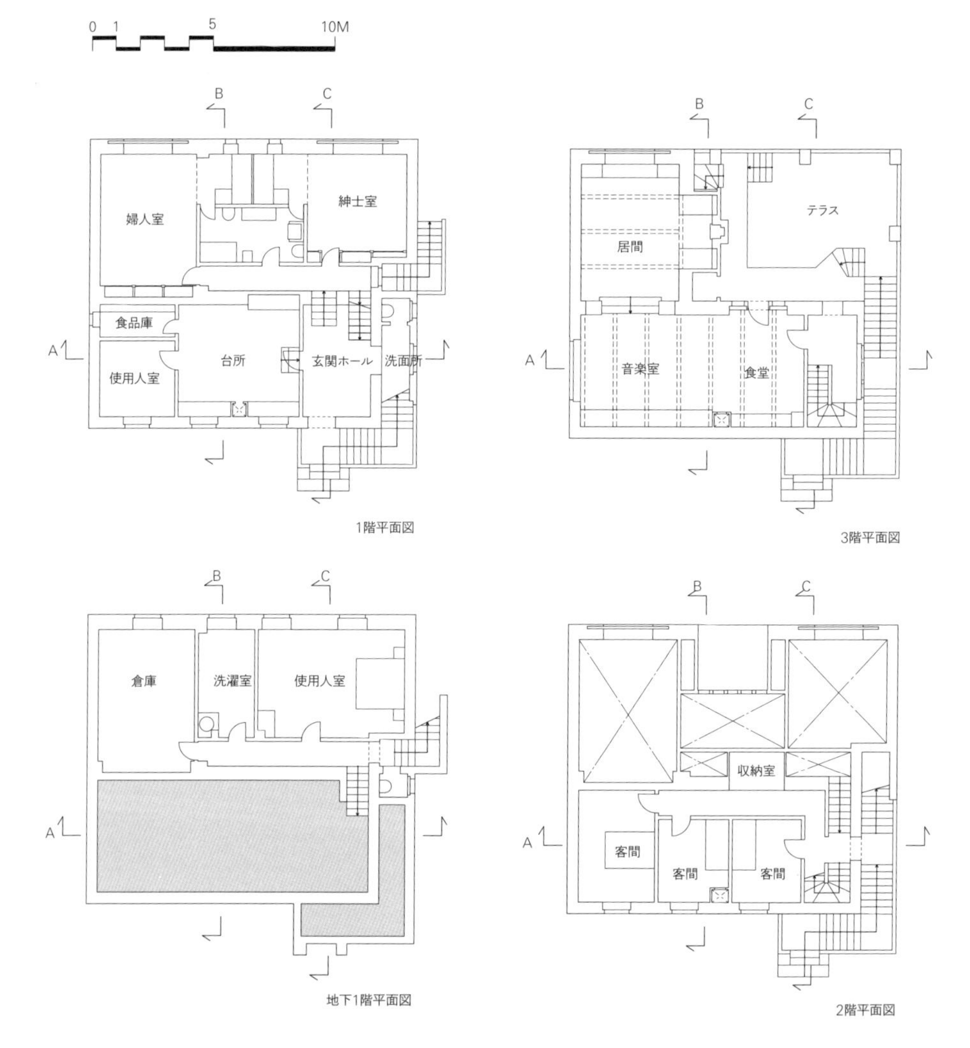

1階平面図

3階平面図

地下1階平面図

2階平面図

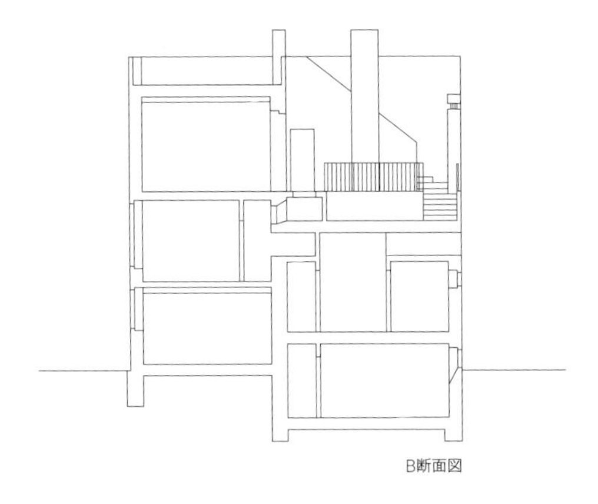

B断面図

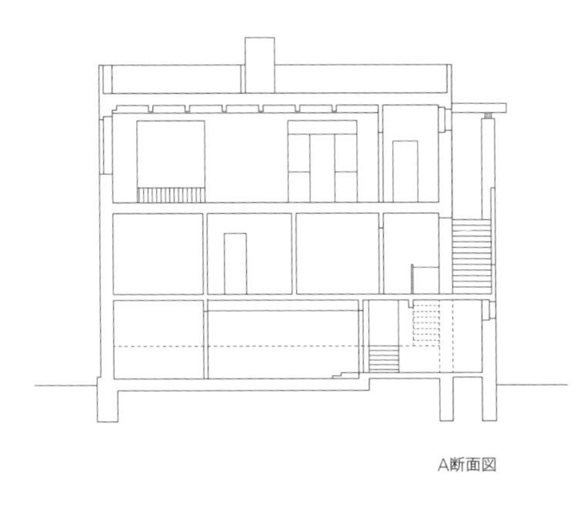

A断面図

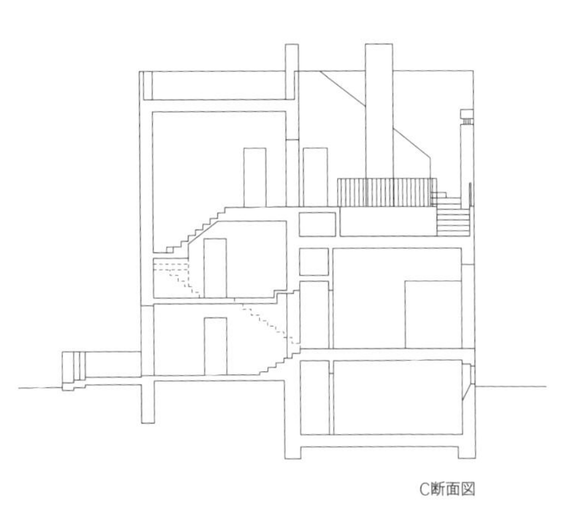

C断面図

09 Villa Plesch

［プレッシュ邸］

1924

3段に形成された大々的なテラスの基壇をもち、基壇、住宅ともに約10m角の平面をもつ住宅。テラスには庭園へ下りる階段が設けられ、踊り場には水盤が併設された。建物のヴォリューム自体も基壇から連続的に庭園側にテラスを配置する構成である。庭園とは逆側にあるピロティにエントランスを設け、玄関ホールを回り込むように階段を上がると、建物中心部となる2階の居間へいたる。居間から数段上がって左手に小室、さらに右手に上がると食堂を見返すステージのような壇が配置されている。3階に寝室、4階に使用人室と各階で機能を分けている。

基壇部には左右対称の階段が設けられ、強い中心軸を構成するものの、軸の向く先にある内部空間での動きとはむしろ直交し連関をもつ気配がない。しかも軸性をもつ外部表現はモニュメンタルな造形ではあるものの、歴史性を失った抽象的なエレメントのみで構成されている。内部では、段差を介した空間の連続性、舞台性によって、小さな平面を駆け回るような動的な感覚を与えている。施主アルパット・プレッシュは、ハンガリーの弁護士かつ国際的なユダヤ人への投資家、銀行家であり、長くパリのエトワールに住んだ資本家であった。ロースとのつながりは、出自のハンガリーに所以するところであろうか。

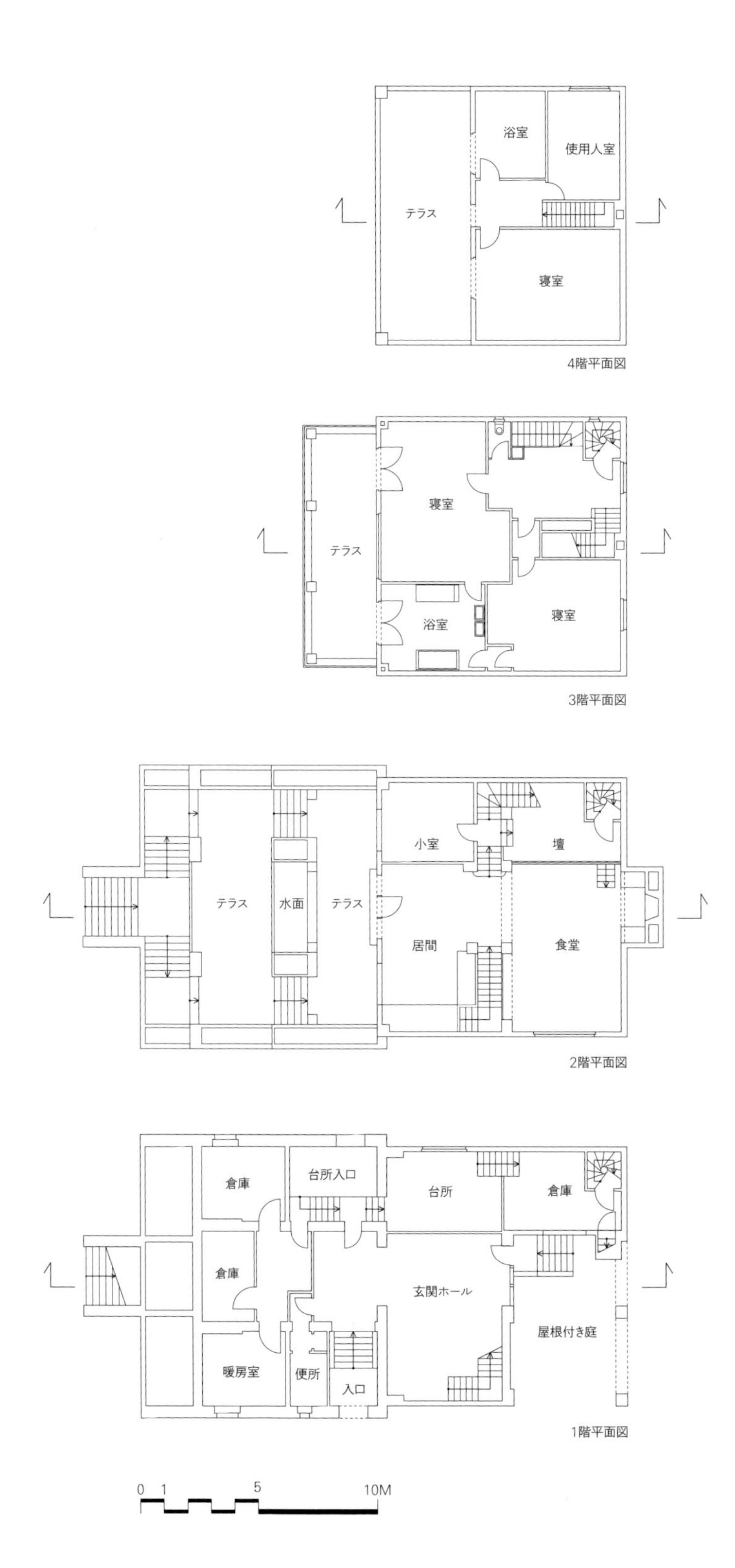

テラス
浴室
使用人室
寝室
4階平面図
寝室
テラス
浴室
寝室
3階平面図
小室
壇
テラス
水面
テラス
居間
食堂
2階平面図
倉庫
台所入口
台所
倉庫
倉庫
玄関ホール
屋根付き庭
暖房室
便所
入口
1階平面図
0 1 5 10M

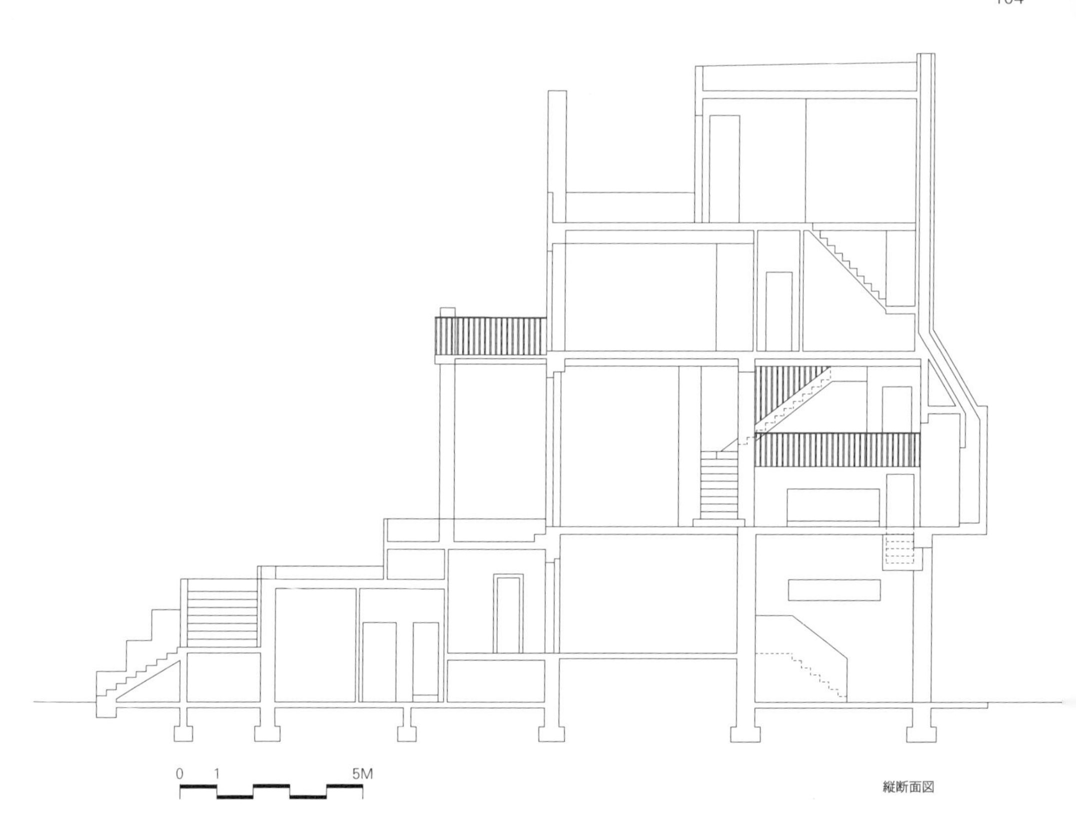

縦断面図

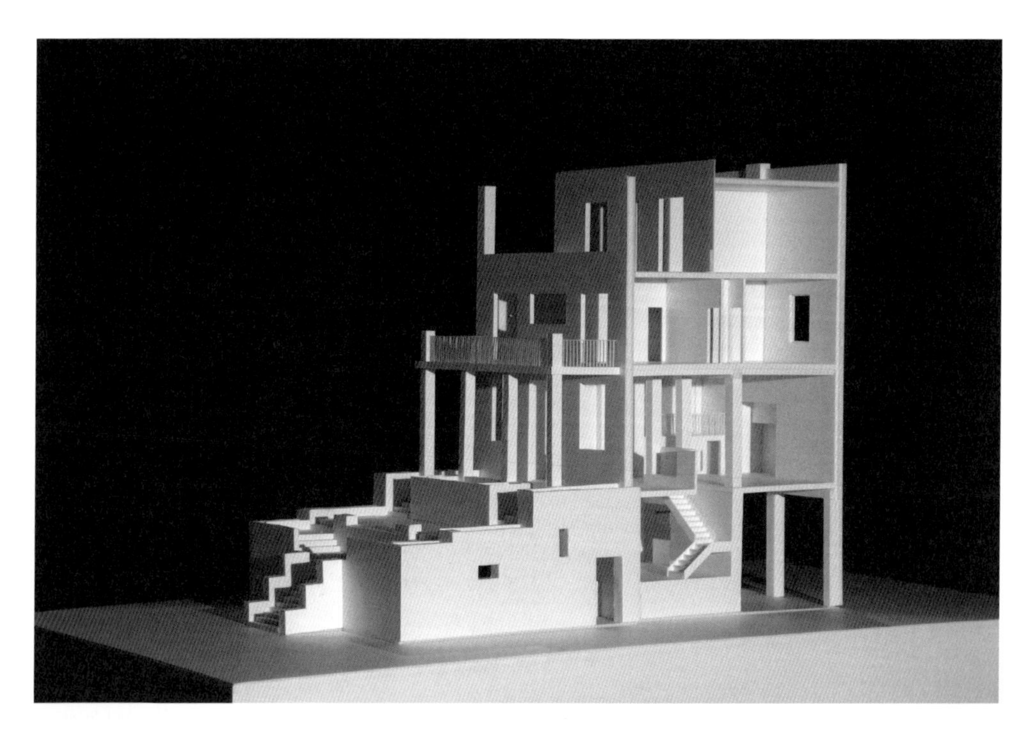

10 Tristan Tzara House

《トリスタン・ツァラ邸》 1925-26

前面道路ファサード

トリスタン・ツァラが、アドルフ・ロースに設計を依頼するまでの経緯については諸説あるが、ルーマニア出身という近い文化圏に出自をもつことを当然前提とするものの、居住空間としてのロースの空間に親近感を強くもたねば、アーティストが自邸を依頼するにはいたらなかったであろう。

崖地に計画されたため、前面道路の北側と南中庭側では約4.8mも高低差がある。これを活かし、地上から2階のファサード（+4.8m）は石積み、3階から上部にプラスターの平滑壁が採用された。前面道路に合わせて建物正面は緩いカーブを描き、古典的正面性を表現した。一方で芸術家村に面した中庭側は、徹底して抽象的な壁面構成とする計画であったが、テラス・レヴェル西側に設けられたツァラのアトリエ・ウイングによって、厳格なシンメトリーを崩している。芸術家村の中庭側へ積極的にテラスを配置したプランであり、南側の日当たりとモンマルトルらしい外部への展望を獲得している。芸術家村側の中庭からのエントランスと、道路からのエントランスのふたつが設けられ、4.8mのレヴェル差を階段で調整しながら3階で出会う構成であり、ここに住居と

3階階段

芸術家村側外観

してのエントランスホール、クローク、ユーティリティーが配置され4階が主階となる。

芸術家村側からのアクセスと道路側のアクセスが立体パズルのような空間を形成し、空間構成は非常に複雑である。主階に対置されたサロンと食堂の高低差は、崖地である敷地特性を内部でも展開しているといえる。原案では5層、6層に寝室、書斎を配したが、結局、最上階はつくられずにテラスの端に背後の建物とつながるアトリエを設けることで決着した。この選択によって、居間が全面的にテラスに向かうはずであったサロンは、アトリエに連絡する壁で仕切られることになった。崖地の前後で自然に半層ずれる条件は、段差を積極的に建物内へ取り込む動機となっている。一方で、実現した平面は地上階エントランスから主階にかけての動線が建物中央付近に配置され、光を伴う効果的なシークエンスによる演出ができにくかったといえる。

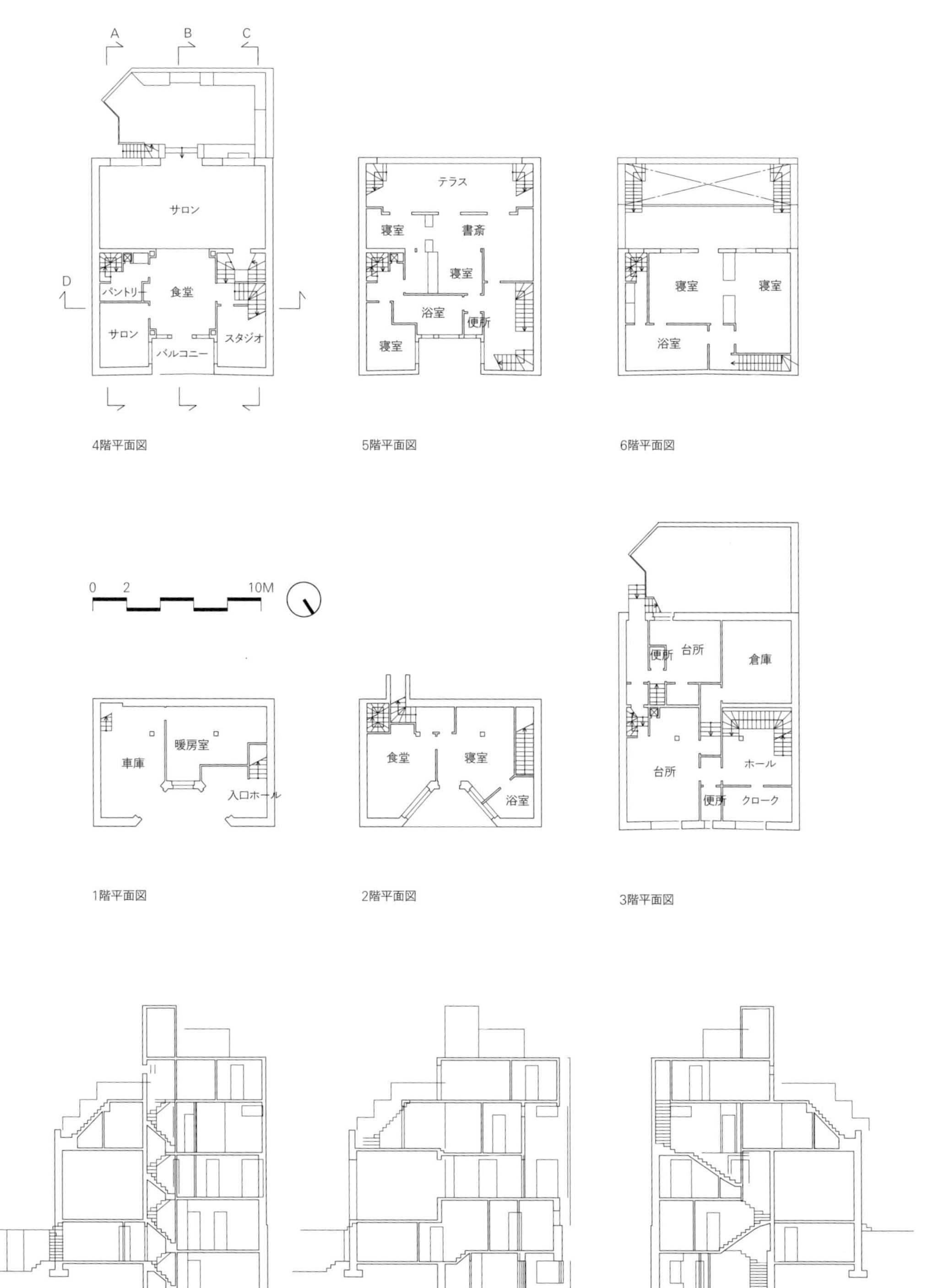

4階平面図

5階平面図

6階平面図

1階平面図

2階平面図

3階平面図

A断面図

B断面図

C断面図

11 Josephine Baker House

［ジョセフィン・ベイカー邸］ 1927

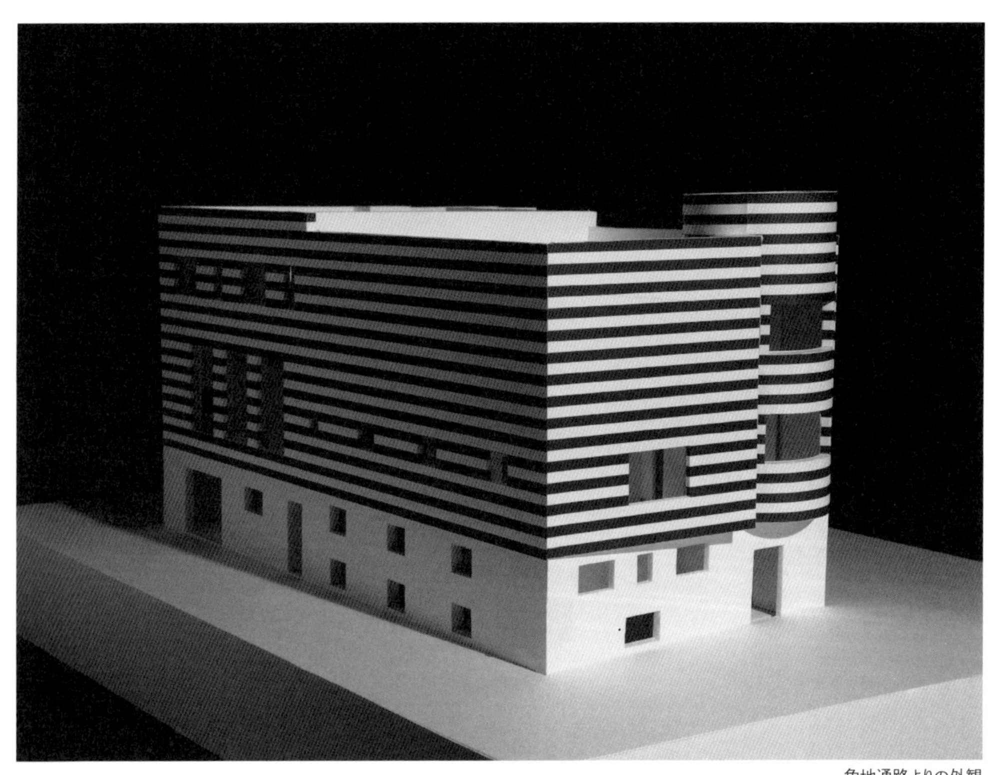

角地通路よりの外観

ふたつの既存建物の外壁を残しながら内部の大改造を行う計画。ジョセフィン・ベイカーの自邸であると同時に、社交場としての小さなクラブを内包する。寝室などの生活空間は最小限に抑え、ゲストのために空間の多くを割りあてている。既存建物に追加された丸い筒状のヴォリューム下をエントランスとし、大階段を経てゲストをホールへ導く。ロースの住宅に多く見られる抑制の効いたエントランスのあり方と比べれば明らかに異なり、常識的な住宅機能ではなくシアターとしての計画を意識していたことがわかる。

ホールには天窓から吹抜けを通った光が注ぎ込まれる。列柱を経てサロンへと連なり、ここから主舞台としてのプールを取り囲む通路とエントランス上のカフェへと導く。ジョセフィンが登場する演出を意識したかのような半円の鉄骨らせん階段を上がるとプール、食堂、寝室のある最上階に到達する。外壁は地上階を白大理石貼り、上層部を白黒の大理石の縞状化粧貼りが提案された。

プール周り

中央サロンと大階段

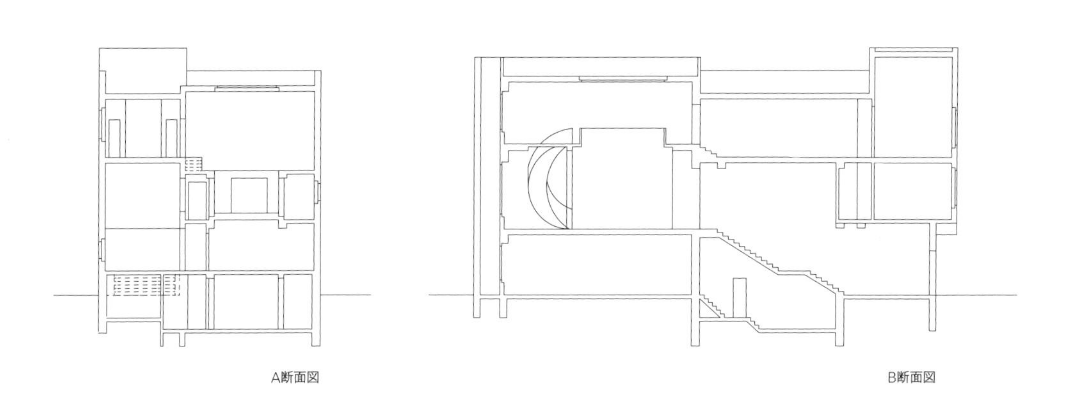
A断面図

B断面図

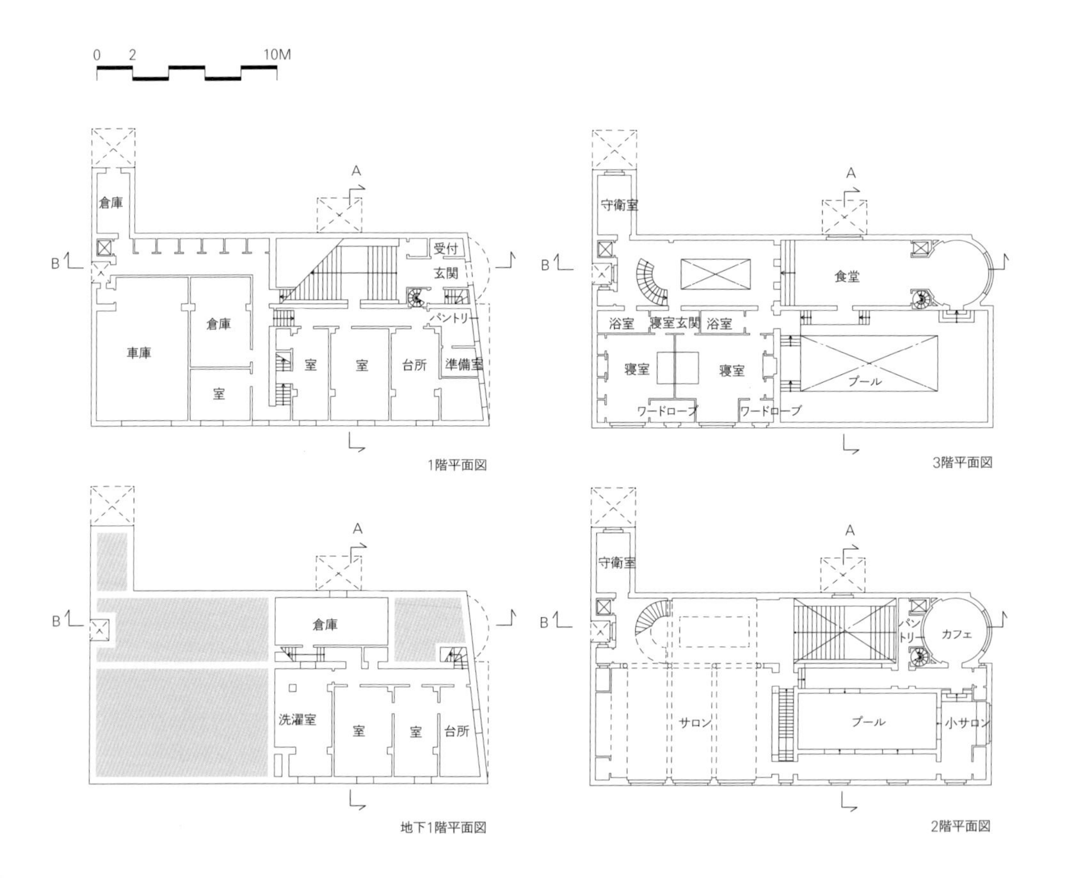

1階平面図

3階平面図

地下1階平面図

2階平面図

12 Villa Moller

《モラー邸》 1928

庭園側外観

10×12m程度の小さな平面の住宅。地下階の立ち上がりを粗い石仕上げとすることで、ファサードを正方形に見せている。一方、庭側は対照的に3段にセットバックしたテラスによって、スケール感を低減している。エントランスは正面中央に配されるが、玄関ホールは廊下程度のスペースに強く抑制される。エントランスから右へと導かれ、階段から中間階にあるクロークまで巻き上がるように上層階へとアクセスする。さらにS字を描くように袖壁にはさまれた階段を上がると、外部正面の突出部を利用した読書コーナーが1段高く左に見え、右手は音楽室に通ずる空間にたどり着く。

音楽室から庭へ向かう方向と直交する軸線方向に1段高く食堂が配置され、音楽室と食堂を一連の空間としながら小さな階段で区分される。すべての空間は引き込み戸で区分されながらもひとつながりとなる。2階には寝室、最上階にはらせん階段でのみ到達できるアトリエとゲスト・ルーム、屋上テラスがある。規模においては抑制の効いたスケールで、特に高価なマテリアルをもたない内部表現の住宅であるが、〈ラウムプラン〉の完成された姿をもつロースの傑作のひとつに位置付けられよう。

施主のハンス・モラーの母親が、アルノルト・シェーンベルクに作曲を学んでいたことがアドルフ・ロースにたどり着くきっかけとなったとされている。ハンスは繊維業を営み、会社の本拠地であるチェコのバビに社員寮の設計をロースに依頼している。ロースはパリでクニーシェ紳士服店の支店設計に取り組んでいたため、《ヴィトゲンシュタイン邸》の現場監理を担当したジャック・グロアグに監理を任せた。設計報酬の高い分配率を見ると、グロアグに一定の裁量を任せていたとの評価もある。

玄関からクロークへ

3階への階段

読書コーナーより音楽室を見る

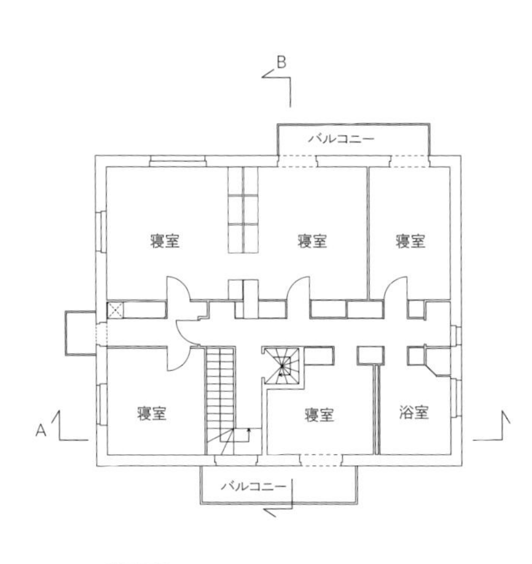

2階平面図

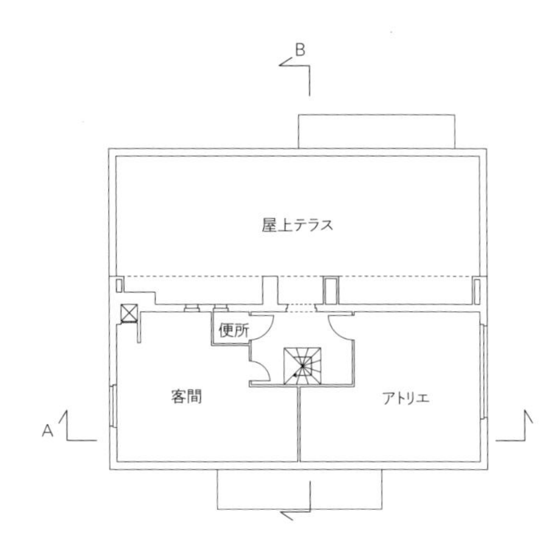

3階平面図

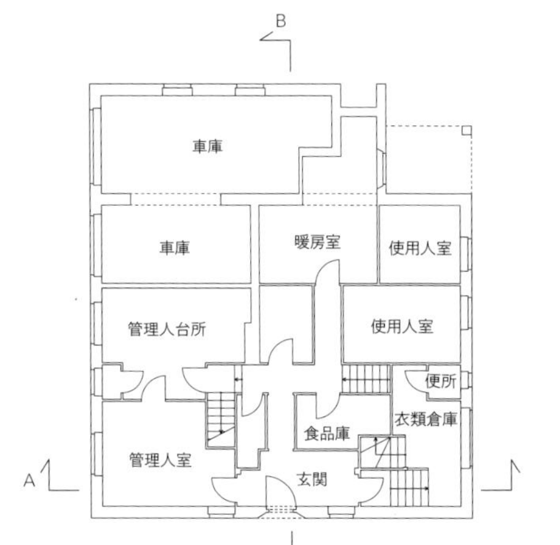

地下1階平面図

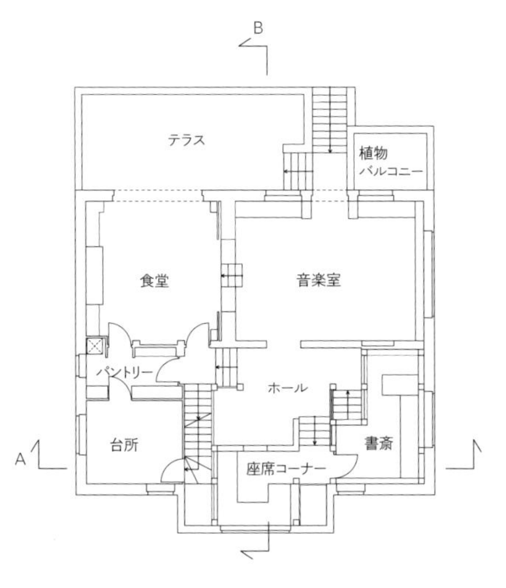

1階平面図

音楽室、食堂

13 Khuner Country House

《クナー山荘》 1930

アプローチ斜面より見る

夫妻と子供3人のための別荘。家族全員がぞれぞれの個室をもち、さらにゲストのための部屋を設けることが前提にあった。計画は1927年からハインリヒ・クルカとともに行われ、詳細図にいたるまで丹念に検討された。施主のポール・クナーは彼の名を冠した商品が残っているほど食品業で成功した実業家。クナーの父親が所有していたウィーンのアパートの内装計画をロースが行った（1906）ことがクナー家とのつながりのきっかけである。

ロースのパリ滞在中に、クナーから送られた手紙によれば、長く住みながらいっさいの変更をする必要もなく満足に住んでいるとして、謝礼をロースに振り込んだとされる。この手紙が《クナー山荘》の建設につながり、同時にこの計画によってロースは強い執着をもって拠点としていたパリを離れることになったともいえる。

1930年7月に竣工したが、施主は1932年11月に死去。《クナー山荘》は山岳地帯の強い傾斜地に建つ、地域色を取り入れた大型木造住宅である。近郊の石を積んだ基壇の上に、3層に展開するログハウスの形式をとる。傾斜地に向かって2層吹抜けの中央空間を大々的に開放し、その周囲を回遊する空間構成であり、玄関クロークを経て方向転換をしながら大空間に飛びだす、という経路設計部分にロースならではのスケール変化による仕掛けがある。

2階への経路を演出する階段は、2方向から合流するしつらえに、鏡を交えて幻惑感を与える遊びを交えている。寝室はベッドをアルコーブ状に造作し

中央ホール吹抜け

玄関

寝室のアルコーブ

て、穴蔵に閉じこもるような印象を与える楽しい演出が加えられている。すべての外部建具には横引きの吊り戸による雨戸が配される。書斎には大きなピクチャー・ウィンドーがアプローチ方向となる東に向けて開いているが、クルカの作品集に掲載されているここからの景色は、明らかに可能性のない景観が写真で表現されており、自然へと連携するピクチャー・ウィンドーの魅力をモンタージュで強調したかったのだろう。

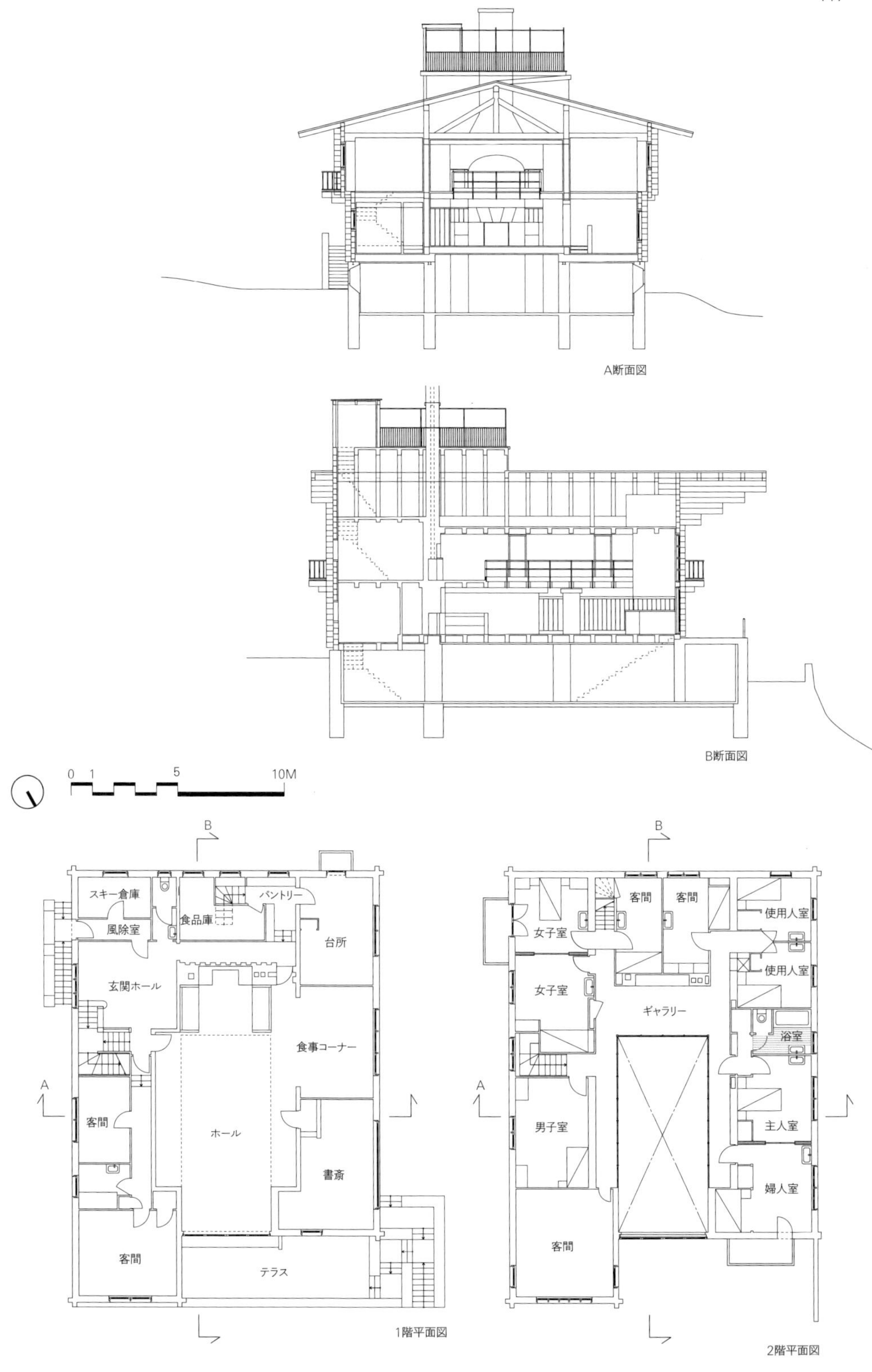

A断面図
B断面図
0 1 5 10M
B
B
A
A
スキー倉庫
風除室
食品庫
パントリー
台所
玄関ホール
食事コーナー
客間
ホール
書斎
客間
テラス
1階平面図
女子室
客間
客間
使用人室
使用人室
女子室
ギャラリー
浴室
男子室
主人室
婦人室
客間
2階平面図

14 Villa Müller

《ミュラー邸》 1928-30

南側外観

施主のフランテイシェク・ミュラーはカプサ&ミュラー建設会社の共同代表で、すでにロースにインテリア設計を依頼したことがあった。また、ロースの3度目の結婚で義理の父親となったオットー・ベックの知合いでもある。建築設計監理契約は、この時期すでに重い健康上の問題を抱え始めたロースの状況からカレル・ルホタとの連名となり、図面はルホタによる。

色とりどりの内装の変化を楽しみながらエントランスから建物の中央へと進み、S字に折れる階段を抜けると居間へといたる。居間の大理石はプロセニアム（舞台と観客を仕切るゲート）をつくる構造的な仕切りとして明快な存在感をもち、鉄筋コンクリート（RC）柱の位置を示している。組積造の外壁に対して内部空間に4本のRC柱を配し、複雑なレヴェル差を合理的に支えている。居間から様々な方向に階段が展開していく。婦人談話室から食堂、広間はひそかに見下ろされ、水槽越しに多様な関係性をもつ空間の連続となる。中央の階段を上がる途中に書斎を配置し、再度方向転換して上層階に上がると寝室と子供部屋のフロアに達する。テラス階には日本風意匠を意識したとされる部屋が配置される。

傾斜地を利用しながらサービス部分は実質1階の部分に納め、テラス階には特に必要な機能がなかった。

居間サロン

玄関ホール、クローク

子供部屋

軸対象の古典的な構成を見せながらも、動きの中で軸はずらされ、体験の集合体としてのシークエンスによる空間展開によって、《ミュラー邸》は〈ラウムプラン〉の完成形とも評価される。建築ヴォリュームの中心部分で大きならせん状の動きを与えられながら機能をつなぎ、つねに互いの見合いの関係を調整された魅力的な連続体となり、特に外を見ようという意欲を起こさせない充足した内部空間を表現している。各部屋の個性的な内装計画は、ある意味ばらばらな空間の連続とも見えるが、それぞれの機能と経済性の組合せ、内装が与える心理的影響力などの総合的な判断が百花繚乱な独特の色彩にたどり着いたのであろう。

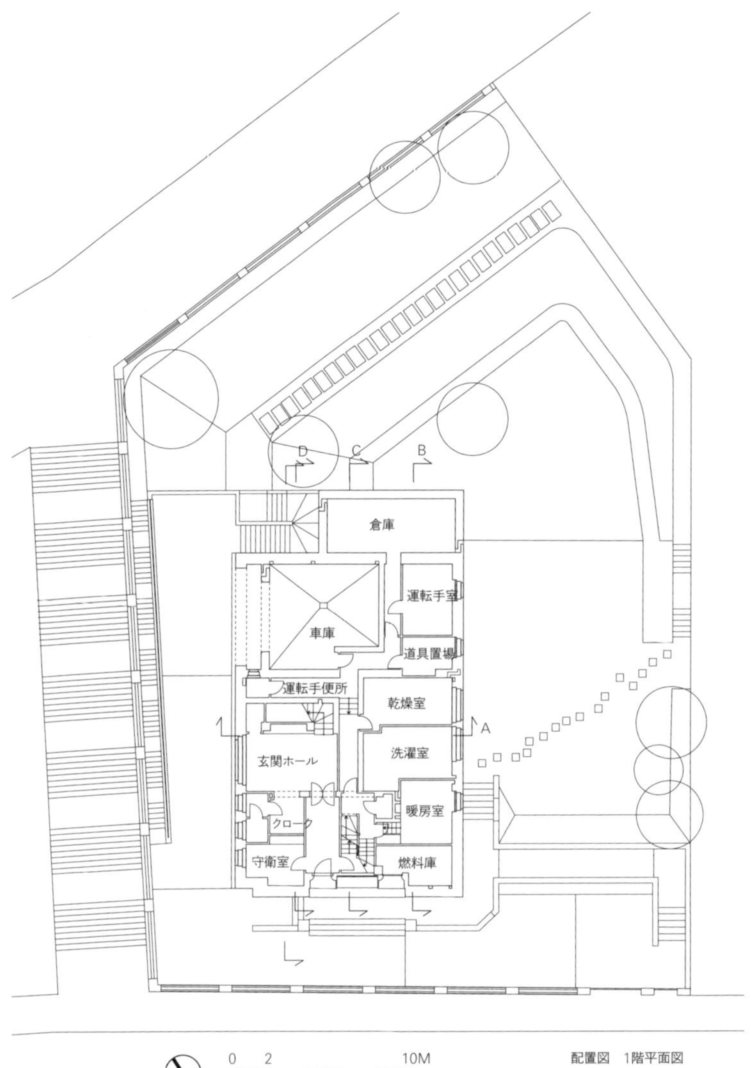

配置図　1階平面図

婦人室、左奥に居間を見る

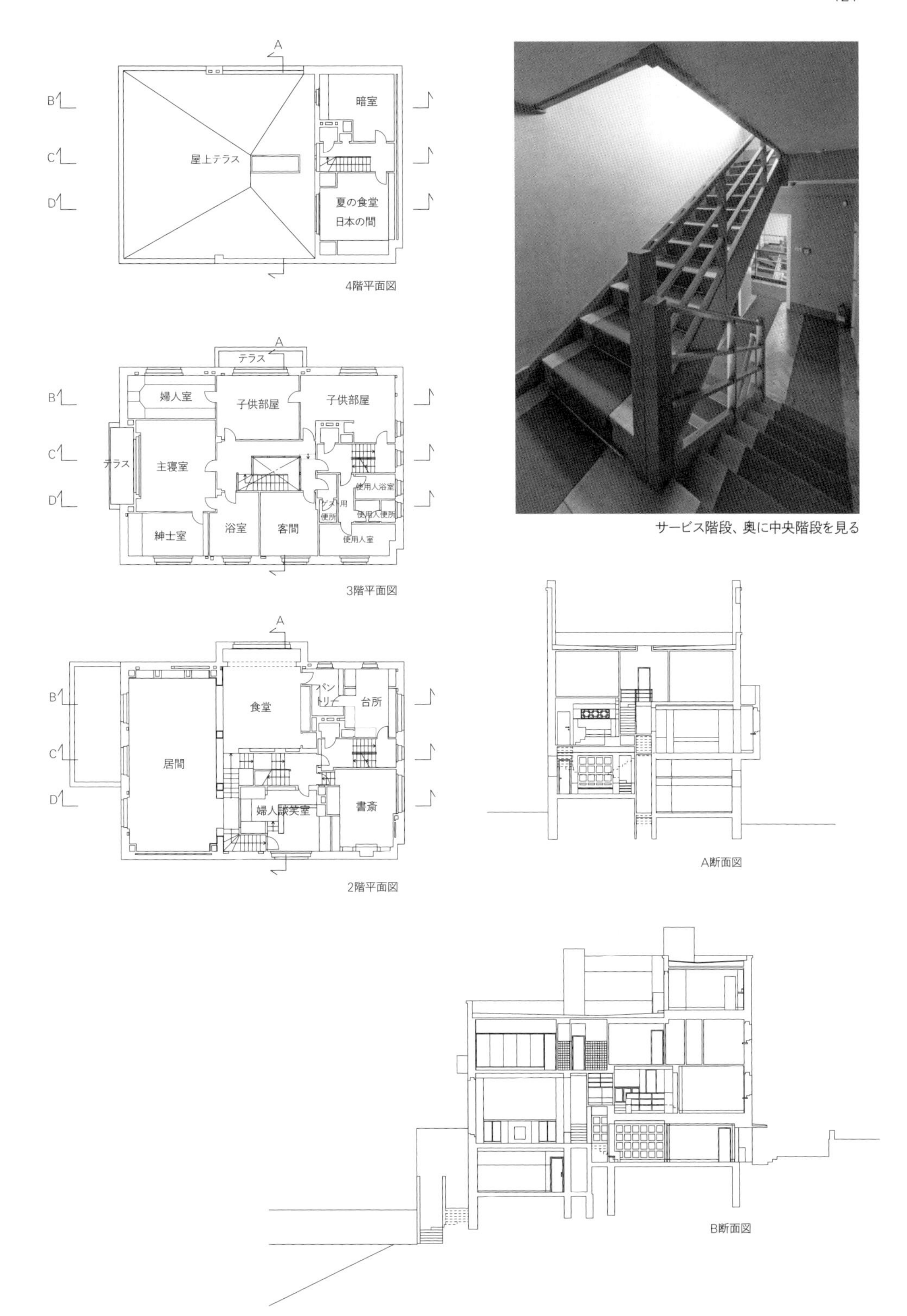

4階平面図

3階平面図

2階平面図

サービス階段、奥に中央階段を見る

A断面図

B断面図

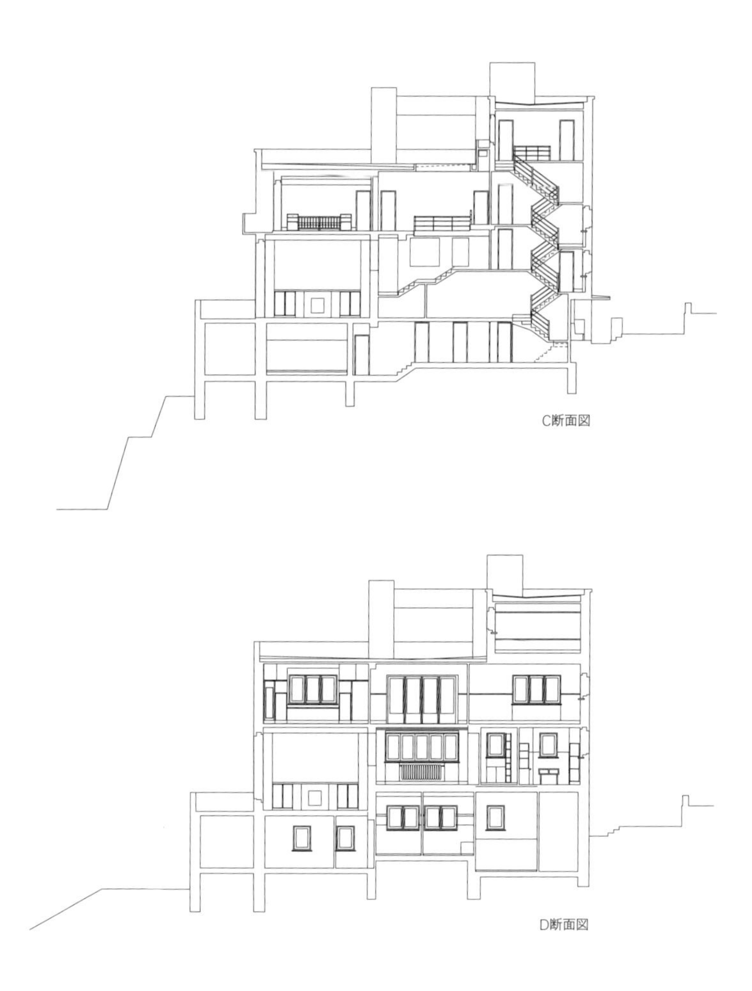

C断面図

D断面図

テラス階和室

15 Villa Winternitz

《ヴィンターニッツ邸》 1932

ロース生前に実現した最後の住宅。施主のヨーゼフ・ヴィンターニッツは、フランテイシェク・ミュラーの法律顧問であった。［フライシュナー邸］に続きラーメン構造が採用されたほか、上層階は東西にキャンティレバーをもち、ヴォリュームの張り出しを強調するかのように外部にラーメン構造の柱梁が表出し、構造的にこれまでとは異なる方法論による試みが見られる。実施設計はカレル・ルホタが行い、施工が始まる旨をロースへ伝える手紙がルホタから送られている（1932年2月21日）が、設計に関する書類にはロースのサインが残されている。

平面計画は外観に左右対称を守りながら、床レヴェルは下から1キッチン＋使用人室＋倉庫など、2玄関、3居間、4食堂＋キッチン＋ウインターガーデン＋書斎、5客室＋寝室など、6使用人室＋テラスの6層からなる。インテリアに関してはロースの関与は不明であるが、マテリアル性に乏しく本格的に関与したとは考えにくい。中心となる居間は《ミュラー邸》を彷彿とさせる2段の空間によって構成されるが、全体にほとんどウインターガーデンのような開放性をもち、見下ろす食堂と小居間スペースの背後の壁は、つくり込まれた家具と鏡によって構成された広間の背景となっている。

玄関、居間

居間

中央階段より食堂、居間へ

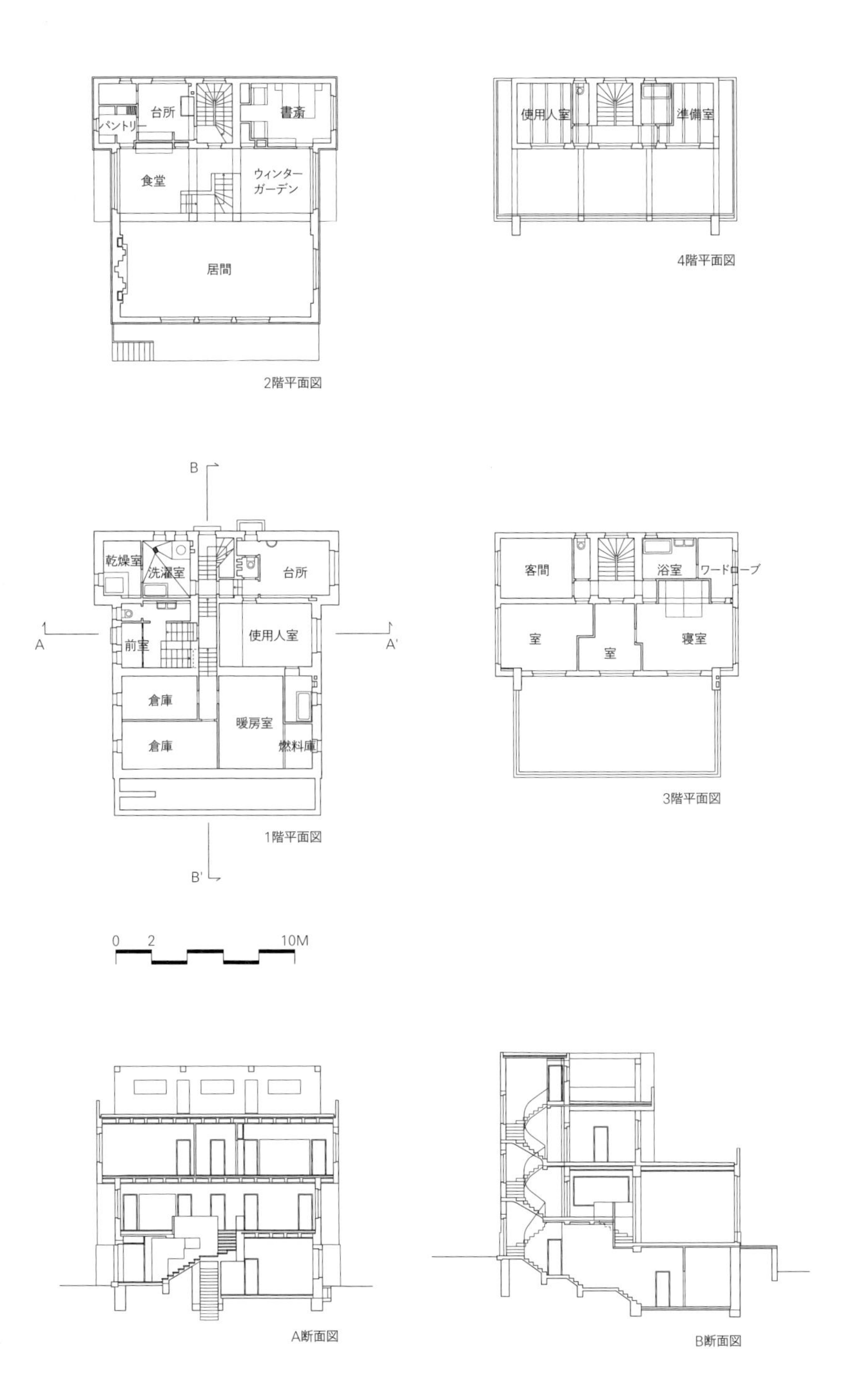

台所
パントリー
書斎
食堂
ウィンター
ガーデン
居間
2階平面図
使用人室
準備室
4階平面図
B
乾燥室
洗濯室
台所
A
前室
使用人室
A'
倉庫
暖房室
倉庫
燃料庫
1階平面図
B'
客間
浴室
ワードローブ
室
室
寝室
3階平面図
0
2
10M
A断面図
B断面図

16 The Last House

［最後の家］ 1932

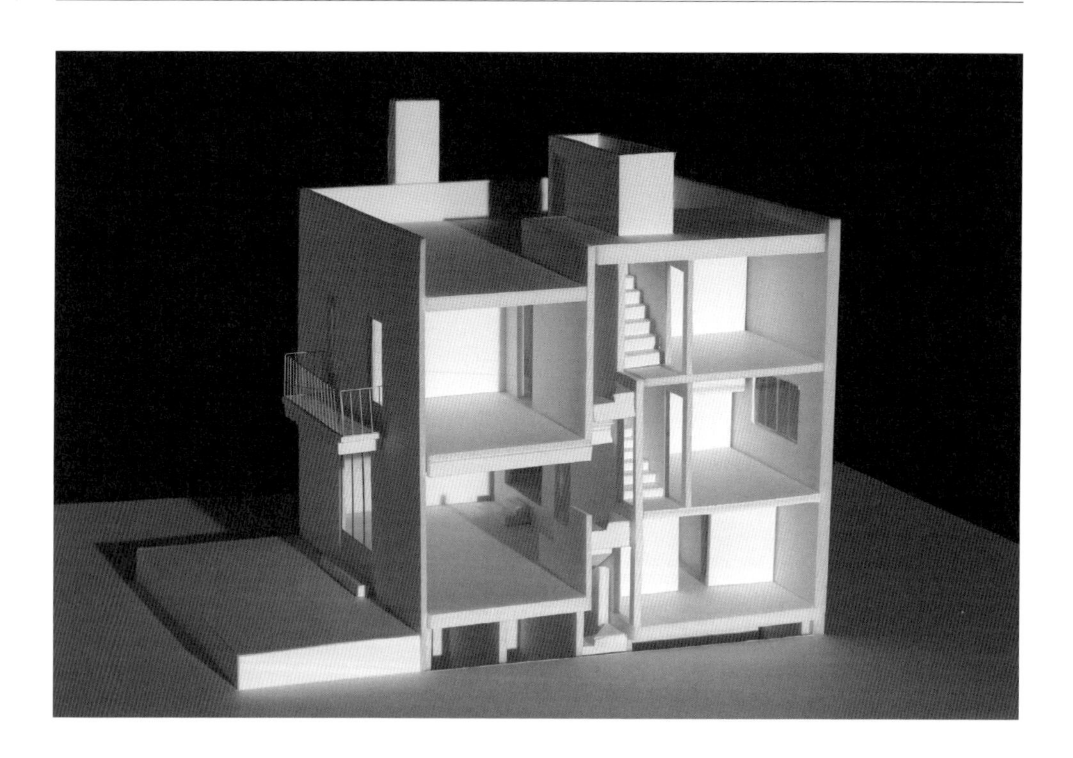

7.8×8.6×8.2mほどの小住宅、8m角の「立方体の家」、9m角の「一家族住宅」（鉄筋コンクリート造壁構造）に続く計画と位置付けられる一方で、構造は前述の2作品と異なり木造が採用された。空間構成はこれまでの〈ラウムプラン〉を発展させたもので、平面を2分する間仕切り壁を境に3層と2層の階層構成とし、それぞれ異なる床レヴェルが階段によって結ばれ上階へと導かれる。カプサ＆ミュラー社に所属する未熟工の訓練を目的とすると同時に、実現した際にはミュラーの娘エヴァの家とすることを意図したものであった。

ロースが残した言葉から、計画はカプサ＆ミュラー社所属のポシュヴォイ・クリーガーベックが基本図を起こし、ミュラーが詳細を決定したと考えられている。1931年に初期案がカプサ＆ミュラー社へ提出され、その後何度も変更が加えられたため、いくつかのヴァリエーション・プランが存在する。インテリアもクルカを介してロースが変更案を提案しているが、結局予算が合わず実現しなかったとされる。

B'
食堂
玄関
台所
A
居間
1階平面図
B
B'
寝室
浴室
A
A'
寝室
寝室
2階平面図
B
B'
A
A'A
地階平面図
B
B'
図書室
'A
A'
中2階平面図
B
A 断面図
B 断面図
0 1 5M

増改築計画の可能性

経済性と空間の最適化のバランスをとりながら〈ラウムプラン〉の実験が行われたのが増築計画であることは、前章でも確認した通りである。既存の建物を再利用しながらの改造・増築に向けて傾けられたロースの情熱は、今日のリノベーションにおける建築活動の広がりを考えるにつけても、彼の創作活動の流れの中で今日を予見する重要な足跡といえるのではないか。ロースが手がけた新築住宅の外壁は、開口部の配置以外に表現するものは極端に制約を与えていた。そのため、新築住宅の場合はある特定の外観に収斂する。一方で、既存の建物を利用した改造・増築においては、既存の特徴についてはそのまま残しながら進められた作品もあって表現は多様である。

特に改築の印象が外観からわからない計画が《ドゥシュニッツ邸》〔作品18〕であり、道路側のファサードをおおむね継承した《マンドル邸》〔作品19〕である。いずれも既存の内部空間にヴォリュームを足すことで大きな変貌を遂げているが、《マンドル邸》のテラス部以外には、外部のイメージはほとんどその変化をうかがい知ることはできない。その一方で、《シュトラッサー邸》〔作品20〕、《ライトラー邸》[fig-6、7]、《ブルンメル邸》〔作品21〕は外部へもヴォリュームを拡張しながら、外壁も新築作品と同じように平滑に見せる調整を行っており、建築の内外に関わる計画となっている。中でも《シュトラッサー邸》は内外で劇的な変更を加えており、ほとんど新築住宅といっても過言ではないほどである。

平面計画においては、《マンドル邸》は玄関からホールにいたるまでの経路と、階段の途中にホール上部から見下ろすようなギャラリーをもち、〈ラウムプラン〉の特徴的な空間性がすでに表現されている。《シュトラッサー邸》はクルカの作品集で最初の〈ラウムプラン〉と表記されているように、段差を伴った連続空間によって変化に富んだシークエンスが展開されている。《ライトラー邸》は、居間と図書室の間に段差を設け、図書室を経由して上層階へと上がる構成となっていることから〈ラウムプラン〉の意識が見受けられるものの、《ドゥシュニッツ邸》《ブルンメル邸》は主に平面に展開することによって、既存アパート内のインテリア計画に近い内容である。しかし、いずれの作品も大きな見所は仕上げの豊かさである。特に象徴的に大理石を配した壁や柱は極めて魅力的で、ある種の永遠性の象徴とも感じられる空間は、内部こそ豊かに語るべきであるというロースの思想にふさわしい。

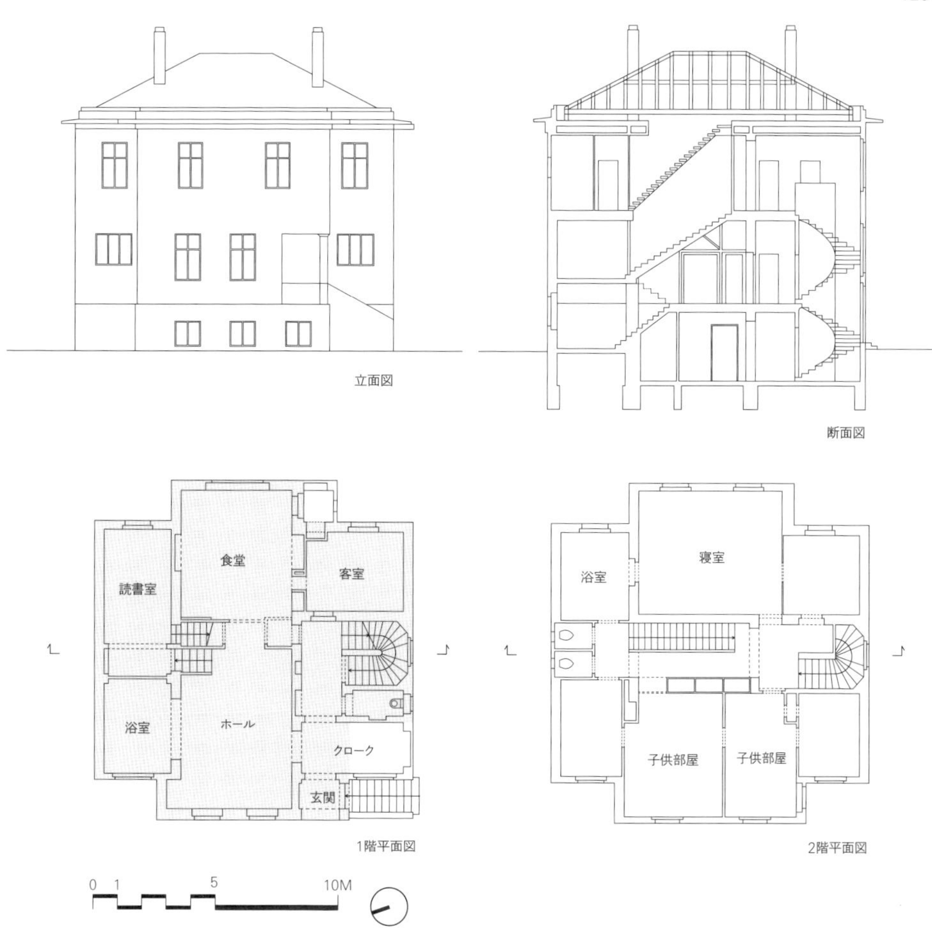

fig-6《ライトラー邸》平面図(網がけ部分が既存建物、以下同)

fig-7
《ライトラー邸》

17 Villa Karma

《カルマ邸》 1903-06

ホールから2階へ

レマン湖岸に建つヴィラの増改築。ロース最初期の作品であり代表作のひとつではあるものの、成立の経緯を含めて他の作品とは異質の性格をもち、どこまでをロース作品とするかについては議論の対象となる。しかし、貴石を使用した重厚な表現や木質系素材による壁面構成は、のちのロース作品にも通ずる特徴である。新設した3方の外周を明るいパブリック・ゾーン、既存中心部分を暗いプライベート・ゾーンとし、既存の外周2辺には黒大理石の壁と本棚を配し、明るい中にも落ち着いた雰囲気をつくる。ただし、既存建物の内部に置かれた食堂空間だけは明暗のルールを反転させ、ロースの食堂インテリアらしく、カッラーラの白大理石と美しい金物の造作によって高い格式を示す。

玄関から既存部分を正面に抜けて増築部分に抜けると、大開口の明るい空間に飛びだし、左回りで書斎にたどり着く。書斎は暗く重厚な雰囲気をもち、実質的な行き止まりだ。正面玄関扉の陰陽を示す図像さながら、明暗のコントラストが住宅の中に劇的に組み込まれている。また、角の丸いタワーでは、開放的な1階を設けながら、2階には（のちに改造されて1階に揃えられたが）小さな丸窓しか与えず、それぞれの階に異なる明暗の場面をつくりだしている。スタッコで仕上げられた新設外壁は、蔦性の植物を繁茂させ大きな開口部をもつ。建物を植物によって自然に埋めようとする発想はすでに《カルマ邸》から見られるものである。

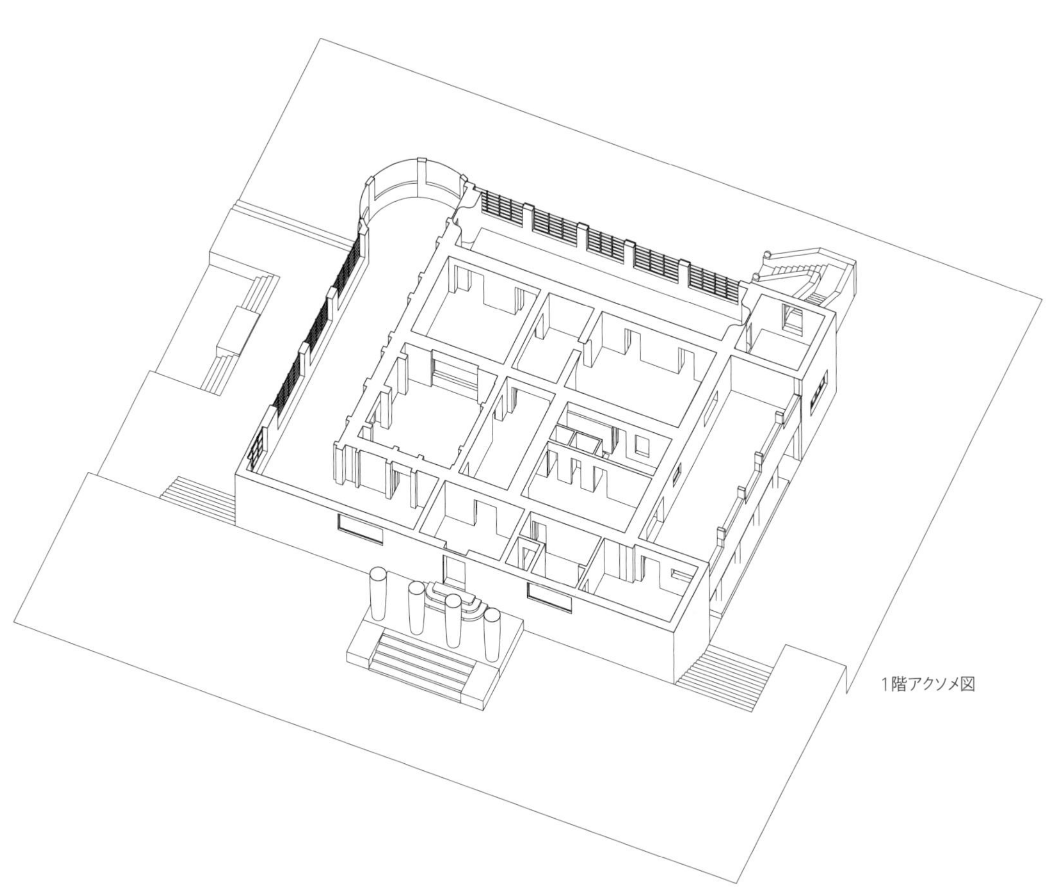

1階アクソメ図

北側庭園外観

図書室

浴室

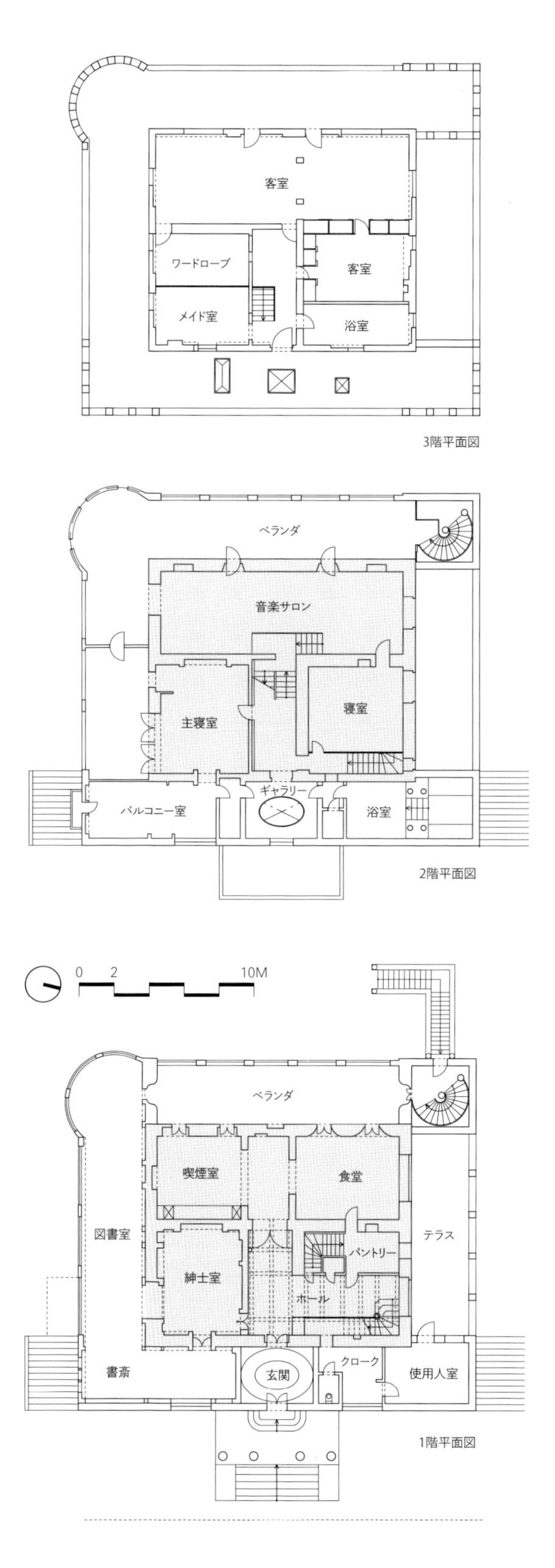

客室
ワードローブ
客室
メイド室
浴室
3階平面図
ベランダ
音楽サロン
主寝室
寝室
ギャラリー
バルコニー室
浴室
2階平面図
0
2
10M
ベランダ
喫煙室
食堂
図書室
テラス
パントリー
紳士室
ホール
書斎
玄関
クローク
使用人室
1階平面図

18 Villa Duschnitz

《ドゥシュニッツ邸》 1915-16

音楽室からホール、食堂を見る

フエルト製造の実業家で、独身であった施主ヴィリヴァルト・ドゥシュニッツは、絵画収集家であり、オルガニストを招待するほどのオルガンの愛好家であった。ロースの計画は彼の趣味である音楽室の増築であった。敷地の接道幅が狭いので庭側へヴォリュームを追加し、内部空間を充実させると同時に、上部は庭を望むテラスとして計画した。

白大理石の階段と扉、重厚な窓枠をもつエントランス階段を抜けると正面にホールがある。ホールは濃いオーク材の梁と腰壁によって構成され、ルネサンス期とされる暖炉を取り巻く彫刻のレプリカが玄関と向きあう。また、ホールの周辺はバーとして造作された。ホールに向かって右側に食堂を配置し、パヴォナッツォ大理石仕上げの平滑な壁と白い平坦な天井をもつ。食堂の先端にはもともと外に突出したヴェランダがあったが、室内化しウインターガーデンに変更した。一方、ホールに向かって左側の軸線の先に位置する音楽室は増築部分であり、申請図によると天高4.19m、広さ12×5mの大きさをもち、奥の短辺にはパイプオルガンが置かれた。ロース作品の中でも特に多様な素材が盛り込まれ、豊かな色彩をもつ空間である。

収集された絵画やタペストリーで飾られた壁は、チポリーノ大理石による平滑な仕上げで、上部にフリーズが部屋の四周を取り巻く。天井は格天井、床はさまざまな動物が象嵌されたパーケットで仕上げられている。壁面に沿って部屋の周囲には、音楽を楽しむための座席が用意されている。オルガンはその後戦争から逃れるように、別の場所に送られ現在もウィーン技術博物館に保存されている。外観に顕著な塔状に立ち上がる部分は第二次大戦中に1層追加されたものである。

玄関からホールへ

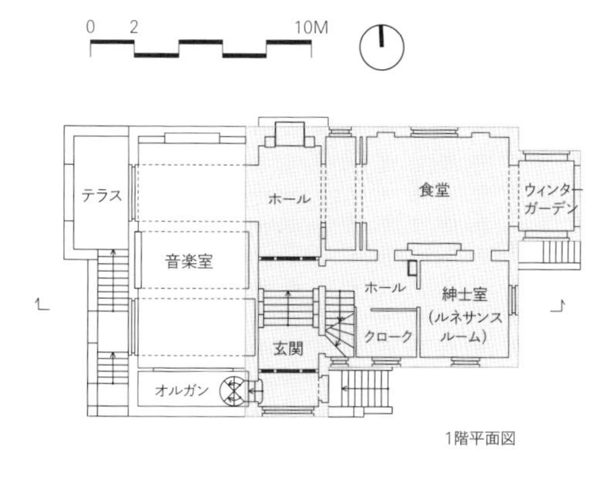

1階平面図

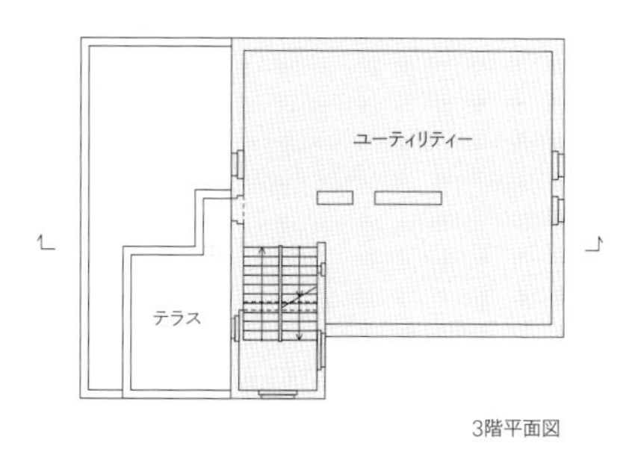

3階平面図

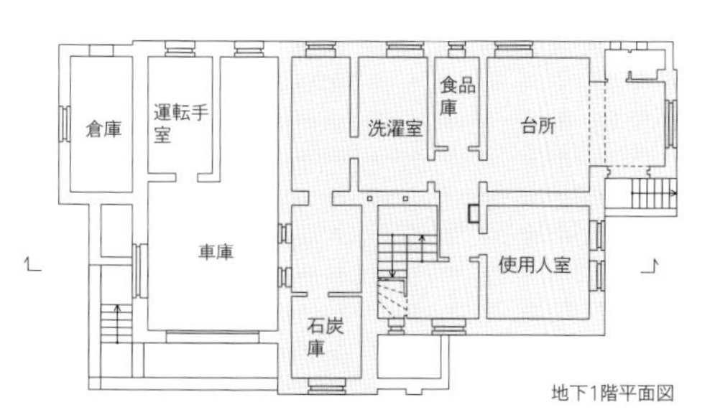

地下1階平面図

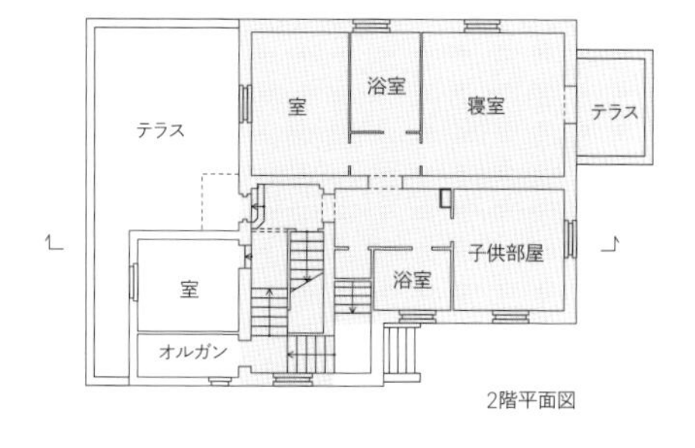

2階平面図

19 Villa Mandle

《マンドル邸》 1916

ホールから階段、ギャラリーを見る／ALA2398

マンドル夫妻は既存の住宅を購入する段階からロースに相談をし、ロースの勧めに従って戸建て住宅を購入し、ロースによる住宅改造が始まったものの、当初は壁を解体したまま長い間雨に晒され放置された時期があったとの逸話をクレール・ベックが記述している[2]。

〈ラウムプラン〉の萌芽を感じる変化に富んだ動線計画によって内部空間が構成される。玄関から階段を絡めて3 回方向転換しながらホールまで到達する。またホールまでの途中に小さならせん階段を内包する部屋へと分岐する。独立した経路による寝室へのアプローチを用意し、ホールから中間階の部屋への経路は、途中でホールを見下ろす舞台としてのギャラリーを形成する。ホールから連なるサロンと食堂は、追加されたヴォリュームの拡幅された空間がつくりだす強い軸線で結ばれ、対の関係をつくっている。サロンの壁は主にオーク材仕上げであるが、食堂の壁はチポリーノ大理石の柱形とオークの平滑な壁面で構成されている。上層階は個室のみが配置され、庭側にテラスをもつ。南東角にテラスを経由してアプローチする展望タワーを配置している。

[2] *Adolf Loos Privat*, 1936, Claire Beck,「マンドル邸」

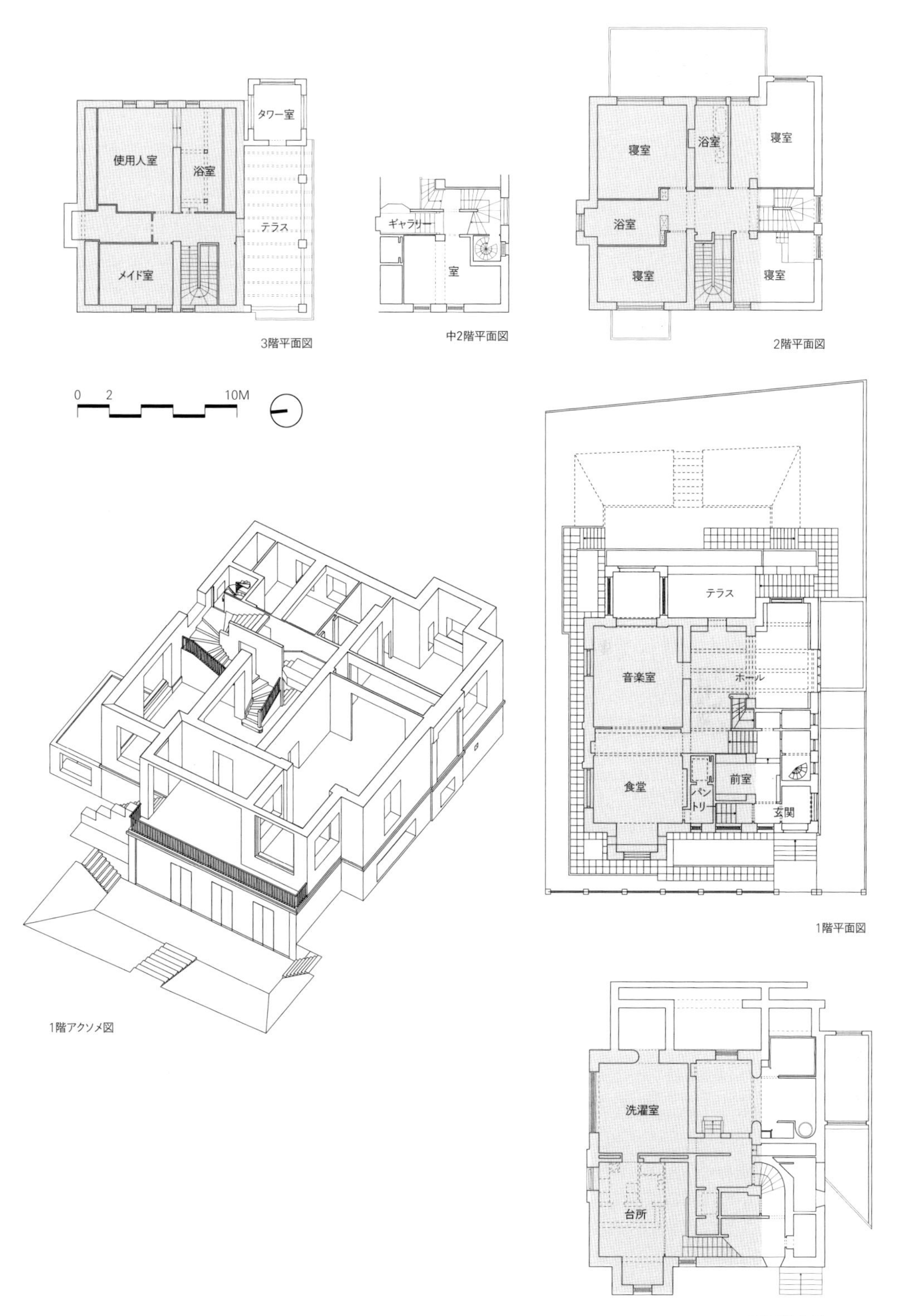

3階平面図

中2階平面図

2階平面図

1階平面図

1階アクソメ図

地下1階平面図

20 Villa Strasser

《シュトラッサー邸》 1918-19

音楽室／ALA2605

ウィーン郊外、新興高級住宅地であるヒーツィンク地区の公園に面して建つ住宅を大規模に改造した計画。既存建物部分の内部壁を大々的に取り除き、階段を付け替えさらに上層階との高さの取合いを調整するために地上階床レヴェルを部分的に変更し、最上階に1層追加して面積を拡大した。

新築部分の玄関ホールに入って左に曲がると、いったん既存の建物内に設置された階段へと誘導される。再度方向を変えると、食堂とサロンのつくる強い軸線で結ばれた空間に到達する。ヴォリュームを追加することで初めて可能となった段差を交えた計画部分であり、玄関上の空間とサロン奥のひな壇状の音楽室は天井高を抑え、レヴェルを変えることによって空間を組み合わせた、典型的な〈ラウムプラン〉の成立を感じさせる空間となっている。結果として座位で過ごすことの多い書斎は天井高がわずか2mとなった。

食堂の壁には、貴石エジプト・オニキスを使用することで特別な格式を与えている。壁の最上部には古代風石膏レリーフを回し、家具はサクラの木で造作されている。サロンと食堂の間はゴブラン織りのカーテンで仕切り、サロンの壁上部にも石膏のレリーフ飾りを配し、腰上を白塗りのスタッコ壁とし、音楽室基壇との境には真鍮枠のガラスケースを手すり壁のように配置している。ロースが考えるそれぞれの機能に応じた異なる豊かな仕上げを施した一連の空間が実現した。

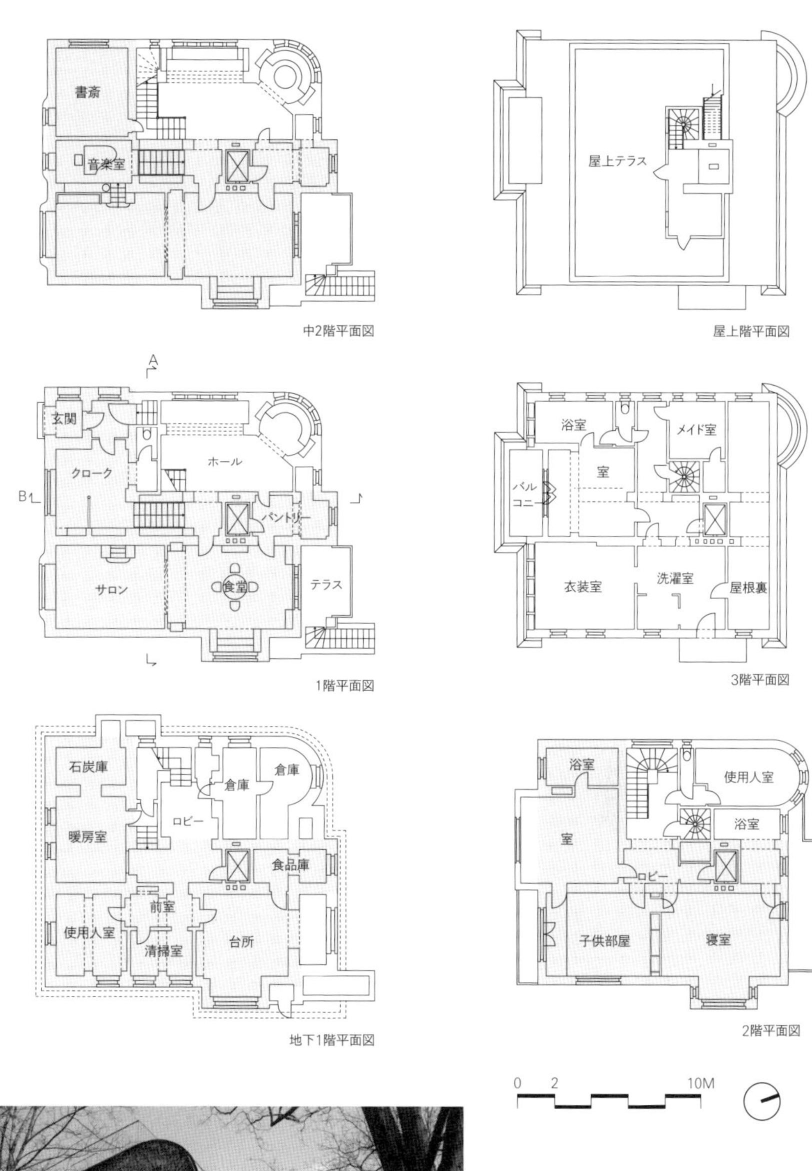
書斎
音楽室
中2階平面図
屋上テラス
屋上階平面図
A
玄関
クローク
ホール
B
パントリー
サロン
食堂
テラス
1階平面図
浴室
メイド室
室
バルコニー
衣装室
洗濯室
屋根裏
3階平面図
石炭庫
倉庫
倉庫
ロビー
暖房室
食品庫
前室
使用人室
清掃室
台所
地下1階平面図
浴室
使用人室
室
浴室
ロビー
子供部屋
寝室
2階平面図
0
2
10M

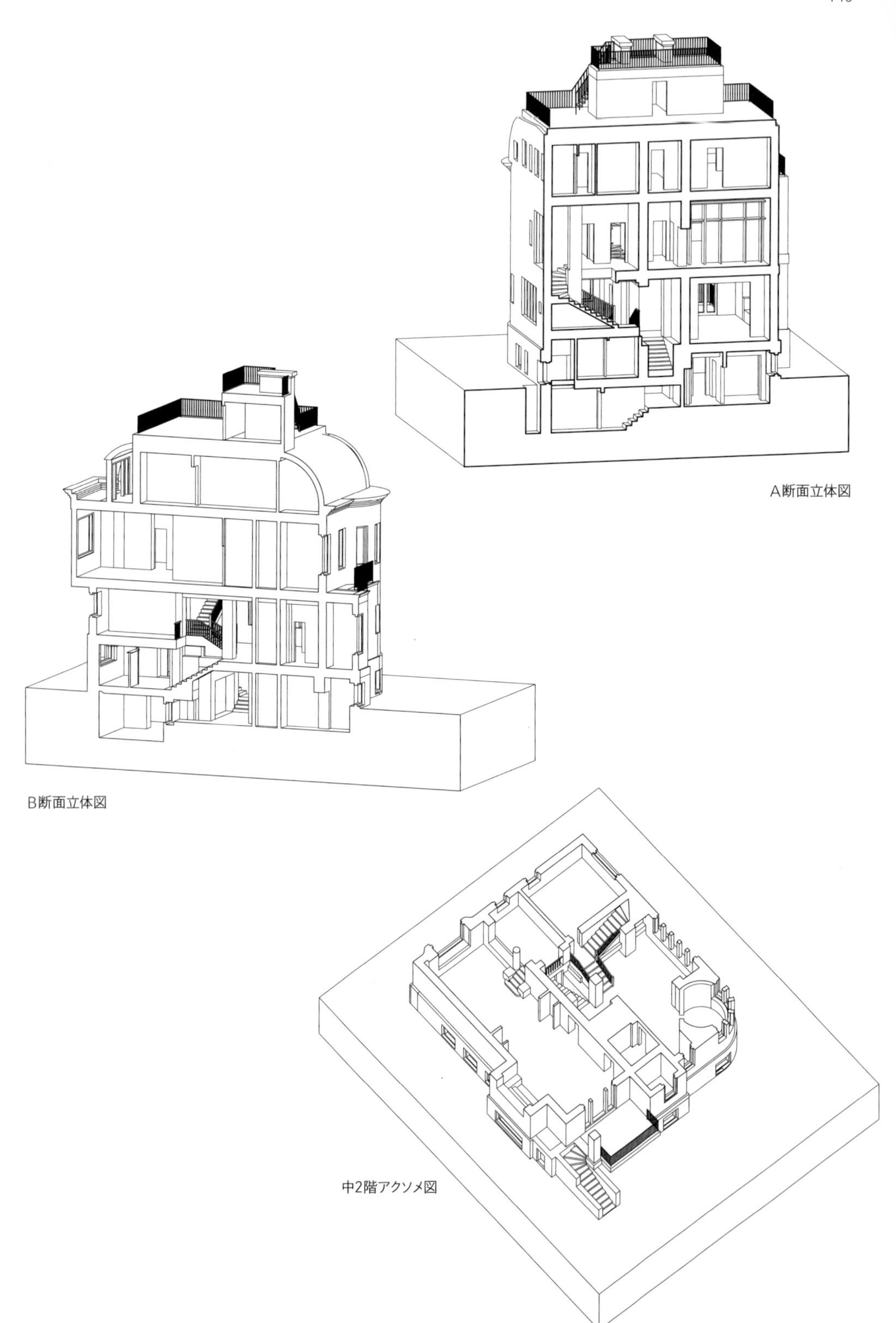

A断面立体図

B断面立体図

中2階アクソメ図

21 Brummel House

《ブルンメル邸》 1928

通路側立面

ブルンメル家とリープシュタイン家の子息子女が結婚し、シュコダ自動車工場近くに位置するリープシュタインが所有していた既存建物に、両家カップルとリープシュタイン未亡人が住むこととなり、ロースによる増築計画が始まった。施主のブルンメル夫妻は、プルゼニュでの施主であり、最終的には義父となったオットー・ベックの友人であった。《ヒルシュ邸》《ベック邸》のインテリア計画を含む3軒が同時に進んでいたため、この作品で初めてカレル・ルホタに協働を依頼した。

増築部分は外観上フラット・ルーフに見せるように、既存部分は傾斜屋根を隠すようにコーニスを立ち上げ、平滑な壁面を見せることで増築部分との一体感を示す。申請当初は、平滑の壁を表現することを問題として市の建設許可が下りなかったが、最終的にはプルゼニュ市において最初の平滑な立面をもつ建物として許可された。建物の長手道路沿いに展開する一連の部屋が軸線で結ばれ、暖炉のある居間、食堂、書斎、リープシュタイン婦人の部屋が一列に並ぶ。

玄関ホールを介してブルンメルの寝室は切り離されて配置された。階段室から直接入れる食堂は共用で、もともと2部屋だったものを1部屋に統合し、痕跡となる2本の柱状造作が残された。両端にブルンメル、リープシュタインの居間・寝室が置かれ、ブルンメルの居間にはルネサンス末期南仏でつくられた暖炉のレプリカが置かれる。ダイニング・ルームはもともとチポリーノ大理石で仕上げられる予定であったが、ブルンメルは木材の輸入に従事していたため、各部屋は木質の仕上げになった。居間にはオー

食堂

居間

リープシュタイン婦人室

ク、寝室にはチェリー、ダイニング・ルームにはカナダ産ポプラが用いられた。残された石材は《ミュラー邸》に使われたとされる。

一連の部屋はそれぞれ全く異なる仕上げと雰囲気をもち、それぞれのデザインにおける完成度は高いものの、機能にふさわしいデザインはそれぞれ大きく異なる。主階段は施主のヤン・ブルンメルのアイデアに基づくデザインであり、ヴァイマールのゲーテの家に影響されたものである。

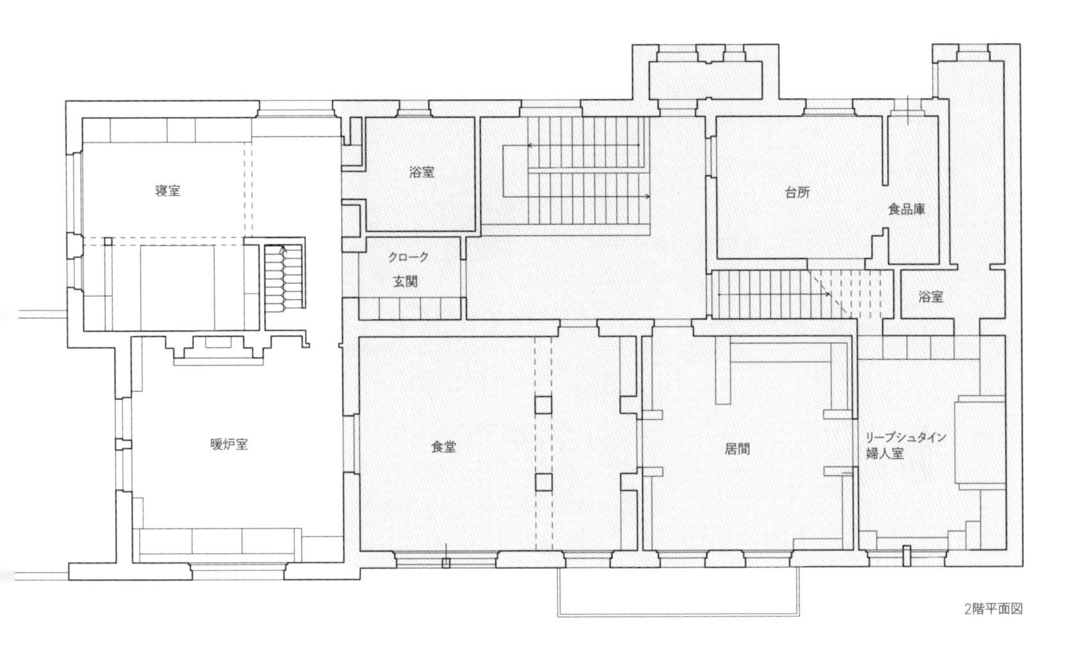

2階平面図

寝室

暖炉室

低所得者層のための集合住宅

世界大戦により多くの人たちは家屋を失い居場所を失うと同時に、傷病兵たちも帰国すると彼らの住まいが火急に必要となった。戦後になると、彼らは都市郊外で非合法的に土地を占拠し、住まいをつくりはじめる事態も起こしはじめた。時代の要請によって必要とされた庶民住宅に関して、ロースが構想した住宅は大きくふたつのテーマに分けられる。ひとつは郊外型の長屋型庭付き連続住宅であり、もうひとつは都市型テラス付き集合住宅である。

長屋型庭付き連続住宅

郊外型の長屋型庭付き連続住宅は、《ヒルシュシュテッテンの集合住宅》[fig-8]、《ラインツの集合住宅》[fig-9]、《ホイベルクの集合住宅》[fig-10]、《ラーアーベルクの集合住宅》などの計画 [fig-11] であり、こうした体験を総合的にまとめて作成された試案が、［公営住宅計画］〔作品24〕である。そして、建設コストを安価に抑えるために［1枚の壁による住宅建設のための新案特許計画］[fig-12] を提案し、戸境壁のみを主体構造として間を梁でつなぎながら室内空間を確定し、ファサードは吊り構造で極力軽いものとするという趣旨の経済的な工法の汎用化を追求した。

郊外型については、共通して建物を道路に南北に面して配置し、全戸が南

fig-8
《ヒルシュシュテッテンの集合住宅》菜園側

fig-11
《ラーアーベルクの集合住宅》道路側

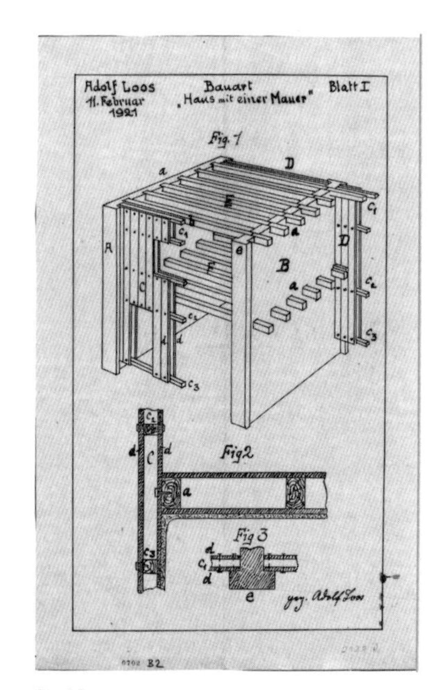

fig-12
［1枚の壁による住宅建設のための新案特許計画］／ALA702

北軸方向に菜園をもち、自給自足の生活ができるように考えられた。菜園は南側からの採光を重視し、太陽が傾くと影が落ちるように塀を設け、塀には蔦性の植物を這わせている。基本的に完全な地下を設けず、地上階に居間・食堂・台所、水場を配置し、居間から階段で2階の寝室へ連絡している。地上階を日中の生活領域、2階を夜の私的領域で寝室3室（主寝室と2部屋の子供部屋）として切り分けた。

一連の作品群は基本的に最低限の生活を保障することを目標としているために、意匠的な配慮は住戸のリズムのみである。また、内部空間はあくまでも階段の位置による使われ方の制限以上のものはない。特に私的空間は自由に改変可能であることをコンセプトにおき、間仕切り壁も暫定的でよしとしている。しかし、設計を通してロースは単に安価な住まいをつくる、ということだけを目標に掲げたわけではない。それぞれの社会階層における生活の実態を理解するとともに、その階層に適した文化的で尊厳をもった生活を探求したのである。たとえば、寝室を2階へ配置することで日中の生活領域から分離したり、居間を菜園のある南側へ向けるとともに、テラスには庭作業を効率的に行えるように水場を配置したりするなどの配慮を理論に基づき合理的に設計した。その結果として、無駄のない質素な庭付き連続住宅を提案するにいたったと理解することができる。

特に最初の庶民住宅の計画となった《ラインツの集合住宅》では、さまざまな間口の住戸タイプを徹底してスタディし、プランとそこでの生活について分析を行うことで、以後の庶民住宅における基礎をつくりだした。住宅では階段の配置が人の動きを決める重要な役割を果たしていたように、集合住宅の各住戸という小さな空間においても、細やかな階段（レヴェル差）が空間構成を決定付ける要素になっている。特に《ホイベルクの集合住宅》のプランを見ると、効果的な上下方向の切替えを確認できる。理想的試案としての［公営住宅計画］では、こうした庭付き郊外型庶民住宅のコンセプトを維持しながら、各住戸の組合せが多様性を保ちながら巧妙に練られている。4つの異なる住戸プランによって建物全体のバランスがデザインされており、さらに各住戸と庭とのつながりも多様で、郊外に住まう豊かさを最大限生かした庶民住宅となっている。

都市型テラス付き集合住宅

都市型のテラス付き集合住宅には、［ウィーン市小住居共同住宅計画］〔作品22〕、［ルーフテラスをもつ20軒のヴィラ］〔作品23〕がある。［ウィーン市小住居共同住宅計画］は、市内の1街区の1辺にすでに既存の建物があり、これに連続する2棟の細長い連続住宅をつないで中庭を形成する公営住宅の計画である。ロースは都市型の共同住宅でも、主階と寝室階を分離する構成を踏襲している。階段状にセットバックしてせり上がる造形は、長手に伸びるテラスを公共通路として、特に子供の遊び場と位置付け、この通路から各戸にアプローチしながら、その上下方向複層にまたがる住戸を展開し、

fig-9
《ラインツの集合住宅》図面

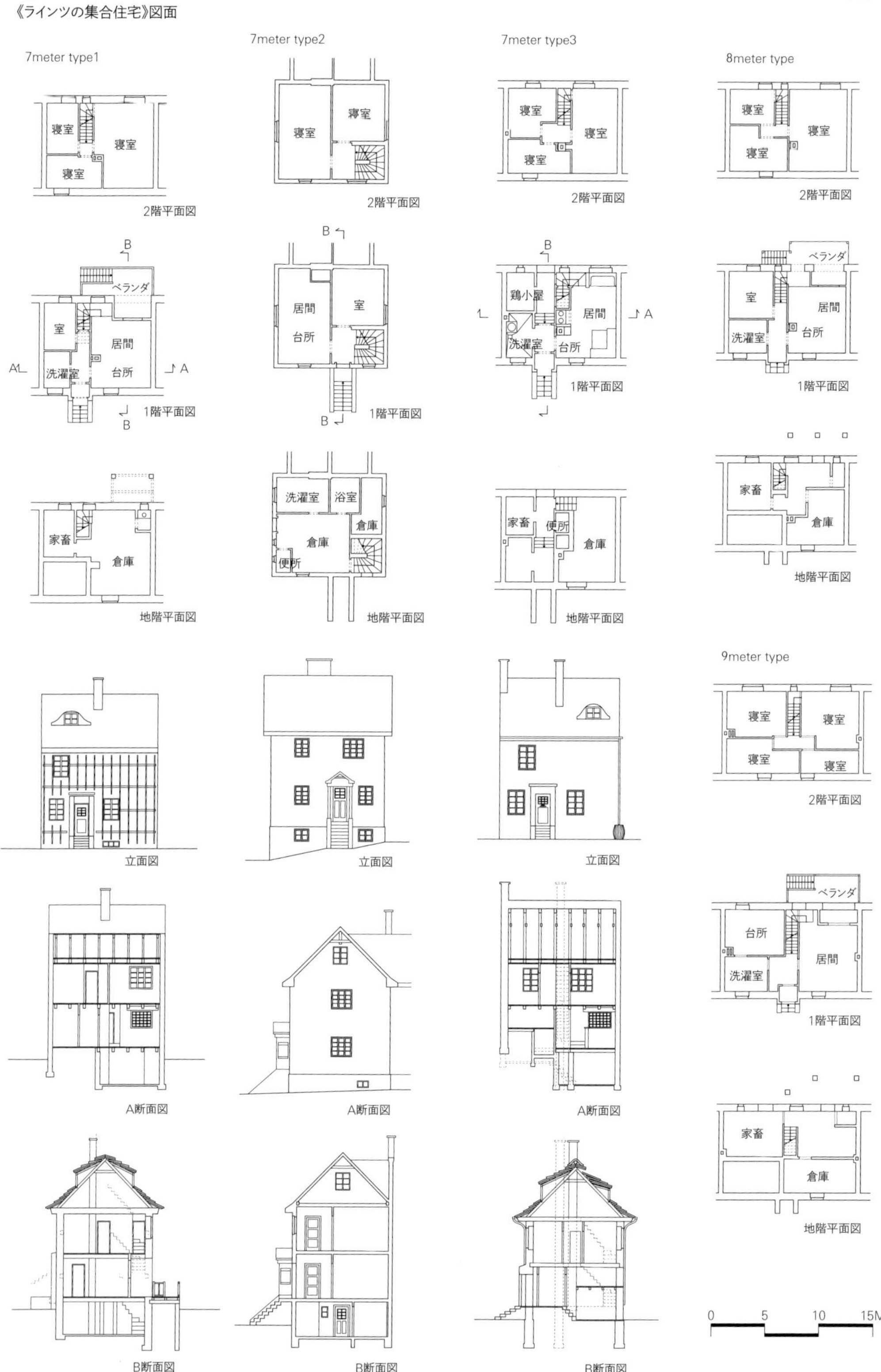

fig-10
《ホイベルクの集合住宅》

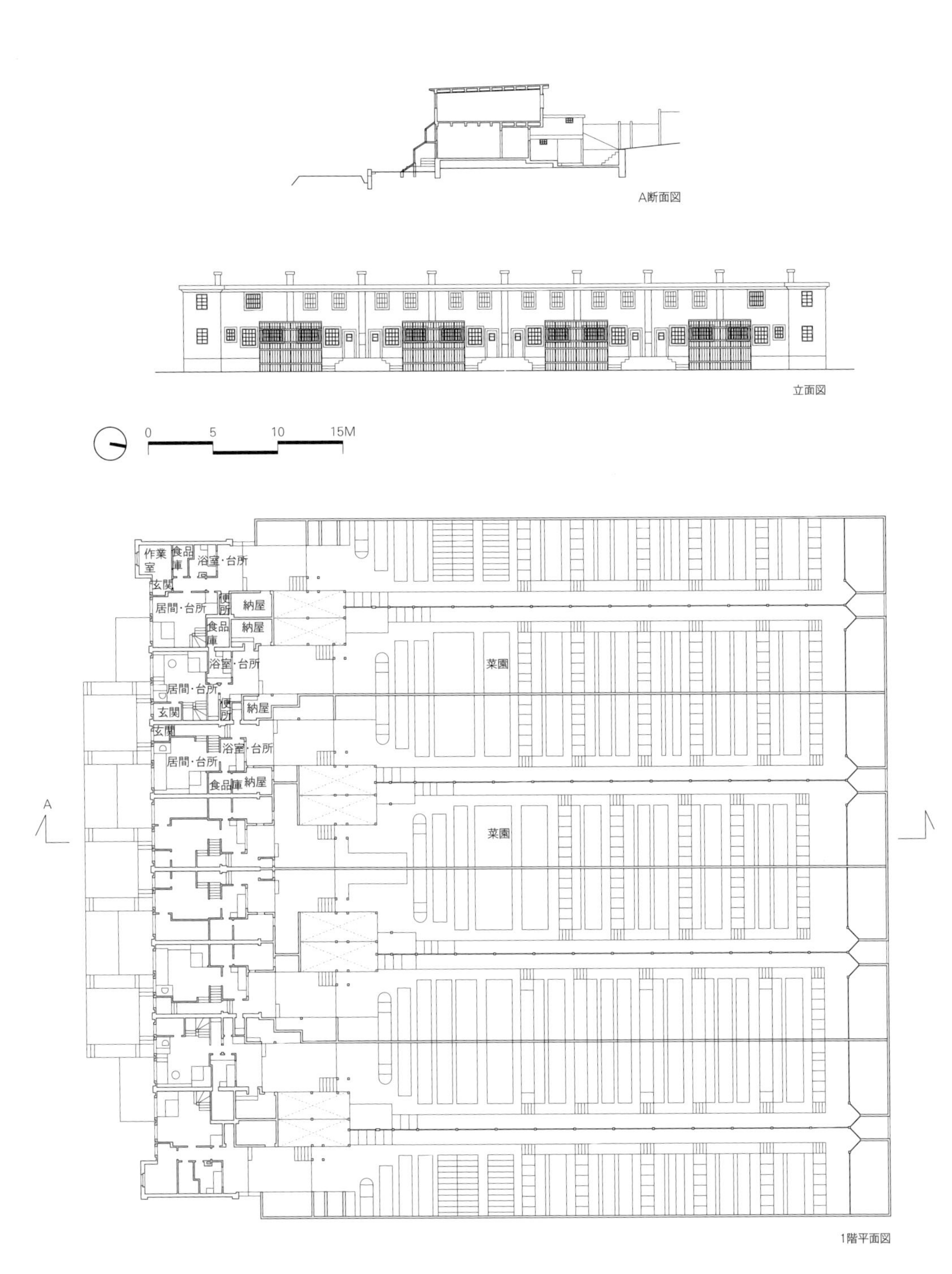

全体を立体パズルのように組み合わせる計画としている。2棟のうち一方は直線で、もう一方はカーブを描き、いずれも街路になじむような形態を踏襲する。北側低層部にパブリックスペースを配置してその高さを南側棟より上方へずらすことによって、棟間での見合いの問題を緩和しながらコミュニティー施設を充実させる。

コート・ダジュールでの計画である［ルーフテラスをもつ20軒のヴィラ］は、複雑なパズルを解くような内部空間がシンプルな階段状のヴォリュームにまとめられたテラスハウスである。階段状にせり上がる5住戸が一連のセットとなり、段差をつけながら反転させた構成の繰返しとなっているが、全体としてほとんど〈ラウムプラン〉の実験場のような計画であり、シンプルなヴォリュームの中に多様な空間を生みだした傑作といえるのではないだろうか。ズラトコ・ノイマンの作図による計画とされているが、のちの《モラー邸》も彼の参加によるものであることも含め、〈ラウムプラン〉の可能性・多様性を拡大する重要な転換点はここにあったのではないかと類推できる。

唯一実現した《オットー・ハース・ホフ》は、本来、［ウィーン市小住居共同住宅計画］で実現しようとした横断的テラスを基本において立案されたが、市の意向とは完全に方向性が異なった。ロースがいかにテラスハウスを執拗に追求しても、ウィーン市には受け入れられる経済的基盤はなく、空間的魅力への理解度は低かったのである。《オットー・ハース・ホフ》の最終的な簡素な姿をみるにつけても、隣接する《ヴィナルスキー・ホフ》[fig-13] の計画が、存在感の強さをデザインの軸に据えていることを見れば、市の求めるものとの差が理解できよう。ロースの最後の共同住宅計画はウィーン市中心街区におけるモデナパーク前に計画されたが、これは庶民のための住宅ではない。富裕層のための贅沢な空間の使い方は、これまで紹介した集合住宅とは全く異質ではある。しかし、2層に展開する各住戸の組合せという内部の立体的な空間計画は通底しており、都市における建築の存在感は各道路に対する古典的な正面性によって確保している [fig-14]。

fig-13
《ヴィナルスキー・ホフ》

都市型集合住宅の計画で示されたのは、大規模施設における公共的空間と私的空間の間に展開される生活の具体的な姿に真摯に向きあった平面計画と、共用空間における豊かな空間の追求であり、今日振り返ってみても分析するに足る魅力を十分にもっているといえよう。

fig-14
[モデナパークの集合住宅]
平面図

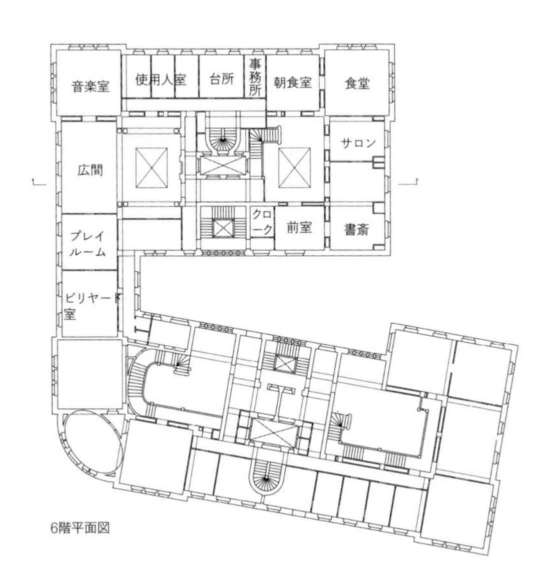

6階平面図

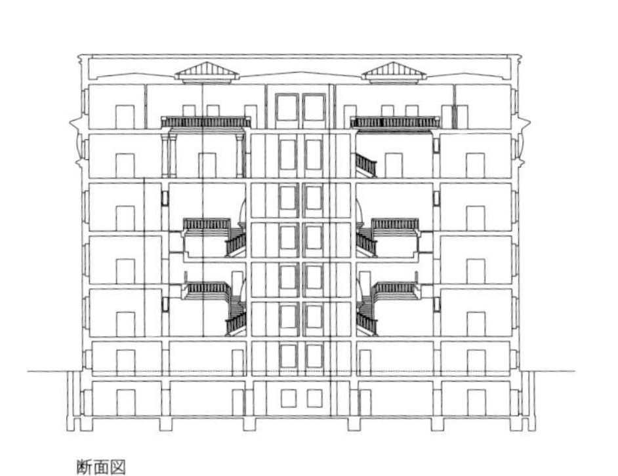

断面図

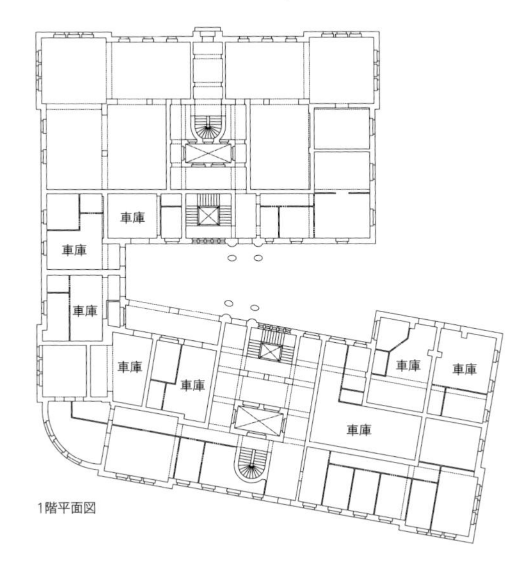

1階平面図

0 5 10 20M

22 Small Apartments for the Municipality of Vienna

［ウィーン市小住居共同住宅計画］ 1923

街区の西端にある既存建物に合わせて、南北にそれぞれ直線的なヴォリュームとカーブを描くヴォリュームの住居棟を配置し、その間を中庭とする計画。ふたつの住居棟の長辺はそれぞれ約84mで、セットバックした構成により南棟には2列のテラス、北棟には3列のテラスが設けられた。このテラスは、各住戸への動線であり、居住者の公共路として利用され、子供たちにとっての安全な街路兼遊び場を空中歩廊として共同で管理するというアイデアである。

2棟は東側の階段で結ばれる。階高は、作業スペース（地上階）が3.2m、一般的な住戸が3m、ワン・ルームが2.6mである。ワン・ルームが25軒、1層のみの住居が61軒、メゾネット住居が80軒、合計166軒の共同住宅。太陽の光や棟間における目線の交錯などが配慮され、南棟、北棟で異なる住戸タイプが配置・積層され、高さ方向にずれを与えている。

北棟は、地上階の南側に南棟と向きあうように広い作業スペースを設け、その上層階には1層のみの住居とワン・ルーム住居を配置、中央にはさまれた日の当たらない部分には倉庫などを配置し、残る2段をメゾネット住居としている。南棟は、階段状の3段をとり込んだメゾネット住居となっている。

南北の棟でそれぞれ異なる動線が計画された。中庭から棟内へと入り、ワン・ルーム住居は内部通路からアクセス、1層のみの住居は入り口ホールから内部階段を経由し、2層メゾネット住居は東階段から各通路に連絡する。面積はワン・ルーム住居13〜20㎡、1層住居44〜84㎡、メゾネット住居62〜74㎡である。

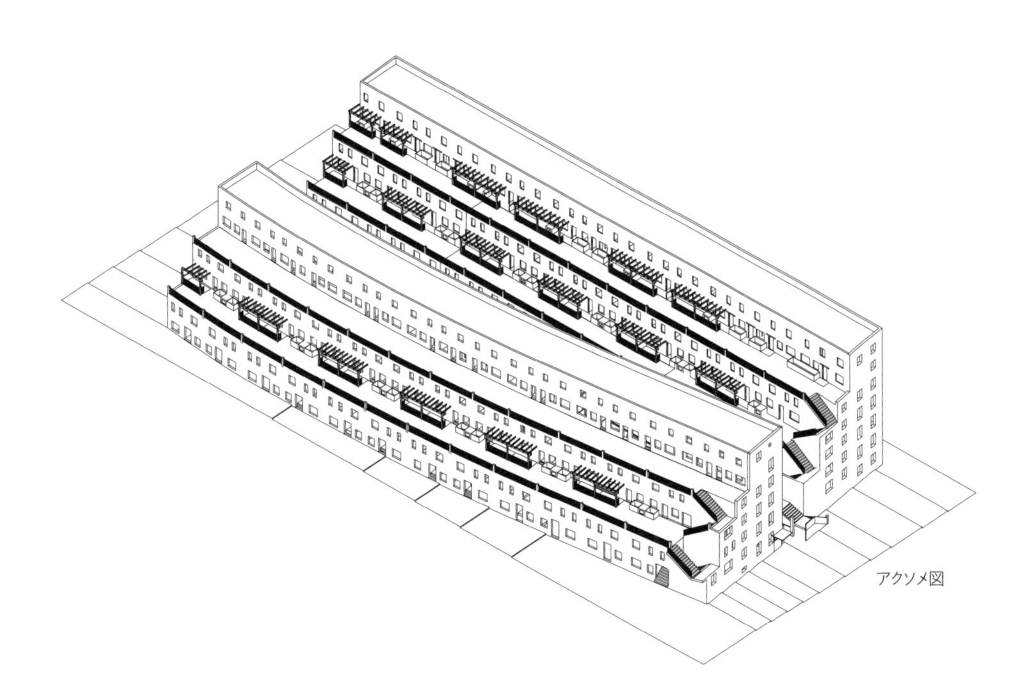

アクソメ図

断面立体図

3階平面図

0 10 20 30M

2階平面図

配置図

23 Group of 20 Villas with Roof Terraces

［ルーフテラスをもつ 20 軒のヴィラ］ 1923

壇状に構成されたテラスハウスの試み。1階は庭をもち上層階にセットバックしてゆくにつれてそれぞれ下の階の屋根をテラスとして使う。全体に4段を構成し、それぞれの床レヴェルは変化を与えられているため、［グランドホテル・バビロン］〔作品32〕同様に、テラスのレヴェルと室内床レヴェルの段差から下層階への採光がとれる仕組みとなっている。背中合わせに2列の4段構成が高さを変えてひとつのブロックを形成し、2ブロックと隣接街区と背中を合わせる半ブロックの、全部で5つの4段ブロックの組合せとなっているが、敷地との関係からか先端の4段の幅が狭く、他のブロックとは異なるプランとなる。

北側1階はガレージと上層階へサービスするエントランス、階段が配置される。住宅ユニットは縦方向に区分され、2層から4層に展開するユニットとなって、住戸の面積は112〜289㎡である。プランを丹念に読みとると、図面のままでは一部平面断面間に矛盾が生じる場所があり、極めてコンパクトながらここまで複雑なプランは、当然納めにくい難しさのあることがわかる。

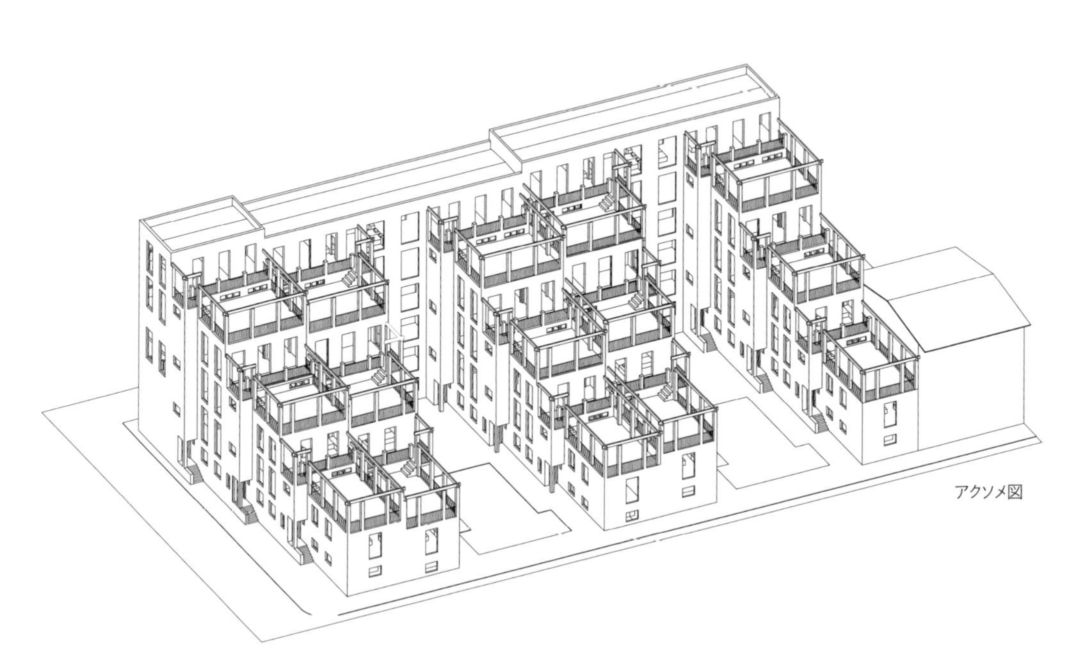

アクソメ図

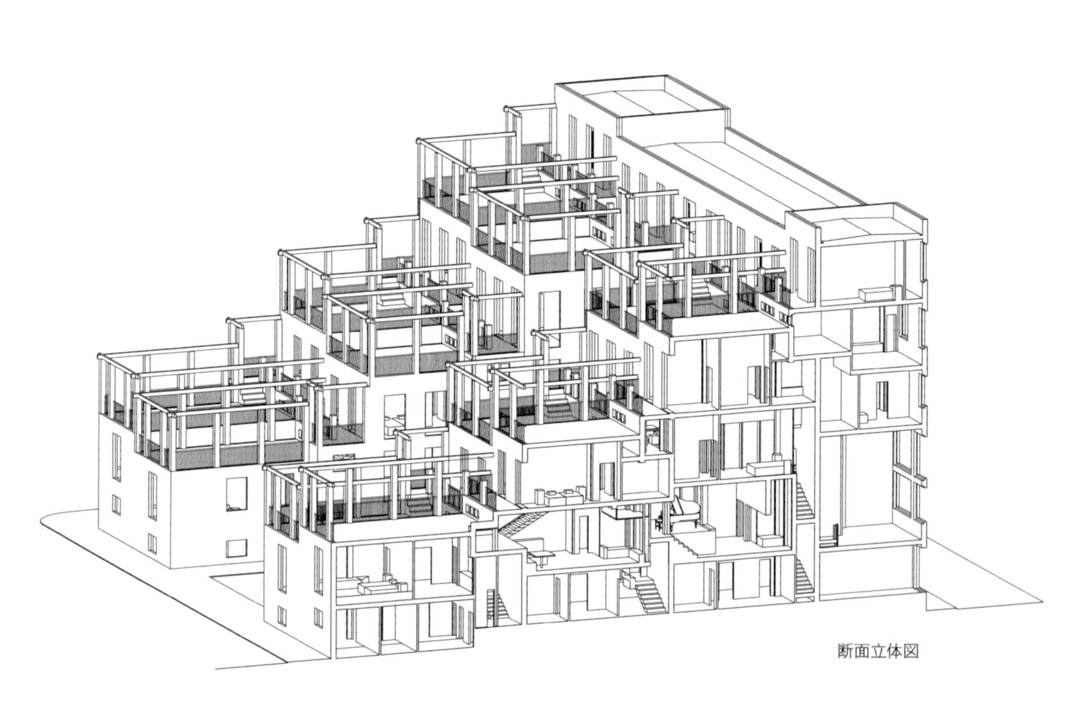

断面立体図

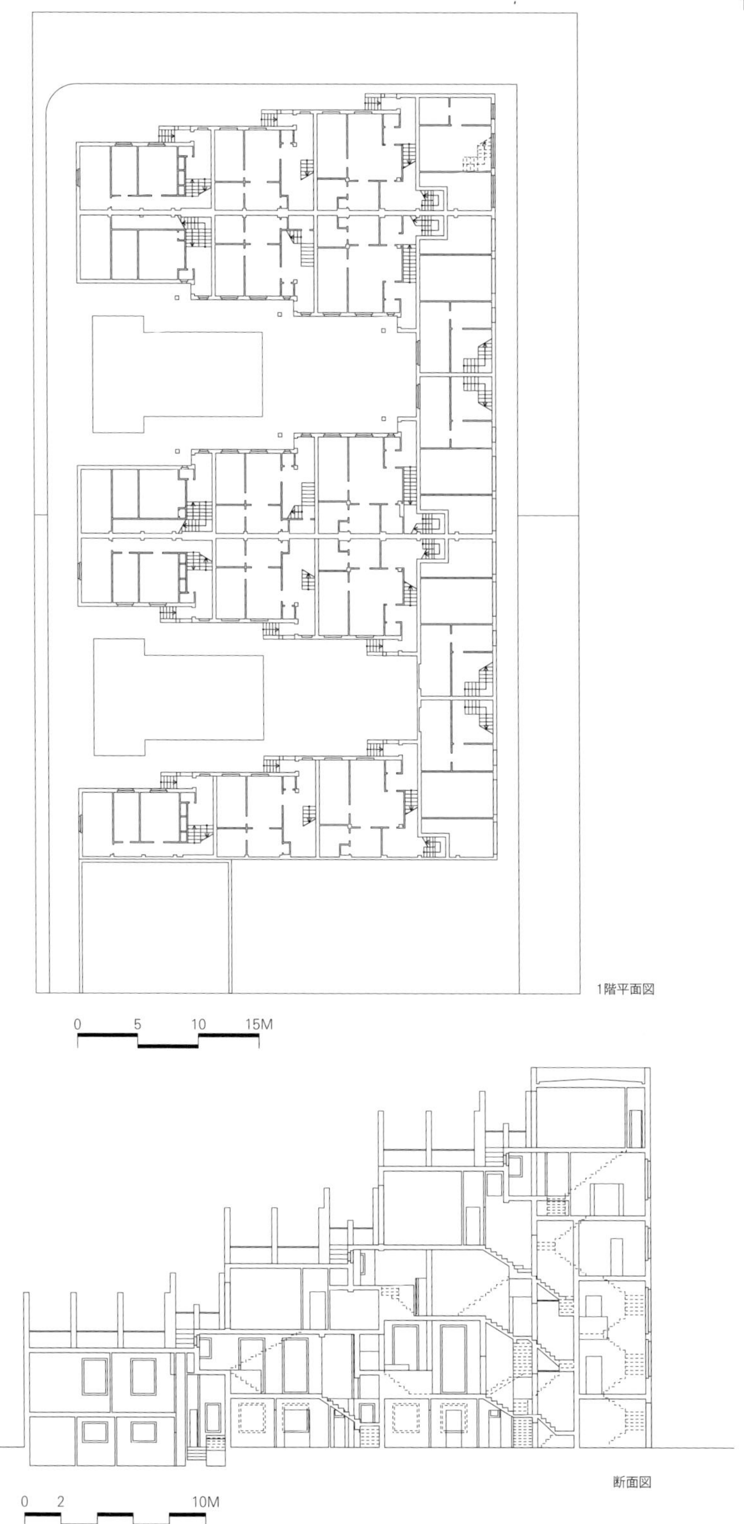

1階平面図

断面図

24 Social Housing

［公営住宅計画］ 1921

ロースによる低所得者用集合住宅の試みは、特に1921年に集中的に結実したが、1922年3月にロンドンで行われた講演会に用意されたのがこの計画である。4件の連続住宅はプランがそれぞれ異なり、両端は方向性も異なる。基本的に内部での階段による動きは、道路に平行におき、地下室のない3寝室タイプで、陸屋根テラスを屋上にもつ。壁面には蔦などの植物が繁るための下地を用意して、自然と一体になることがはじめから設定されている。野菜を育てる7m幅の長い奥行きをもつ菜園と住宅の間にはトイレとテラスを配し、室内と庭が連続的に連なる中間領域を演出している。同時に4.4mタイプ、5mタイプ、6mタイプとそのヴァリエーションタイプ、端に位置する変形タイプなどが検討されている。

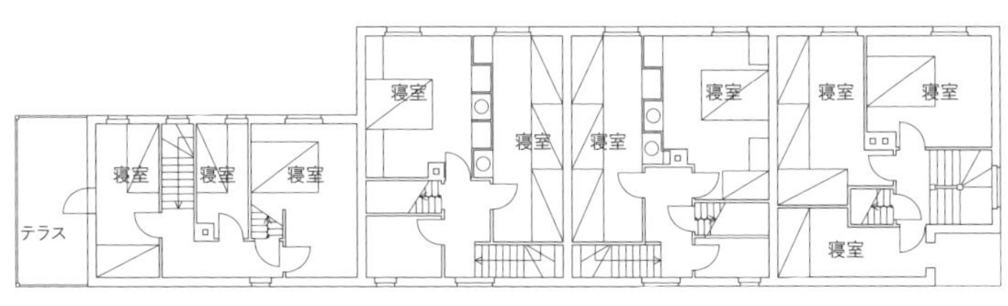
寝室
寝室
寝室
寝室
寝室
寝室
寝室
寝室
寝室
テラス
寝室

2階平面図

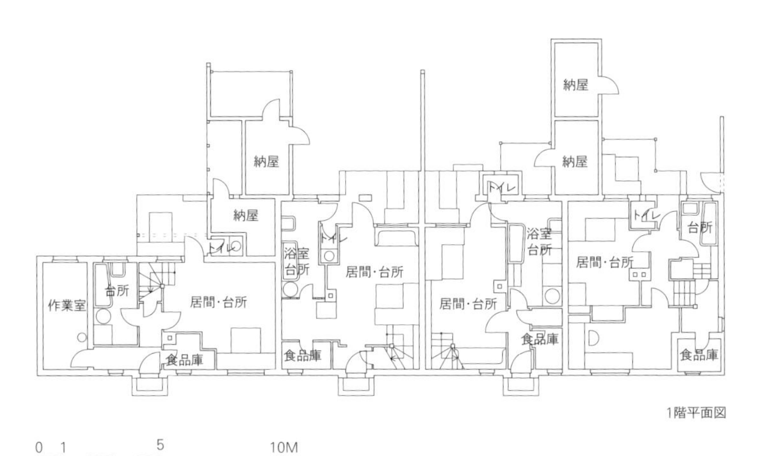
納屋
納屋
納屋
納屋
トイレ
トイレ
トイレ
トイレ
浴室
台所
浴室
台所
台所
台所
作業室
居間・台所
居間・台所
居間・台所
居間・台所
食品庫
食品庫
食品庫
食品庫
0 1 5 10M

1階平面図

25 Werkbund Social Housing for Two Families

《ウィーン工作連盟の２軒連続住宅》 1930-32

南側立面

ドイツ工作連盟のヴァイセンホッフ住宅展とは異なる趣旨で企画された、ヨーゼフ・フランクを代表とするウィーン工作連盟住宅展（1931）での参加作品である。もともとロースはホイベルクで計画したような地下のない木造建物を希望していた。しかし敷地変更に伴い地盤の状況から地下が必要になったこと、工作連盟が望むRC造との矛盾などによって計画は二転三転した経緯がある。2年にわたりハインリヒ・クルカによってさまざまな変更案がつくられたのちに、再度クルカとの共同作業によって最終案にまとめられたのが本計画である。

倉庫、洗濯室などが完全に地下に納められ、地上階には風除室、トイレ、居間・キッチンと食品倉庫、2階には吹抜けの中に天井1.9mの書斎、キッチン上のスペースには使用人室が計画された。完全に環境が切り分けられた3階には、寝室が3室、浴室、開口いっぱいのテラスが庭と通路に面する。クルカとロースは遅れを取り戻すように、2棟建設された1棟ずつの内装設計を分担した。周辺が集合住宅群となる都市的な環境の中で、庭側のガラス開口部がロースにしては異例に大きく、外部との連続感が高いことも本来的にロースの意図から離れていたのであろう。

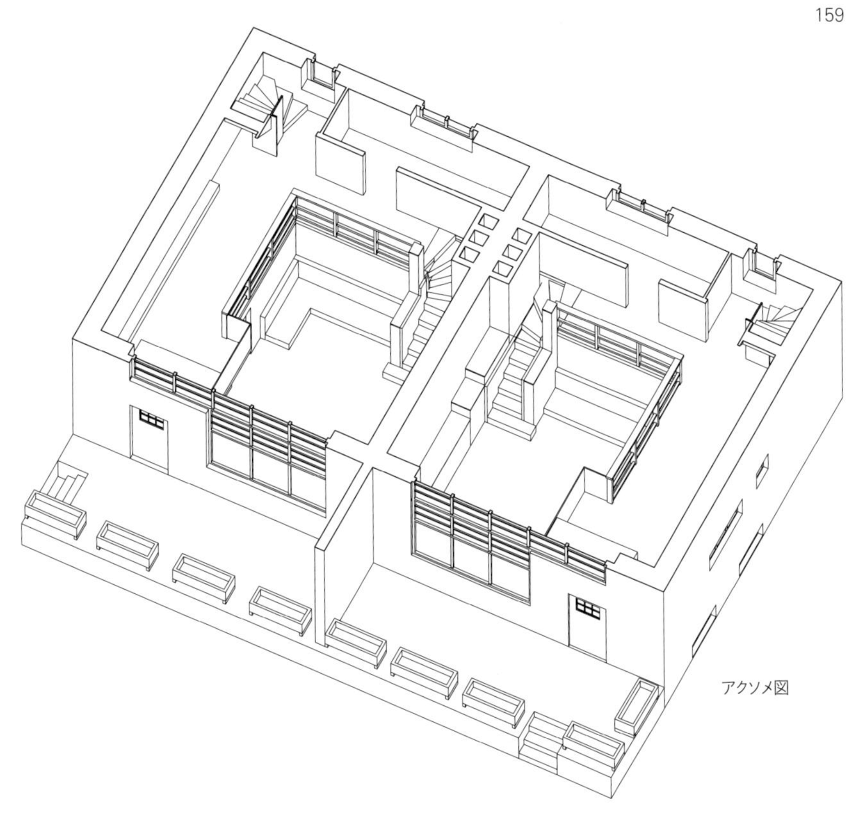

アクソメ図

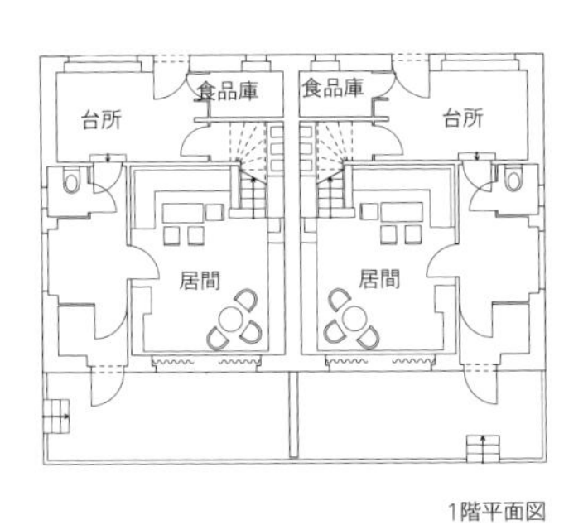

1階平面図

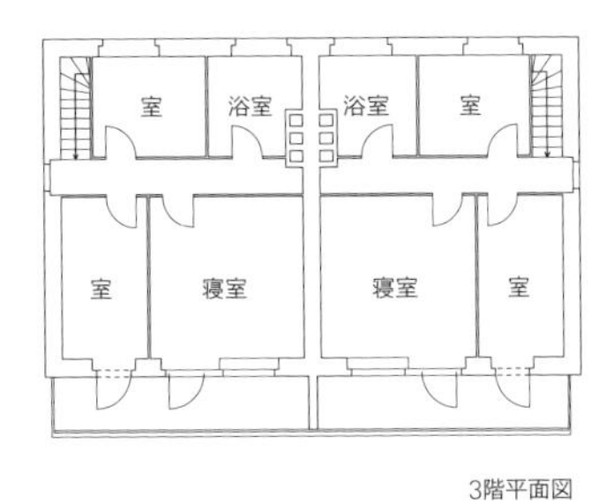

3階平面図

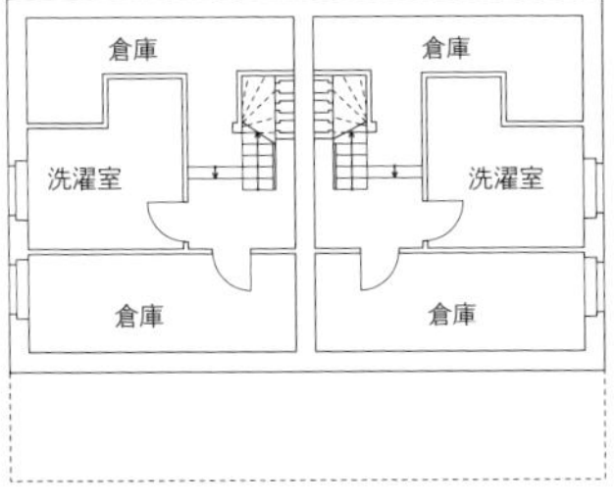

地階平面図

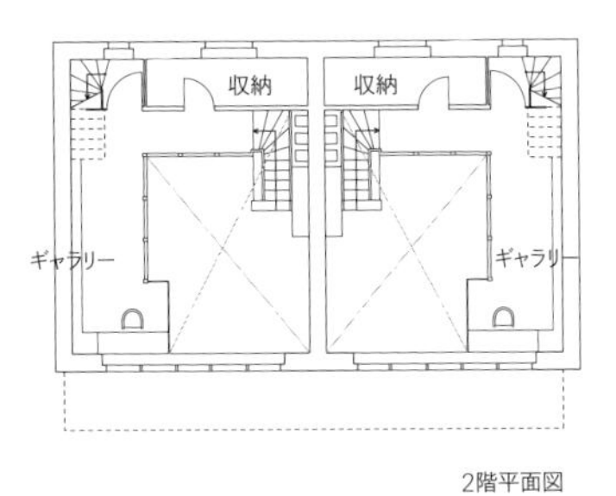

2階平面図

ロースの最初の実施作はふたつのショップインテリアを経て、1899年の《カフェ・ムゼウム》〔作品26〕の内装計画へと続く。その後もロースが手がけた初期実現作品の多くは、インテリアの計画である。戸建ての都市住宅においても、基本的に外部環境と内部空間を切り離して設計しているため、開口部の制約以外は内部空間のみの計画と同じ原則をもつインテリア作品としてとらえることができるし、住宅設計と店舗内装計画は機能としては異なるものの、店舗が扱う商品によっては求める世界に大きな違いのない場合もある。《カフェ・ムゼウム》は、都市がそのまま室内に入ってきたように表現され、都市の空虚と対極にある座席の居心地のよさを同居させている。カフェという公の場に近代的な顔を室内に取り込む一方で、《クニーシェ紳士服店》〔作品28〕は不特定多数が立ち入るショップでありながらも、住宅の私的な居心地のよさを追求し、高級紳士服が着こなされた背景として自然な環境となるような優雅なインテリア作品として、一連の住宅のインテリアに併置できるデザインとなっている。

ロースがインテリア空間に採用する仕上げの種類は極めて多様である。木質系だけでもオーク、マホガニー、メープル、レモン、チェリーなどさまざまな種類の堅木、合板が使われる。針葉樹は塗装用として、主に白色に塗装される。大理石でもっとも多く使われたのはギリシャ産チポリーノであるが、さまざまに貴重な珍しい大理石を求めてギリシャやイタリア、アルジェリアにまで向かった事実も、マテリアルの追求に対する並々ならぬ覚悟を感じさせる。ロースによってイメージされた空間は、マテリアルのもつ力が原動力となって、完結した室としての強さを個別にもち、室空間同士が軸線上に配置されたときに、一連のストーリーが生まれるのである。ロースのインテリア作品に見られる特徴を以下にあげる。

1. 部屋の心理的な影響力や機能によって表現を変えるため、隣り合う部屋であっても全く異なる仕上げをもつ。

2. 居心地のよさを追求。たとえば居間は暖炉を中心とし、暖炉周りにソファーをつくりつけ、火を見ながらゆったりできる空間を生みだしている。また、壁沿いにベンチや本棚を組み合わせたコーナーをつくり、壁沿いに圧迫感のない居場所を提供する。時にベンチや書棚はアルコーブに埋め込まれる（最初期の事例は《トゥルノヴスキー邸》[fig-15]）。その場合、居間の中央に機能を割りあてず、移動のための余白とする。初期においては居心地のよい空間をつくるため、木質による仕上げを多用した。特にオーク材の腰壁で床付近に落ち着いた雰囲気をつくりだす。

3. 暖炉は石仕上げ（《ボスコヴィッツ邸》[fig-16]、《ミュラー邸》、《オスカー・ゼムラー邸》[fig-17]、《カルマ邸》など）、レンガ仕上げ（《ヒューゴー・ゼムラー邸》[fig-18]、《ロース邸》、《クニーシェ紳士服店》、《トゥルノヴスキー邸》、《フォーグル邸》[fig-19]、《クラウス邸》[fig-20]、《ヴィンターニッツ邸》など）、南仏に実在した大型暖炉

fig-15
《トゥルノヴスキー邸》／
ALA2615

fig-16
《ボスコヴィッツ邸》
食堂正面

fig-17
《オスカー・ゼムラー邸》
居間

fig-18
《ヒューゴー・ゼムラー邸》
居間正面

fig-19
《フォーグル邸》
居間奥コーナー

を取り巻く歴史的な彫刻作品のレプリカ（《ドゥシュニッツ邸》《ブルンメル邸》など）などに大別される。暖炉の直上の壁には鏡をはめ込む（《フォーグル邸》《クラウス邸》《ヒューゴー・ゼムラー邸》《ショイ邸》[fig-21]、その他）

4. 天井には梁・桁のパターンを配置することで、領域の輪郭とスケール感を演出し、腰壁などと合わせて空間の一体感を生む。

5. 書斎では落ち着いた色の広葉樹系木製パネルで壁が仕上げられる。

6. 居間、サロンの床にはほとんどの場合タペストリーが敷かれる。

7. 食堂はただ単に栄養をとるための場所ではなく、会食というコミュニケーションを含む社会的な行為の象徴性が表現される。食卓は空間の中央に配置され、部屋全体が大理石など高価な素材で仕上げられる（《カルマ邸》、《レーヴェンバッハ邸》[fig-22]、《シュトラッサー邸》《ヒューゴー・ゼムラー邸》）。また、ウインターガーデンを窓際に設け（《ドゥシュニッツ邸》《シュタイナー邸》）、古代風浅彫りのレリーフを回し（《ボスコヴィッツ邸》《ドゥシュニッツ邸》《シュトラッサー邸》《レーヴェンバッハ邸》）、伝統的な雰囲気によって格式を高めようとする試みが見られる。

8. 寝室はほかの活動領域とは明瞭に区分される。居間と直に扉でつながることを避ける。ベッドの全体または部分をアルコーブに埋め込むこともある（《ブルンメル邸》《クラウス邸》《クナー山荘》《ヴィンターニッツ邸》）。

こうした原則によって完成するインテリアは、暖かく情動を駆り立てる。書斎では落ち着き、居間では楽しい気持ちになり、食堂では襟を立てるようにして食卓に向かう気持ちになる。生活の中で人間がどのように振舞うのか、あるいは人間に対して空間がどのように働きかけるべきか、そんな考察の結果としての空間が創造されている。人間の身体感覚がさまざまな素材と対話・呼応し、空間 - 身体の一種の融合によって身体化した空間を体感する。

ロースの作品は写真写りが悪いと自ら主張する一方で、パウル・クナーがウィーン市内の住居においてロースのインテリアを20年間なんの変更もせず大変満足して生活していたと主張するように、多くの施主は提供された生活空間に満足し、よく維持管理されていたことは空間の質と機能性を雄弁に物語るエピソードである。

fig-20
《クラウス邸》食堂テーブル周り

fig-21
《ショイ邸》暖炉

fig-22
《レーヴェンバッハ邸》

26 Café Museum

《カフェ・ムゼウム》 1899

分離派館の筋向かい、フリードリッヒ通りとオーバンガッセが交わるコーナーで1899年4月19日にオープンしたカフェの内装計画である。グスタフ・クリムトやエゴン・シーレ、オスカー・ココシュカ、カール・クラウスなど世紀末ウィーンを代表する数々の芸術家が連日集う場所であった。ロースは32の商業施設を実現しているが、飲食関連は《アメリカン・バー》《カフェ・カプア》、そして《カフェ・ムゼウム》など数少ない。その中でも、このコーヒー・ショップの内装は最初の重要なコミッションであった。1877年から芸術歴史博物館の裏でカフェ・ツム・ムゼウムを経営していたフェルディナンド・ライナーに、ウィーン工科大学教授のマックス・ファビアニがロースを推薦したことが計画の始まるきっかけとなったとされる。

既存の建物は、オットー・ティーネマンによる設計で1872年に建設されルネサンス風の外壁をもつ。ロースは1階店舗の外観を平滑な白漆喰仕上げに変え、上層部の開口部と同じ比率で縦長の開口を設け、マホガニー材で縁どった。道路に面する両サイドのファサードにアンティーグアのフォントを用い、金色で「CAFE MUSEUM」と示す。コーナーにあたる、やや鋭角のL字型の部屋の出隅付近に入り口を設け、円弧を描くマホガニーのカウンターが入り口正面におかれる。オーバンガッセに面した長手方向にビリヤード・テーブルを設置。さらに奥には遊戯室が続く。フリードリッヒ通りに面した短辺方向には伝統的なカフェと談笑室を備える。

腰壁はマホガニー材仕上げで、その上から天井までの間は薄緑のストライプ状の壁紙を使用。アーチ

カフェ内観／ALA2495

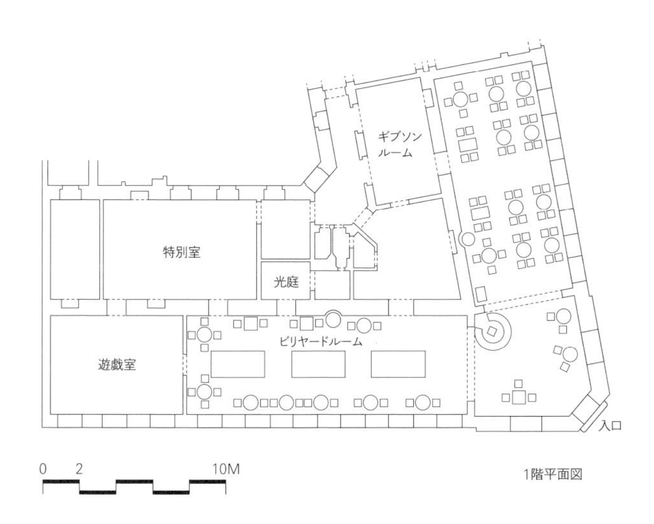

1階平面図

型の天井は薄い黄色に塗装され、電線を収めた真鍮管によって分節化されている。ガス管のような工業製品的色合いが、より実務的で近代的な印象を与える重要な要素となっている。両翼末端の壁に大きな鏡を置くことで、部屋を映り込みによって広く見せるだけでなく、客の動きを店員が見渡しやすいように計画された。

中庭側には集会場が設けられ、チャールズ・ダナ・ギブソンによるアメリカ風刺画が掛けられた。彼の名をとってギブソン・ルームと呼ばれた。椅子、テーブルもロースのデザインによるものであり、椅子はトーネットのふたつのモデルをベースに組み合わされた古くて新しいデザインである。老朽化に伴い、1911年、ヨーゼフ・ホフマンの弟子であるヨーゼフ・ジッティによって改装され、その後、新しいオーナーによって2003年にロースのオリジナル・デザインをもとに復元改修されたが、2010年に再度、L型コーナー一部分に大きな変更を経て現在にいたっている。

27 Kärntner Bar

《アメリカン・バー》 1908

入口見返し

シュテファン広場から延びるケルントナー通りを曲がった路地に面する路面店舗で、アメリカ風のスタンディンク・バーとして計画された。アメリカン・バーはケルントナー・バー（またはロース・バー）として知られるが、設計までの経緯は不明である。ファサードはふたつの看板をもち、最頂部には「American Bar」という表示をもつ。その下に配されたアメリカ国旗をあしらった看板に「KÄRNTNER BAR」の表記を色とりどりのガラスで埋め、内部に照明器具を仕込む。ふたつの看板の下にスキロス大理石の4本の付け柱が並ぶ。カーテンバーで仕切られた風除室とワードローブを経て、バー室内に達する。

残されたスケッチは3案あり、中間段階での試行錯誤が理解できる。第一案から天井の格間はすでに存在していたが、エントランス部分が最終案と異なつていた。入り口は3枚の扉の左におかれ、奥の扉から店内中央に抜けることができ、柱によって生まれた中間領域を結果として風除室として計画していた。また、バー・カウンターを半円形でデザインし、カウンター席の背後に袖壁を回して座席を配置した。第二案では入り口に回転扇を設置し、地下への階段をらせんとしている。カウンターの長さを最大限にするため直線上に配置し、スパン割りとの組合せが検討された。

客室隅のアルテンベルク肖像画

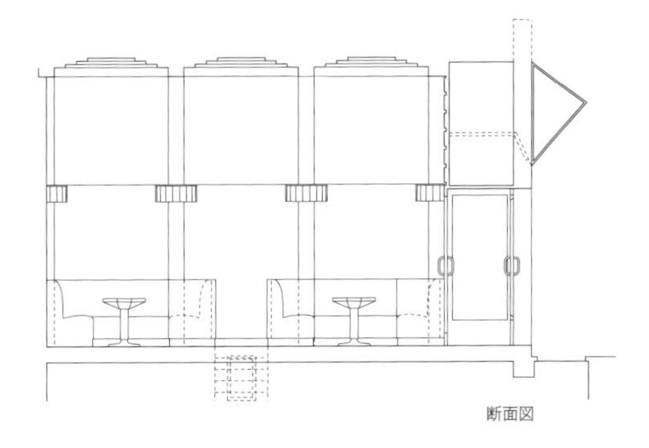

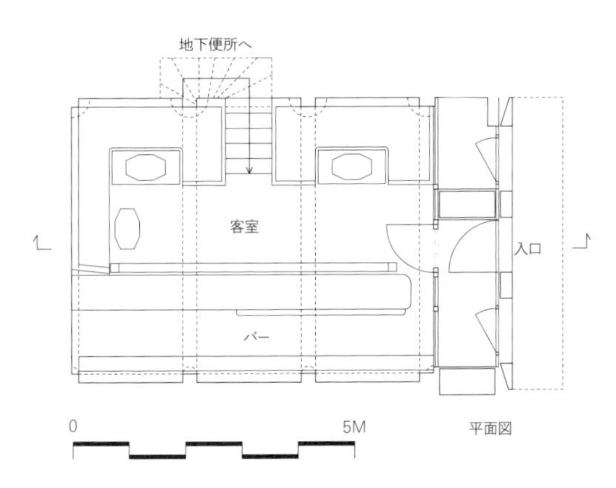

結果的に店内の空間は第二案の方向性で進み、長辺方向にバー・カウンターを置き、店内を2分割する案で確定した。バー・カウンターでは、止り木の手すり金物として大口径真鍮パイプがマホガニー材のテーブルに組み合わせられた。コの字型に配置されたふたつの座席には、自動車のシートに使われる緑色の平滑な素材が用いられた。テーブルには白いガラスの天板が取り付けられ、下からの光でグラスが浮き上がって見える。天井はロッソアンティーコ大理石による格子天井とし、床面には市松模様に白と黒の大理石か敷かれる。

玄関上の内壁ではオニキスの正方形薄板パネルを真鍮の枠にはめ、外部光が柔らかく室内に抜けてくるよう計画された。奥行き3スパンの柱梁をアラバストロ・ヴェルデ大理石で表現し、壁面は玄関の高さまでマホガニー材で覆い、天井までの欄間部分3方向を継ぎ目のない鏡で囲う。鏡による錯覚によって空間に無限の広がりを与え、4.45×6.15mという空間の狭さを感じさせない。奥の壁に飾られた油絵はギュスタフ・イエーガーシュバッヒャーが描いたロースの友人であった作家「ペーター・アルテンベルク」の肖像画である。

28 Kniže Gentleman's Fitting Shop

《クニーシェ紳士服店》 1910-13

ALA2324

《クニーシェ紳士服店》は、1858年より営業する王室御用達の高級紳士服店であった。ウィーンの中心に位置する最高級のテーラーにふさわしい空間を求めた計画である。《シュタイナー邸》の施主であったヒューゴー・シュタイナーの姉ジゼラ・ヴォルフがウィーン本店を所有しており、その後シャンゼリゼに展開したパリ支店はヒューゴー・シュタイナーが店長となった。ベルリンの店舗はジゼラの息子が運営し、いずれもロースがインテリアを手がけている。プラハの店舗はハインリヒ・クルカがインテリアを担当したが、基本的に同じコンセプトでデザインされた。

1906年、ロースによる最初の改装が2階と3階で行われた。当時は共用階段を利用し2 階から店内へアクセスしていた。1910年に接道部分の地上階を所有することとなり、現在の姿となった。ファサードはスウェーデン産の御影石仕上げ。現在両サイドを曲面で構成するショーウインドーには一部後世の変更部分がある。細長い地上階は両側に棚を並べ、部屋の奥に会計場をおき、左奥階段から2階へと続く。6段のステップの左に試着室をおき、ここから方向転換してサクラ材合板によるらせん状階段で2階へと向かう。

階段の途中に設置された鏡は2階を映り込ませ、階段を上がる者に空間の広がりを予感させるとともに、2階の責任者には客が1階から2階へ上がってくることを知らせる。こうしたシークエンスは、空間のヴォリュームが徐々に拡大しながら、婉曲する手すりのディティールの供える効果も加わって、大きならせんを描くように展開し、舞台に上がってゆくような高揚感を与えてくれる構成となっている。ロースにとって空間の動きがテーマであることは、こうした初期の計画からもよくわかる。

2 階に上がると天井高が抑えられ、明るいサクラ材でまとめられた空間に出る。ここから左回りの動きを継続すると、開放的で自然光にあふれたふたつの部屋が連続する。レンガやオーク材による落ち着いた色の造作で、上部には仕立て部屋などを備えたテラス、下部には暖炉、試着室、会計、待合スペースなどが設けられている。上質なインテリアは、クニーシェ社の上質な衣類のイメージそのままであり、素朴さと高級感が同居する空間の質を高める伝統的なイギリス風の手法を熟知しているロースならではのインテリアである。

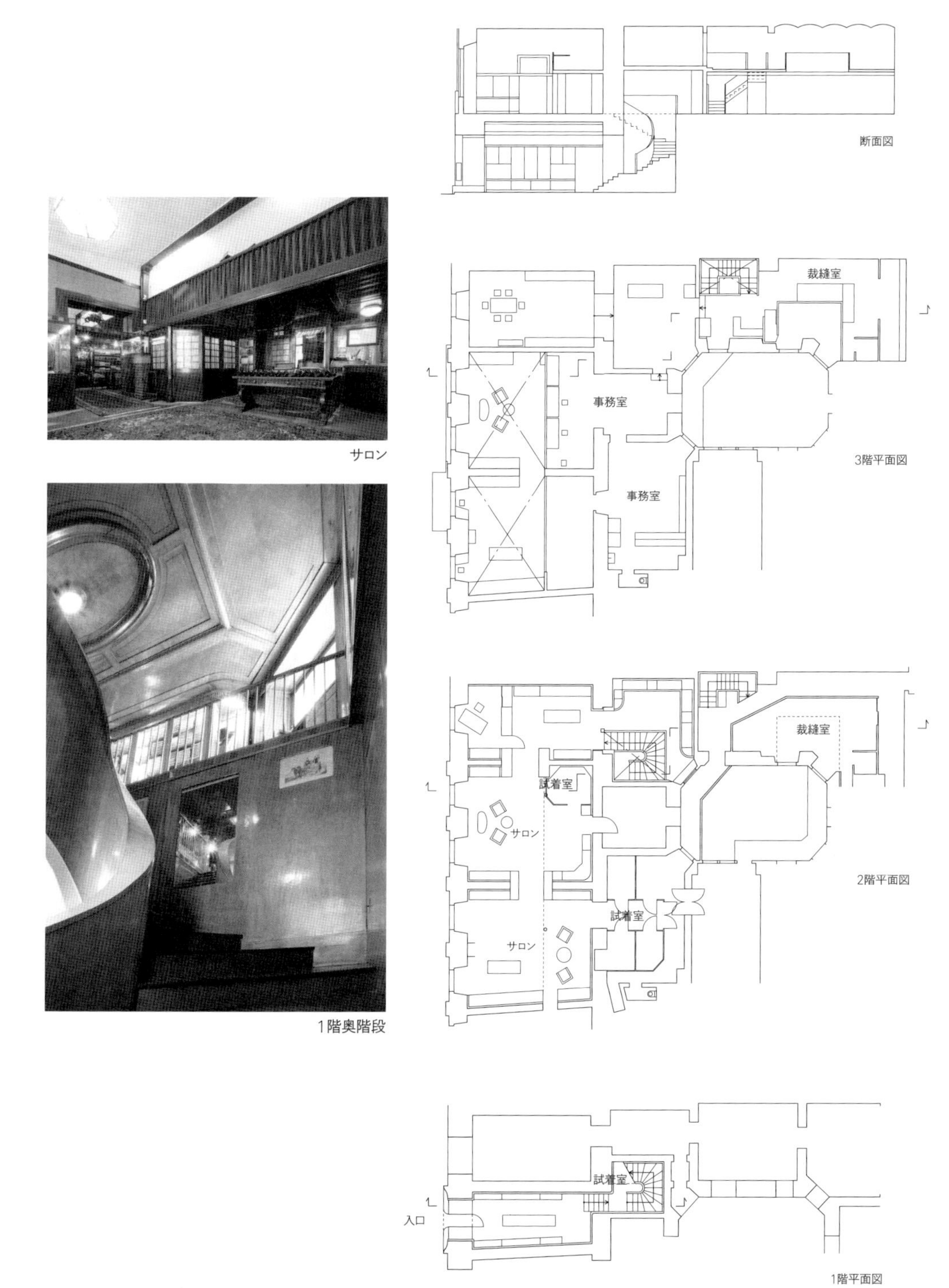
断面図
裁縫室
事務室
事務室
3階平面図
裁縫室
試着室
サロン
試着室
サロン
2階平面図
試着室
入口
1階平面図
0
2
10M

サロン

1階奥階段

モニュメンタルな都市施設

ロースは初期から意欲的に都市を象徴する公共的施設に取り組んでいる。たとえば、1899年の［フランツ・ヨーゼフ在位記念教会案］[fig-23]は、ドームとタワーを組み合わせた計画によって、施設が都市内における象徴性と存在感をどのように見せるかを検討している。1907年の［軍事省設計競技案］[fig-24]は、街区の全方向に対して正面性を与え、各部分に存在感のあるヴォリュームを配置しながらヴォリュームを分節化し、内部の導線計画の整理によって多方向からの複雑なアクセスを合理的に成立させた。いずれの計画も都市におけるヴォリュームをどのように近代の規模にふさわしい大きさ・高さとして表現しながら、周辺の環境との関係性をもつのかという意識によって、大規模建築の都市における存在意義を、古典主義に基づくモニュメントによってデザインした作品と理解できる。

こうした背景を理解すれば、王宮に面した広場の一角を占める象徴的な場所にある《ミヒャエル広場のロース・ハウス（ゴールドマン＆ザラッチュ紳士服店）》〔作品29〕において、都市との対話がテーマとなったのは当然のことである。広場に面するほかの建物と同様に基壇と上層部を区分し、人間が直接的に接する基壇と都市の顔としての上層部という関係性をどのように表現するか、基壇の上に立ち上がる象徴的なものをどのように表現するべきか、という課題である。基壇と上層部は異なる機能が与えられていたことによって、ロースは異なる機能を表現の違いとして主張した。上層部におかれた住宅は特定の人物の住まいではない。アノニマスな存在である都市の住居を、モノリスとして抽象的に表現する論理は、内包する機能と表現を一致させると同時に、都市の顔に近代社会の刻印を刻むことと なったである。

fig-23
［フランツ・ヨーゼフ在位記念教会案］／ALA2310

同じように、1917年の［ガルテンバウグリュンデの複合施設］〔作品30〕は、都市街区がもつべきヴォリュームを把握しながら、そこから立ち上がる高層部分をどのように実現するか、という問いに対し、古典様式的な低層部分と抽象化した高層部分に区分している。この施設はフランツ・ヨーゼフ記念堂としての機能が与えられ、記念堂の象徴性をゲートとして表現し、背後にあるコブルク宮を借景として一体

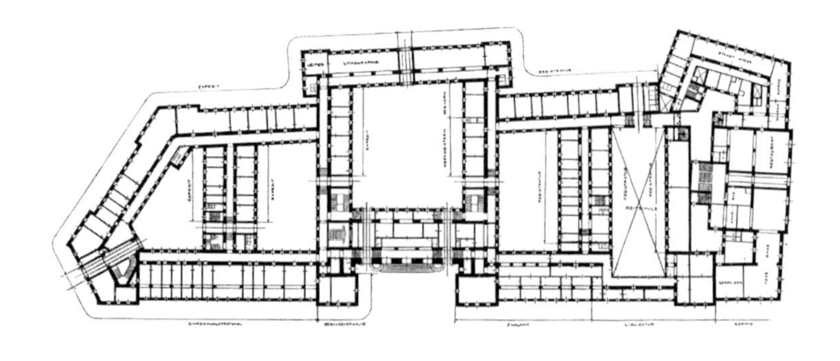
fig-24
［軍事省設計競技案］

fig-25
[1912 ringstrasse]

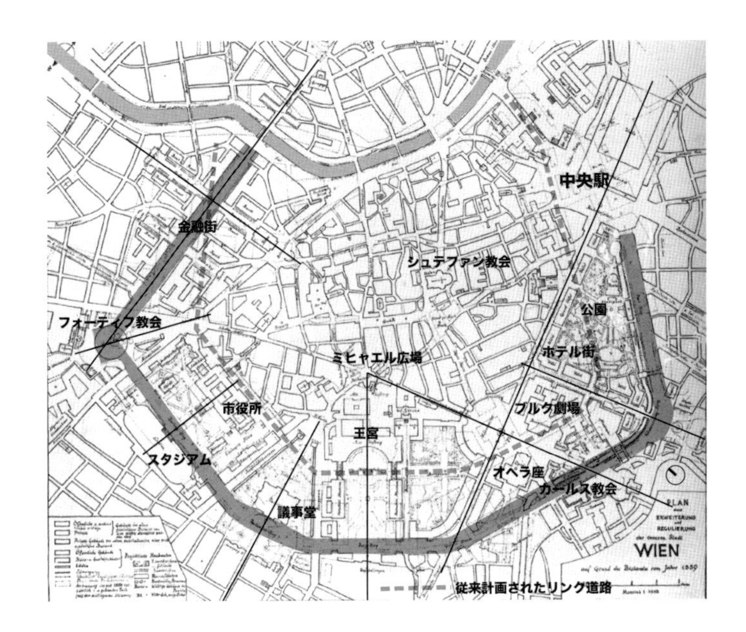

的に見せる。さらに施設がつくりだした軸線の先にシュテファン大聖堂が見えるよう、モニュメントの軸をつなぐ構成をとっていた。

1912年には、ロースは首都ウィーンの機能をどのように表現するのかという試みを都市計画という形で試みていた。1859年に策定された、市壁を取り壊して周回道路を「リンク」として、新たな公共建築をここに配置する計画図を下敷きに、ロースの思い描くウィーンを弟子エンゲルマンが作図したものとして知られる計画図［fig-25］である。機能を象徴的に表現することによって生みだされるモニュメンタリティが、随所に顕著に現れる計画図である。リンクをさらにひとめぐり外側へ拡大し、新たに生みだされる領域に重要な都市機能を象徴的に配置する。

今日茫漠とした空地に存在するカールス教会とオペラ座を軸線で結び、オペラ座前に大々的な広場を配置しながら、さらにここから延びる軸線上に中央駅をおく。オスマンによるパリの大改造を参考にしたと思われる、モニュメントに向けた軸線を強調することで象徴性を都市に与える空間構成を試みると同時に、都市の規模自体を再設定する意欲的な計画である。将来のウィーンがもつべき大きさを中心街区において再考しており、広場の設定とリンクの拡大はロースの都市計画における慧眼を示しているといえる。残されたいくつかのスケッチを見ると、ウィーンの未来はおそらく単に平面図としてではなく、立体的な情景としてロースの頭の中には描かれていたのではないかと考えられる。同時に、ウィーンにおける彼の計画は、その部分を構成する要素として考えていたのではないか[3]。

外観によって示される建築の象徴性は、都市への参加表明としても読みとれる。一方で、アメリカの影響を受けた大規模商業施設の内部空間の提案においても、ロースは都市に参加する空間を表現した。［フリードリッヒ

[3] *Una Modernità Eterna*, 1999, Roberto Trevisiol, Alinea Editorice, Firenze, p.92／「都市規模でのRaumplanである、Raumplatzによる街路計画である」（筆者訳）としている。

通りのホテル計画］［fig-26］は、リンクとカールス広場の間にあって《カフェ・ムゼウム》を含む多くの文化人が往来する街区であり、自由な通り抜けが可能な、ヨーロッパ的なパッサージュに変わる新たな公共的内部空間の提案である。文化的な催し物や会合、休息や食事ができ、さらに宿泊もできるホテルは、以後、ロースの中心的なテーマのひとつとなった。

ニースに計画された［グランドホテル・バビロン］〔作品32〕やパリの［シャンゼリゼ通りのホテル計画］［fig-27］は、それぞれリゾート地と都市の中心街区という性格は異なるものの、都市機能を内部に受け入れて開放性を演出し、出会いの場・賑わいの場として、都市を象徴する施設を表現する。特に［グランドホテル・バビロン］は、ロースの住居において表現されたセットバック・テラスを用いながら、大きな共用空間を内包するピラミッド状の造形によるモニュメント的な存在感を組み合わせた完成度の高い作品である。パリの［映画館のあるオフィスビル計画］［第3章 fig-5］は、わずかな間口で接するイタリアン大通りと近くにあるオペラ座との関係性に

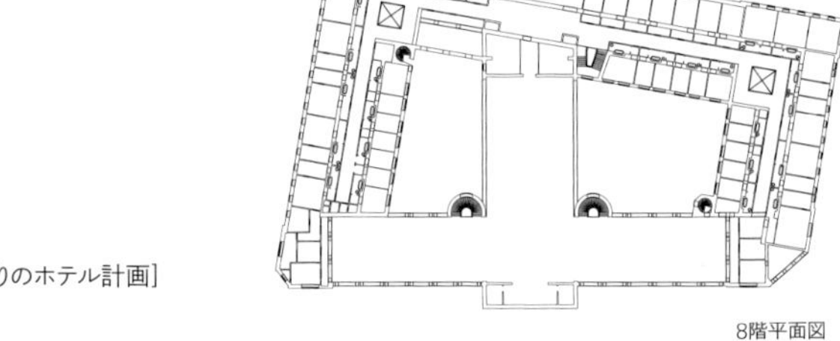

fig-26
［フリードリッヒ通りのホテル計画］
図面

8階平面図

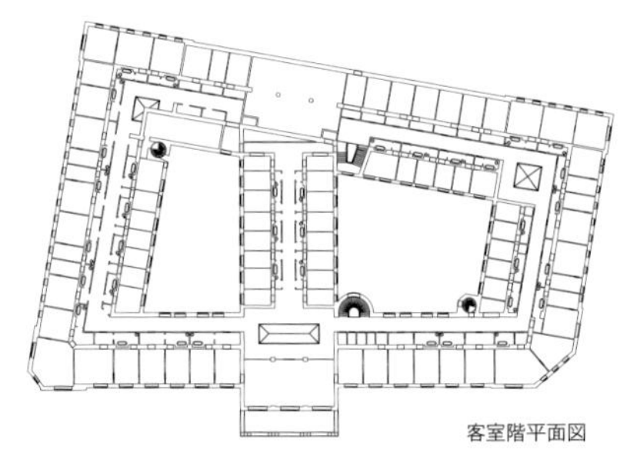

客室階平面図

立面図

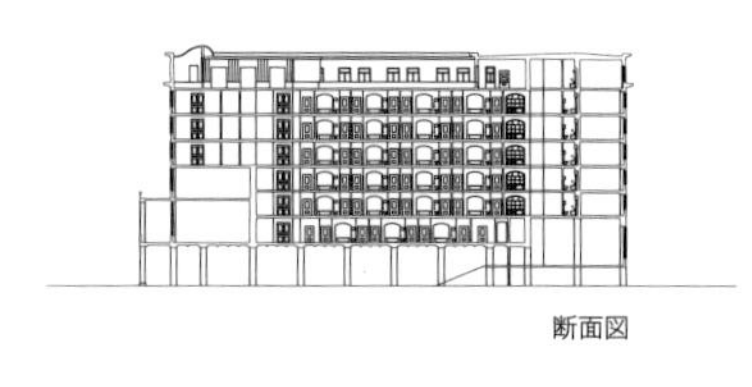

断面図

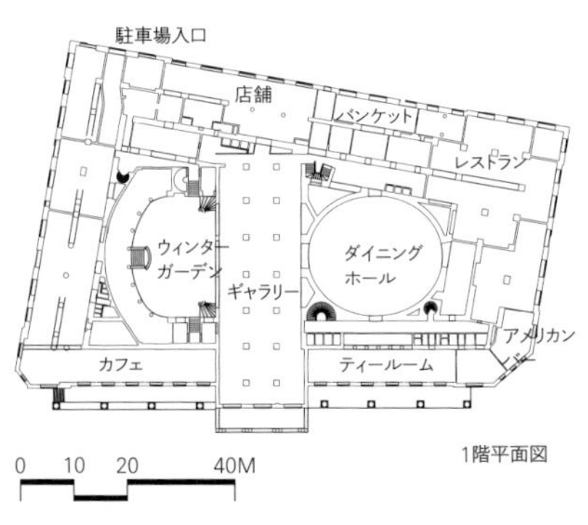

1階平面図

よって存在感を決定された高層棟オフィスと、周辺街区のヴォリュームに合わせた映画館を含むアメリカ的な大規模商業施設を組み合わせた計画となった[4]。

［シカゴ・トリビューン・コラム］〔作品31〕のテーマは、とりもなおさず都市におけるモニュメンタリティの追求であり、古典主義の象徴を形にすることこそが、その回答になるという信念の開示である。文化の枠組みが形態に意味を与え（quod significat）、建築は意味を与えられたもの（quod significatur）[5]であるとするならば、文化の枠組みが変わらないかぎり、建築の正当な作法や表現が存在する。これは、古典アイコンの意味の正当性を主張するものとして素直に理解したい。結果的にアメリカに放たれた旧世界の骨太なモニュメントは受け入れられなかったが、ロースの都市施設設計におけるモニュメンタリティのあり方を見せた興味深い作品である。

[4] ウィーンにおけるアメリカの影響に関しては、*"Amerika" in Wien Um 1900*, 2005, Monika Holzer Kernbichler参照

[5] *De Architectura Libri Decem*, Vitruvius／『建築十書』森田慶一訳、東海大学出版会

fig-27
［シャンゼリゼ通りのホテル計画］
平面図

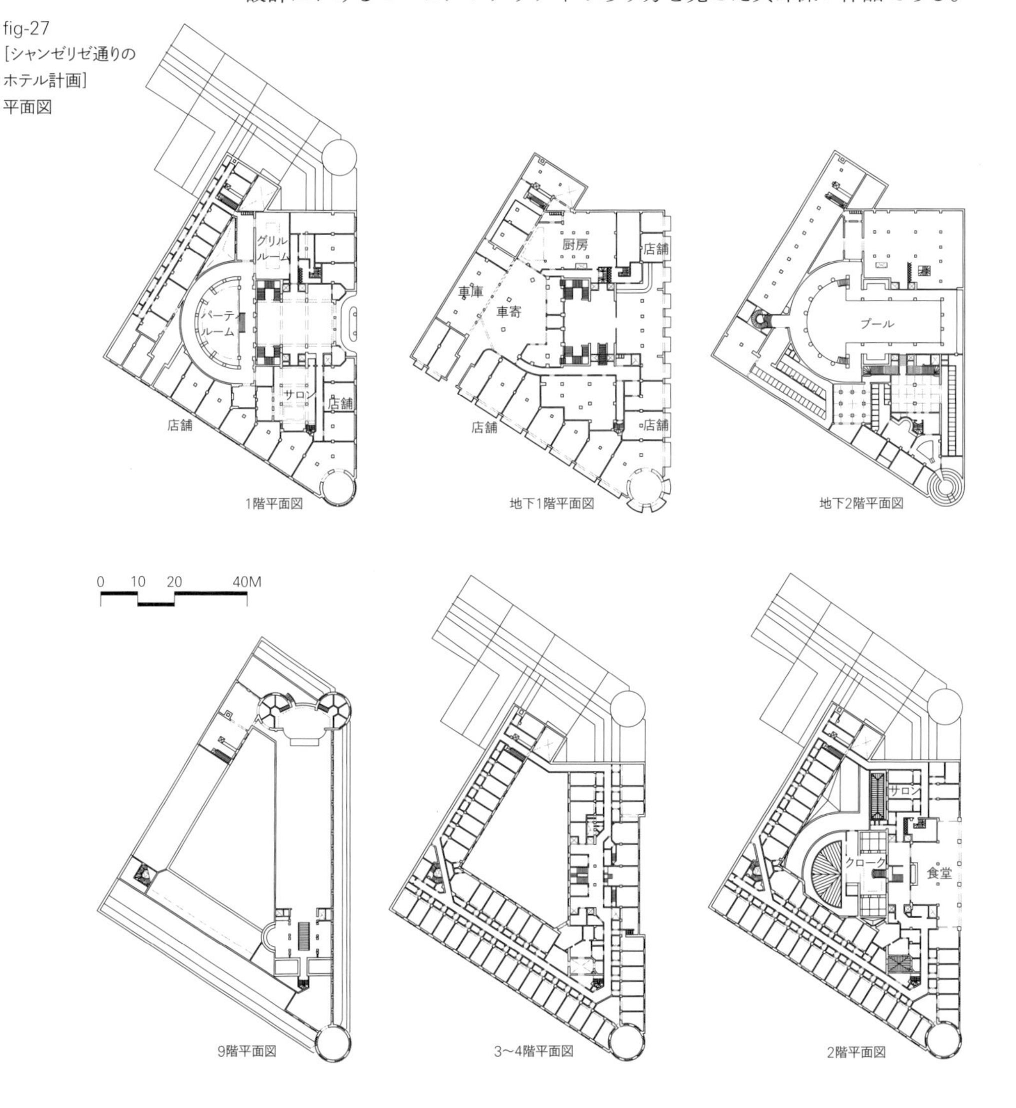

29 Loos House

《ミヒャエル広場のロース・ハウス》 1909-11

大階段折返し

ゴールドマン&ザラッチュ紳士服店のショップ、工房、貸店舗、住居の複合施設計画。ロースは紳士服店の顧客であり、施主アウフリヒトの住居インテリア計画を1904年に行い、もう一人の施主ゴールドマンの住居の改造およびインテリアの計画もミヒャエル広場の計画と同時に進めていた。計画は周辺の既存建物との関係性によって、低層部と高層部の2段構成とし、中間ラインとスカイラインを周辺関係に揃える形で外部を決定している。

広場に向かって正面性を与え、トスカナ式のオーダーでプロナオを形成する。ギリシャ産チポリーノ大理石を目地無し貼りとし、2層目のメザニンにはイギリス風（マッキントッシュ風）の出窓を配置し、低層部分と上層部との仕切りにコーニスを回してい

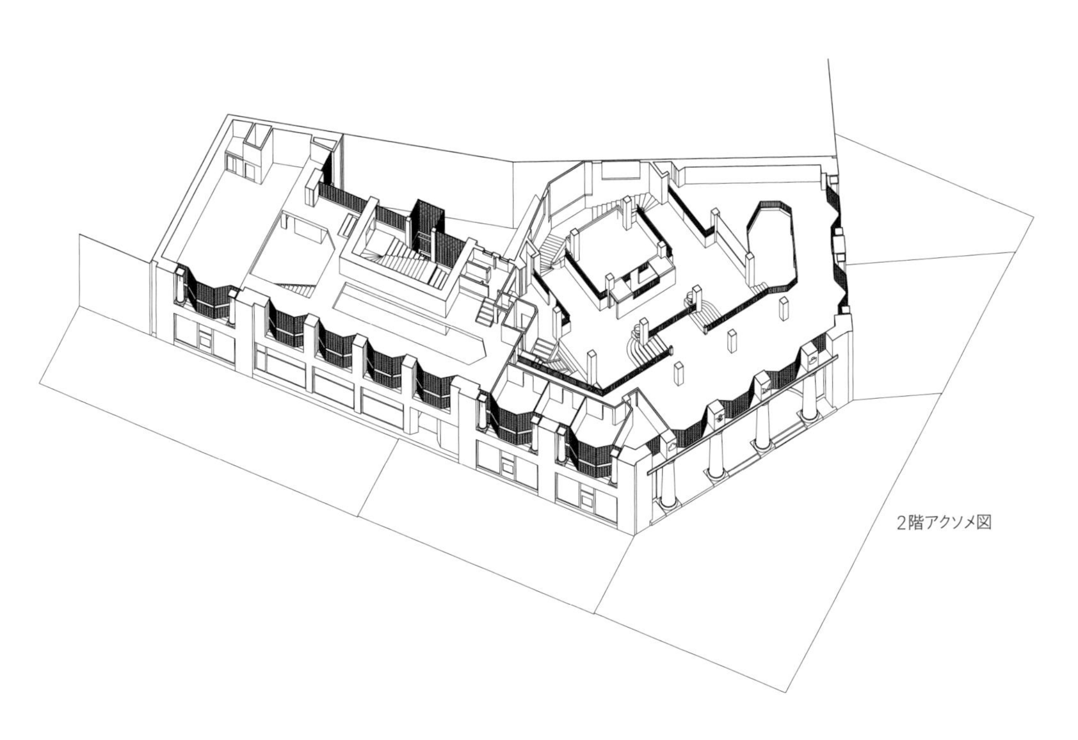

2階アクソメ図

る。正面のショーウインドーによって幾何学的に9分割された空間の奥に折り返しの階段を設け、鏡が先の展開を予見させるような空間の広がりを見ながら2階に上がると、周辺から1段低い中央のたまり空間にたどり着く。

再度両側に方向転換をして右のウイングにゆくと、洋服の仕立てアトリエなどの作業室、左に行くとフィッティングルームに向かい、いずれもいったん登ってから降ったのちのレヴェル差がたまりの空間をつくりだしている。中央軸左右に展開する階段から回り込んで正面にたどり着くと王宮を望む窓に面するという、一種の〈ラウムプラン〉的シークエンス性がすでにここで感じられ、複雑な景観展開を楽しめる空間となっている。座ることの多い待合のメザニンは天井が低く、広間のフィッティングルームは天井が高いというメリハリも、空間のストーリーをつくりだす要因となっている。マホガニーの重厚な木質壁と真鍮の金物による造作が重厚で華やかな雰囲気を演出する。

一方で住居部分はヘレン通りに入り口をもち、共用部には赤いスキロス大理石とカッラーラの白大理石を使った軽快で華やかな表現が与えられ、真鍮の階段手すりや照明器具が導入路に重厚で豪華な雰囲気を与える。中庭はほとんど歴史的エレメントを感じさせない、世界に先駆けた幾何学的な感覚の合理主義的で厳格なスチールによるカーテンウォールの立面をもち、地下に採光する床のガラスブロックは逆に地面にイルミネーションを与えるデザインのようである。表通りではなく中庭側に抽象性を表現するのは、《シュタイナー邸》と同様である。ゴールドマン＆ザラッチュ紳士服店は1926年に倒産し、その後、戦時には建物はナチスドイツの支配下におかれることになる。大戦中には空爆を受けて損傷し、戦後に修復を受け、中心部分は復元されて銀行の所有により今日にいたっている。

大階段を正面から見る

ミヒャエル広場正面ファサード

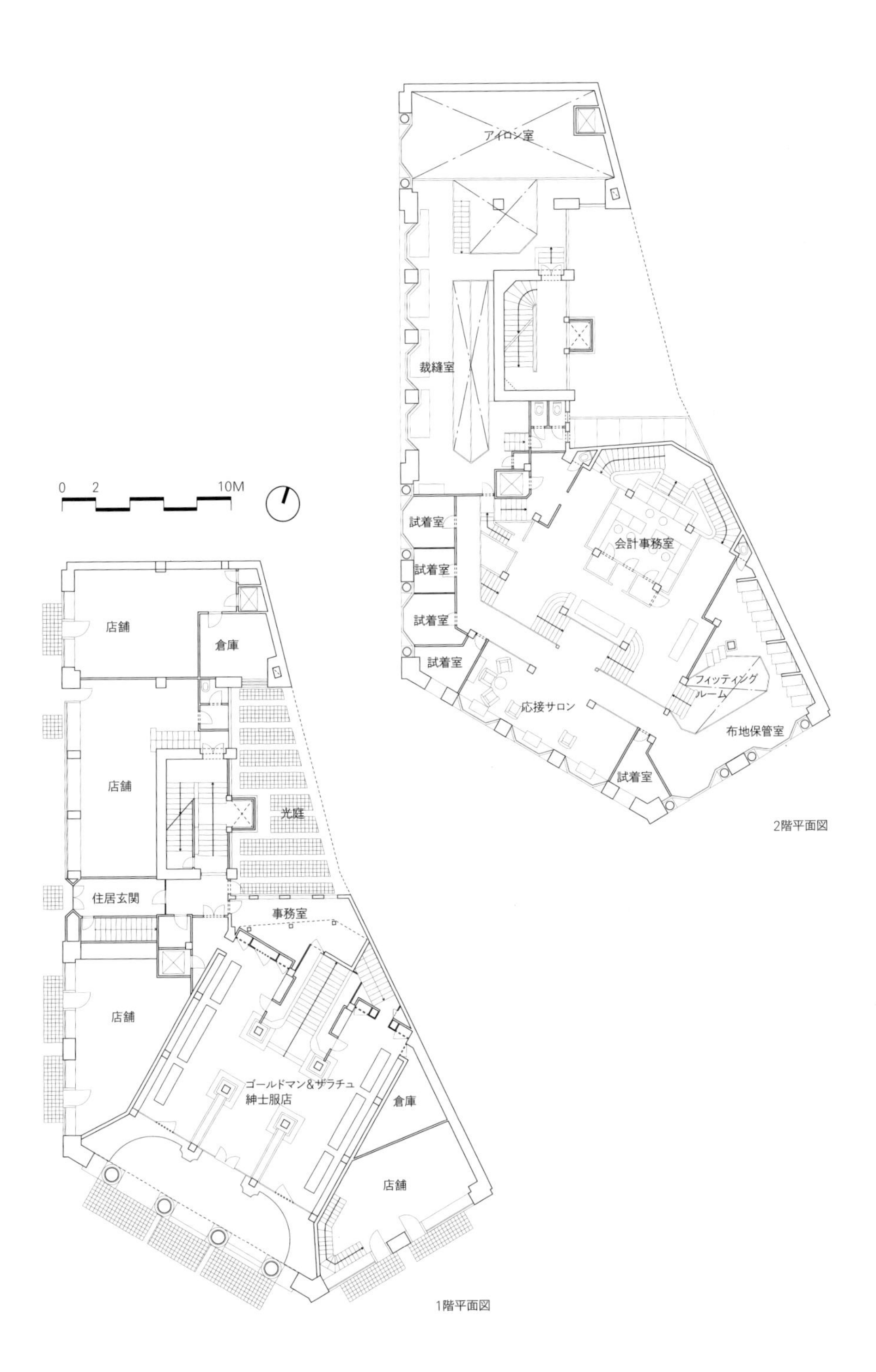
アイロン室
裁縫室
試着室
試着室
試着室
試着室
会計事務室
応接サロン
フィッティング
ルーム
布地保管室
試着室
0
2
10M
店舗
倉庫
店舗
光庭
住居玄関
事務室
店舗
ゴールドマン&サラチュ
紳士服店
倉庫
店舗

2階平面図

1階平面図

30 Gartenbau-gründe Project

［ガルテンバウグリュンデの複合施設］ 1917

中央奥にコブルク宮が描かれている／ALA377

ガルテンバウ社（王立花卉栽培会社）のための複合施設。主にオフィスとフランツ・ヨーゼフの記念碑のための施設として計画された。敷地は中央環状道路、リンクに面する。計画にはそれまでウィーンで建てられたことのなかった100m級のタワー案も含まれていた。残されたロースのスケッチから、異なる高さをもつ多くのヴァリエーションによってこの計画案を吟味したことがわかるが、つねに聖シュテファン聖堂の高さを超えないことは意識されていた。また背後にコブルク宮が接し、その先に聖シュテファン聖堂を望む敷地条件を考慮し、モニュメンタルな軸線を基本に据えている。高層部分のデザインはさまざまなバリエーションが残されているが、低層部のポルティコをもつ古典主義に基づくシンケル風の象徴性とは対照的に、クルカ編纂の作品集に掲載されたタワーのスケッチは抽象的で無装飾な形状の案であることを見ると、最終的にロースの到達点がこれであることがわかる。

ガルテンバウ社は1864年にアウグスト・ヴェーベルン設計の平屋の文化施設を建設し、リヒャルト・シュトラウス作品の演奏会や、第1回分離派展（1889）などを開催するような文化に関心の高い会社であった。1906年にオットー・ヴァーグナーによる新築計画があったものの実現せず、1913年に中心施設であったダンス・ホール「花のホール」を残して既存建物は解体された。1916年にフランツ・ヨーゼフ1世が亡くなると、彼を尊敬していたロースはフランツ・ヨーゼフに捧げる計画を提案する。国の象徴としての計画を意図し、皇帝記念ホールを中央に配置し、両側には省庁を配するための高層建物を左右対象におく。計画案は実現せず、ガルテンバウ社の建物はさらに1959年まで残存した。

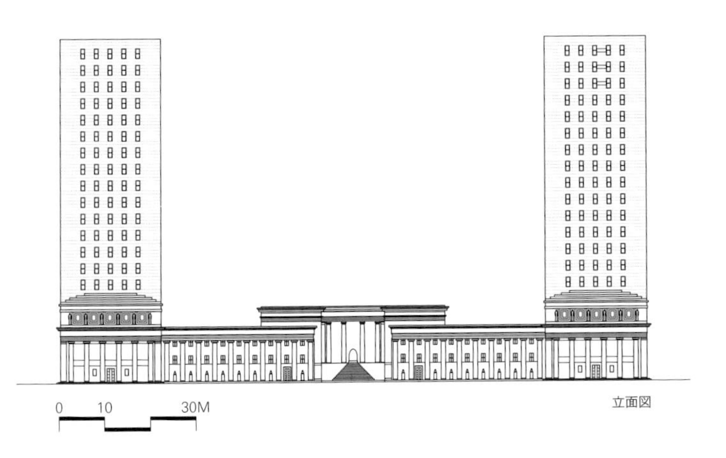

立面図

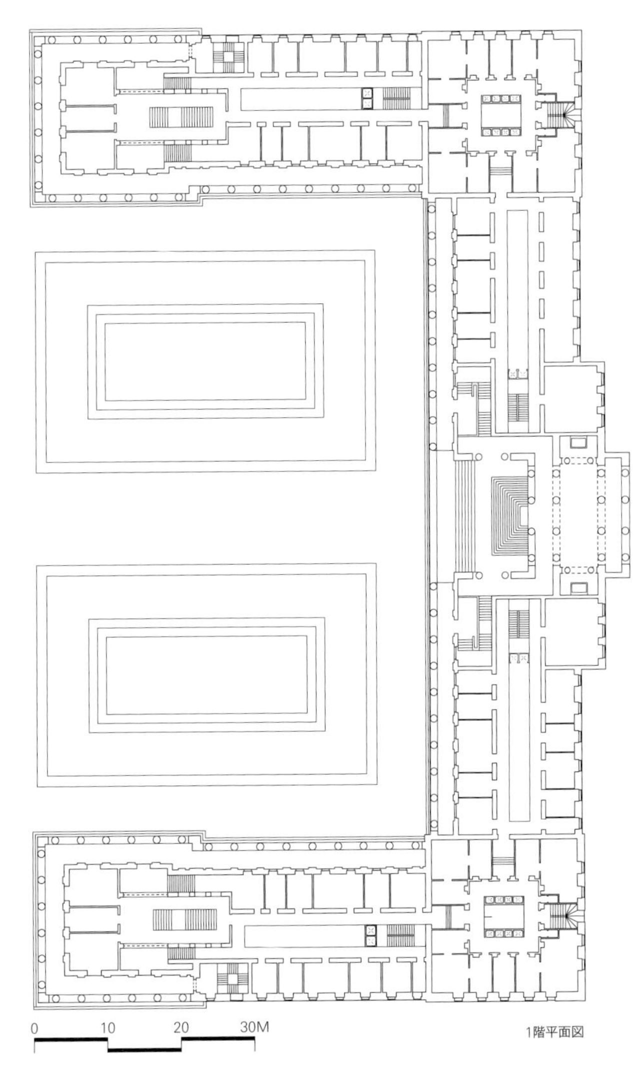

1階平面図

31 The Chicago Tribune Column

［シカゴ・トリビューン・コラム］ 1922

ALA378

シカゴ・トリビューン・タワー設計競技は、世界でもっとも美しいオフィス・ビルを求め1922年に開催された。拡張する都市シカゴという場所にふさわしく、シカゴ・トリビューン社を象徴する本社ビルのデザインを世界中の建築家に求め、欧米諸国から全263案が集まった。ロースは、ドリス式の円柱をそのまま建築にする案を提案した。高さはコンペの規定通り400フィート（約122m）で、11層の基壇と21層の柱身からなる。頂部にアバクスを掲げ、柱身にはフルーティングを施し、仕上げは黒御影石の磨きとした。

コンペのテーマである世界でもっとも美しいタワーには、普遍的な美しさが要求される。ロースは、建築が本来もつべき象徴性を備えることを考えた。そのふさわしい建築表現とは、上昇感を表現しやすい中世以来のゴシックを表面的に表現することではなく、ギリシャ由来の古典の王道こそにあると考えたのだろう。ロース案は旅行先のニースから送られたが規定期間内に到着せず、審査対象にはならなかった。自ら「私の案が却下されたとしても、将来、別の建築家が建てるだろう」[6]と語っていることからも、確信の表れが見てとれる。

[6] *Die Potemkin'sche Stadt: verschollene Schriften 1897-1933*, 1983, Adolf Loos, Prachner／
アドルフ・ロース『ポチョムキン都市』鈴木了二、中谷礼仁監修、加藤淳訳、2017、みすず書房、「シカゴ・トリビューン円柱建築」1923、p.188

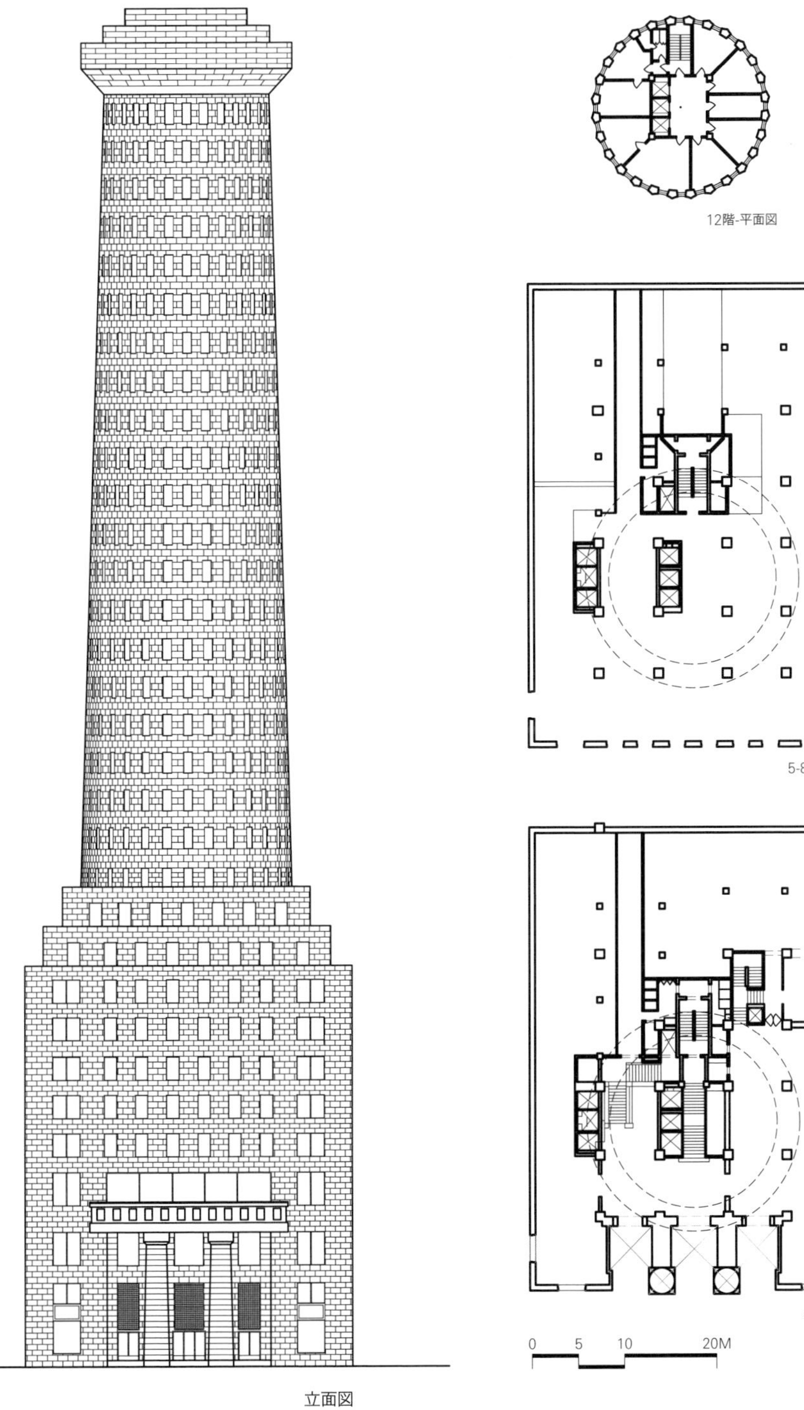

立面図

32 Grand Hotel Babylon

［グランドホテル・バビロン］ 1923

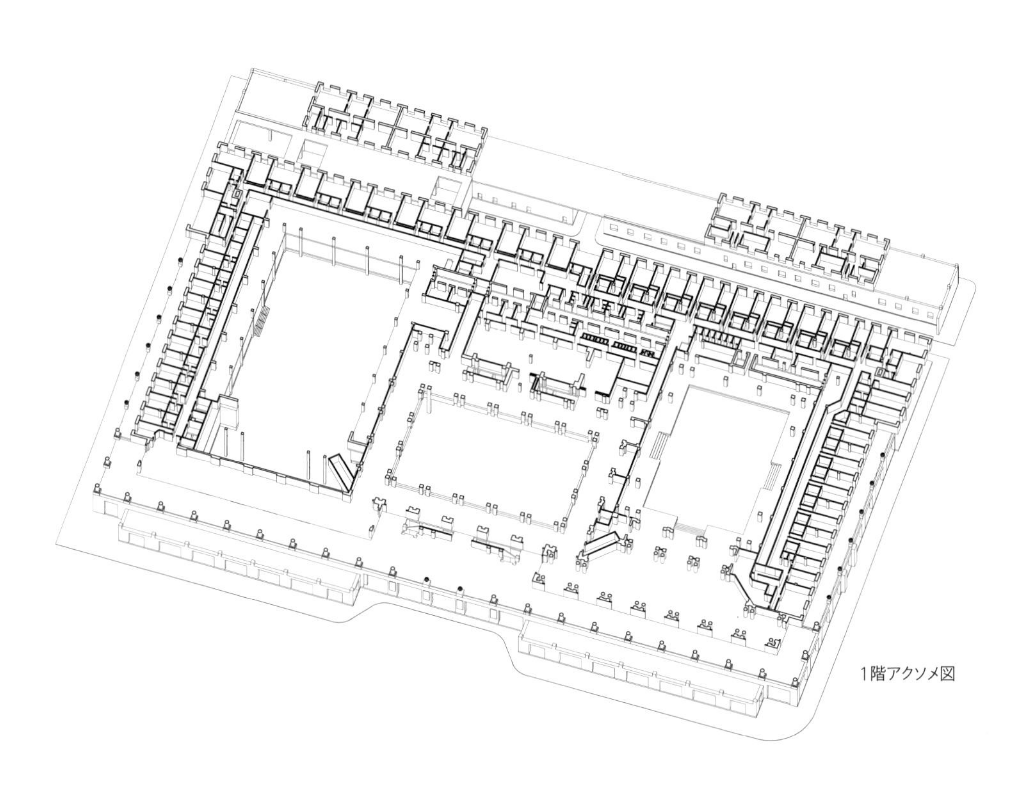

1階アクソメ図

自主的に取り組んだホテル計画。ロースは数多くの旅の経験をもとに多くのホテル案を作成しているが、残念ながらいずれもこの計画同様実現に至ったホテルはない。計画はニースの目抜き通りであるプロムナード・デ・ザングレに面したホテル・ネグレスコの敷地で提案され、当時ではわずか10年前に建設されたばかりであったことは、いかにロースがこの場所が気に入っていたかを物語ると同時に、実現を前提とはしていない案なのであろう。ロースは《ショイ邸》や［テラス・ヴィラ］［ルーフテラスをもつ20軒のヴィラ］など、住宅や集合住宅で積極的にテラスを重要な空間要素として表現してきたが、本計画でロースはホテルにもテラスを中心的なテーマとして取り入れようとした。

客室がセットバックしながらピラミッド型のヴォリュームふたつをつくりだし、すべての客室がテラスをもつ。ふたつのピラミッドはそれぞれ、トップライトのある開放的な大空間を内包し、ひとつは屋内スケート場、もうひとつは宴会用の大広間をもつ。規模として700の客室、1000台ものベッドを収容するだけでなく、ホテルに必要な広間としての大空間を効率よく配置し、外部に対する圧迫感を低減する。

正面アクソメ図

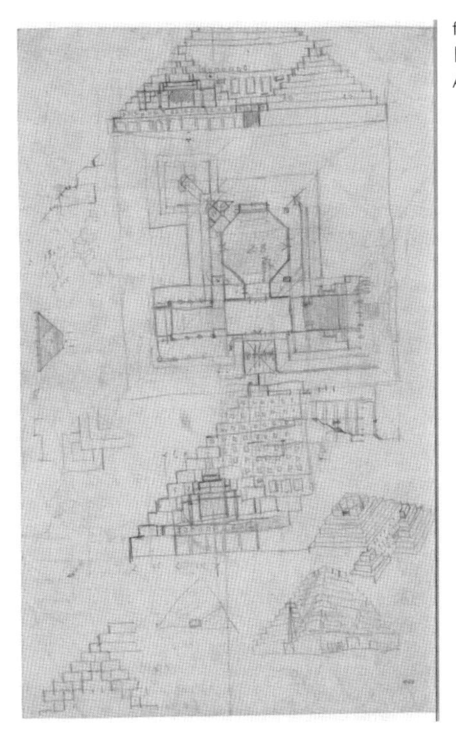

fig-28
[メキシコシティ市庁舎]／
ALA163

fig-29
[ブーローニュの森の
スポーツ・ホテル]／
ALA109

すべての客室が外を向いてテラスをもつことで、採光を確保するという機能的な方針を核としながら、ピラミッドの形状という象徴性を強く指向し、世界的な観光地で強い存在感を放つ計画案として提案された。

ホテルの名称は、イギリスの小説家アーノルド・ベネットによる『グランド・バビロン・ホテル』に着想を得ており、作品は1923年サロン・ドートンヌに展示された。同時期に発案された［メキシコシティ市庁舎］［fig-28］の計画、［ブーローニュの森のスポーツ・ホテル］［fig-29］は、同様のセットバックによるピラミッド状の形態をした大規模計画案であった。

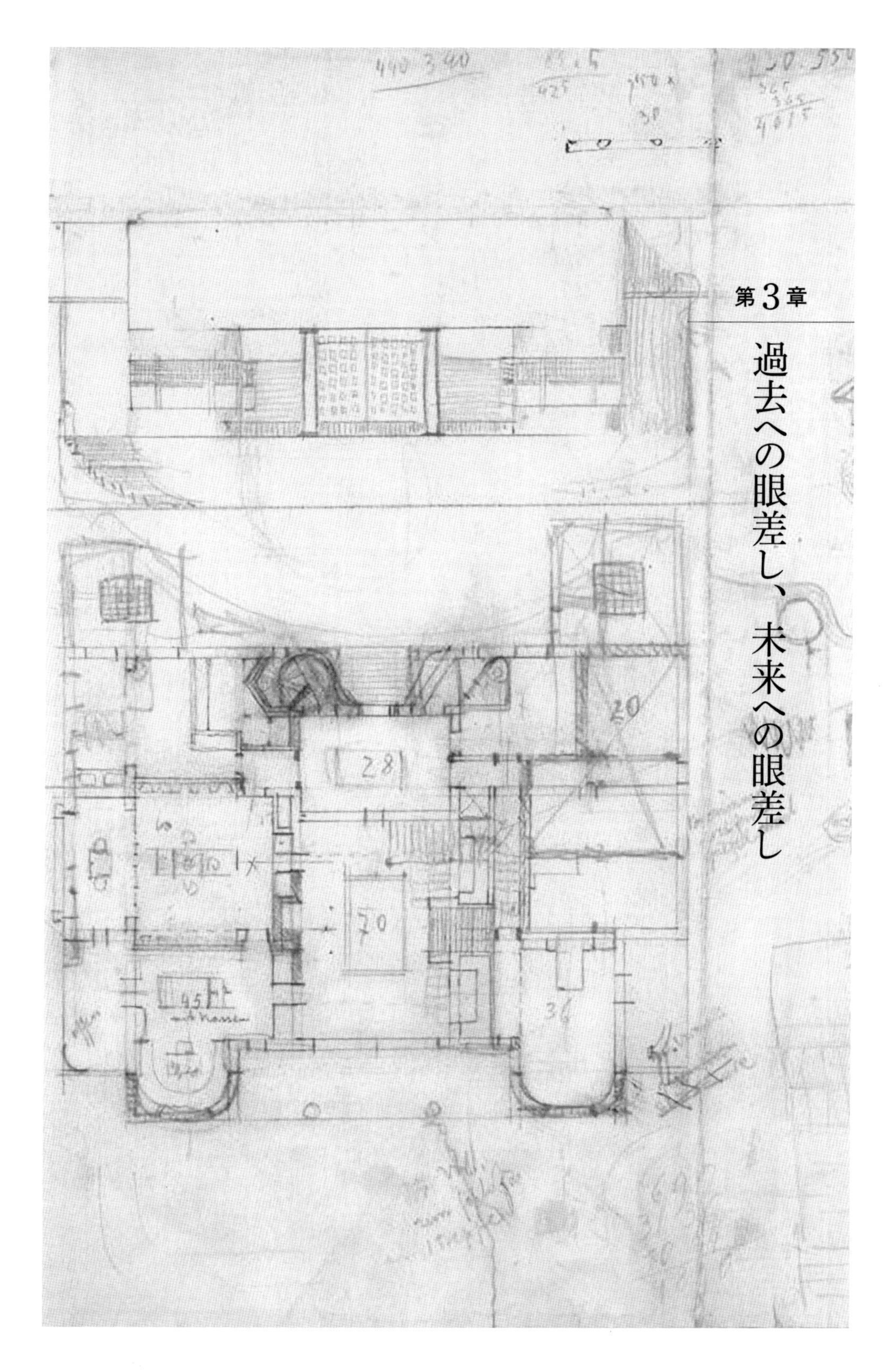

第3章 過去への眼差し、未来への眼差し

ロースに見る歴史様式

近代建築史の通説では、巻頭でも紹介したようにロースは装飾を排除して抽象的な表現に向かい、抽象的なヴォリューム表現への方向性を示したものの、必ずしも徹底した表現の指向性をもたず、むしろ装飾的な要素を完全には排除せずに矛盾を孕んだ領域に留まったと評価され、最終的には時代から取り残されたということになっている。一方で彼の表現手法を具に見れば、必ずしも抽象性を一義的に追求することなく、つねに意図して古典的な要素を介在させ、あるいはむしろ逆に古典的要素を軸に据えて、徹底して抽象性を追求した機械の表現に向かう潮流からはつねに一定の距離をおいていたと評価するべきであろう。

実際、作品の系譜を見ても、近代主義における進化論的な視点による議論を前提とするならば、機械的進化という視点とは無縁の、さまざまに独自の（古臭いとまでいわれた）作品表現が目につく。《シュタイナー邸》から《ショイ邸》では一気に抽象的な外観に向かったのに、《ホーナー邸》の外観と壁面仕上げには、対象形による強い形の表現が現れ、さらに本格的に〈ラウムプラン〉と評価される《ルーファー邸》では、外観自体が歴史的な存在感を漂わせるコーニスによる古典的な印象と、ギリシャ風のレリーフを壁に装飾的（少なくとも付加的）に埋め込むような表現をあえて与えている。抽象的立体として表現された《ショイ邸》から10年後の《ルーファー邸》が、どうしてこのような古色に満ちた外観を示しているのか、ここには重要なメッセージが込められていると考えるのが自然ではなかろうか。

古典的な表現手法やエレメントを主張する代表的な作品を追ってみると、実は一時期に集中的に作品群を追うことができる。1917年の［ガルテンバウグリュンデの複合施設］は、軸線対称のモニュメンタルな構成を積極的に見せた一種の新古典主義的な作品であり、シンケルの作品を思わせる構成と表現を採用している。最終案では高層部分は《ミヒャエル広場のロース・ハウス》と同様に、抽象的で全く付加的な要素もないヴォリュームにたどり着いているが、低層部分ではコロネード状にオーダーの存在を積極的に表現の中心的なテーマとしている。

fig-1
《シュピッツ宝飾店》

《シュトラッサー邸》（1918-19）では、インテリアに存在感の強いトスカナ式オーダーを空間の仕切りに象徴的に表現し、特殊な大理石を割り付けて存在感を高め、オーダーの意味と存在感を存分に表現している。《シュピッツ宝飾店》（1918）［fig-1］では、店舗のファサードにイオニア式のオーダーを対で配置し、歴史的な意味を込めたエレメントとしての表現を追求している。［コンスタント邸］（1919頃）では、ロッジアにオーダーとコーニスを組み合わせてコーニスには古代風レリーフを意図したデザインを与

えており、しかもカリアティドと思われる人物像まで配置する徹底ぶりで、外観だけからはほとんど歴史時代の建築をそのまま実現しているように見える。しかし、内部空間は極めてダイナミックな全体ヴォリュームを立体的に横断する、動的な空間構成を与えている。

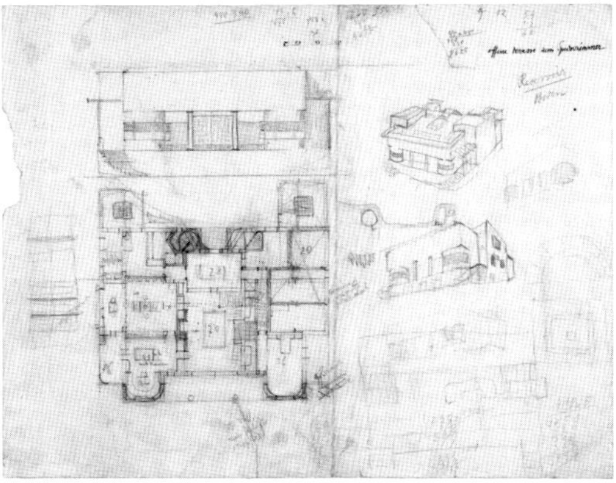

［丸いロッジアのあるヴィラ］(1919)［fig-2］では、外壁は平滑で抽象的な壁を主張するものの、対のオーダーを配置して記号的に正面性を高めている。［サムエル・ブロンナー邸］(1921)でも、やはりドリス式オーダーをテラス空間に配置して建物の顔をつくっているし、同年の［ふたつのアトリウムをもつ家］［fig-3］では立面はわからないものの、［サムエル・ブロンナー邸］の正面性をそのまま髣髴とさせるプランニングであることから、同じイメージを外観に与えながら計画されていたと考えてよいだろう。

fig-2
［丸いロッジアのあるヴィラ］／ALA167

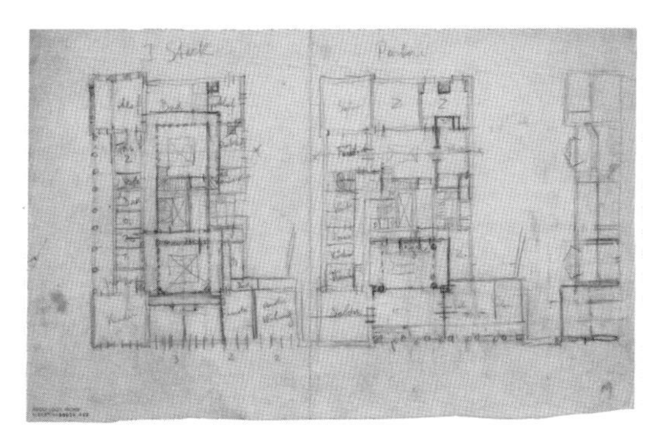

fig-3
［ふたつのアトリウムをもつ家］／ALA78

そして、ポレミカルに扱われる［シカゴ・トリビューン・コンペ案］(1922)には、オーダーによるイコニックな表現を選択し、建築の象徴性を古典主義要素に求める戦略を策定している。同年の作品である［シュトロス邸］は、イオニア式のオーダーを直接的に配置しながらパッラーディアニズム的な外観を追求しており、一方で徹底して相反する内部空間を組み合わせる手法は、古典建築の外観と内部空間の乖離に関する明快な思考の枠組みがあることを示していよう。しかし、この1922年を境に古典的表現要素の使用頻度を急激に下げ始める。ちょうどパリのサロン・ドートンヌに出展する頃のことである。

依然として1924年の作品［フォン・シモン邸］［fig-4］では、庭側にオーダーの存在が平面図から認められるものの、街への顔には平滑な壁面を展開している。最後に歴史意匠的な柱が登場するのは、パリでの［映画館のあるオフィスビル計画］(1925)［fig-5］であるが、1917年から1922年までの集中的に古典意匠を意識した建築要素を配した時期に比べると、表現手法と古典的エレメントを採用する意識は同じではあるものの、もはや極めて稀な計画として位置付けられる。

こうした表現の変化は、過去の残存物でありポピュリズムとしての歴史様式であるヴィーダーマイヤーに対する装飾批判から、分離派の表面的な

fig-4
[フォン・シモン邸]
立面図

装飾批判へと向かった中で、これまでの代表的な言説がパリで紹介されると、特にパリにおける装飾の議論との関係性の中に、ロースが本来求めた建築の姿とパリで進行する機械主義志向、機能主義指向、芸術との連動、あるいは表現としての純粋幾何学形態を追求する志向性の間で、ロース自身の表現方法は直接的な古典要素の使用を抑制しているように感じられる。

とはいえ、ロースがパリで進むさまざまな主張と制作に完全に同調することがなかったのは、実現した《トリスタン・ツァラ邸》の立面を見ても古典主義建築を変わらずイメージしていることでわかる。軸対称の正面性にはオーダーは存在していないものの、実質的に求めている価値とルーツは同じだからである。そして、結局［映画館のあるオフィスビル計画］の入口部分や最上部では、変わらず表現方針を維持していることを見れば、表現の確固たる芯は変わらずに存在していた。

ロースの主張が紙面において流布し、他者によって紹介される経緯の意図が、不幸なことに彼本人の主張とは異なる背景をもっていたことによって、

fig-5
[映画館のあるオフィスビル計画]

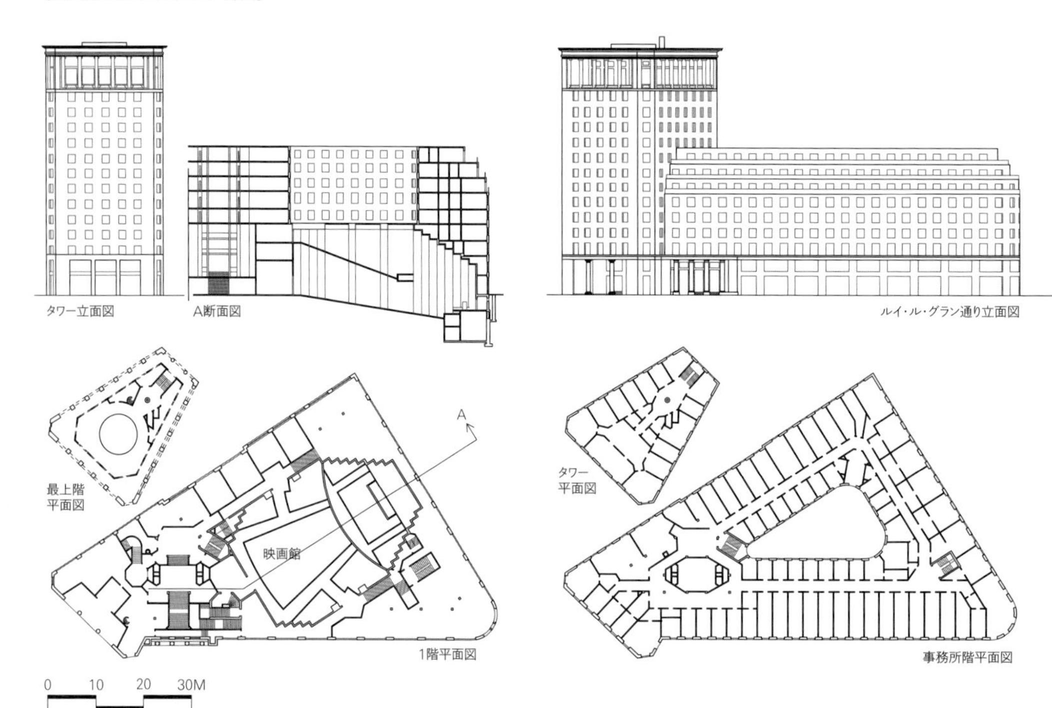

そして特に装飾の排除を唱えたことにフォーカスされすぎたことによって、むしろ重要な主張を見落とされてしまったのではないか。ロースによる装飾の排除を主張する議論は、むしろ単なる入り口の議論にすぎず、そのまま単純な機械的・幾何学的な純粋形態に向かうものではなかった。

建築空間のあり方・成立の仕方自体に存在する枠組みにおける歴史の解釈と、その時代に進行する変化の中でのあるべき姿としての建築評価こそが彼の伝えたいことであったにもかかわらず、その本意は広く共感を受けることはなく、むしろほとんど無視された。つまり、近代主義の推移とロースの建築の間にある大きな齟齬こそは、ロースがもっとも大切にしながらもち続けた本質的な主張であり、同時にその差分の内容を解明し理解することが、ロースの作品の理解につながることになるのである。

ロースの近代的建築家誕生に関する理解について

ロースの著作におけるテーマは、社会全般への幅広い関心に起因するものが数多くあり、建築を直接扱う文章は必ずしも多くない。彼の建築論としてもっとも集約された文章である『建築』(1909)[1]では、彼による世界の理解がいかなるものであり、建築の位置付けがどのようなものであるかに関して、さまざまな表明がなされている。ここでは詳細に彼の言葉を追いながらその全貌を確認してみよう。

> 腕のいい建築家も腕の悪い建築家も、なぜ彼らは湖畔のすばらしい景観を台無しにしてしまうのか？ なぜなら建築家は、ほとんどの都市住民がそうであるように文化をもっていないからだ。建築家には、農民があたりまえのように持ちあわせている文化の揺るぎなさというものが欠けている。都市住民は根こそぎにされた者たちなのである。私がここで文化と名づけているものは、人間の内面と外面とが均一に調和がとれている状態のことであり、それなくしては理性的に考えることも行動することもできない。(中略) 人類の歴史は、いまだかつて文化のない時代というものを体験していない。文化のない現代という時代をつくりあげたのは十九世紀後半の都市住民である[2]。

新たなものづくりをするときに、これまでのさまざまな知見を総合して周辺環境に合ったふさわしい空間づくりをする農民に比べて、ルーツを乖離してしまい、形だけの芸術的な創作物を提案しようとする建築家の独走と文化的背景を無視した創作姿勢を指摘した一節であるが、環境との調和を考えることから離れ、技術による文明を盲目的に推進したことによって、人間の内面と外面のバランスが崩れてしまった時代に生みだされるものは、人間との関係は当然バランスが悪い。特に「文化のない時代」と位置付けた意識はロースの危機感を最大限に示しているといえよう。

[1] *Architecture 1909*／1912年にはフランス語に翻訳されてフランスにて出版される。のちに著作集Trotzdem, 1931『にもかかわらず』に収録

[2] *Trotzdem 1900-1930*, 1931, Adolf Loos, Brenner／アドルフ・ロース『にもかかわらず1900-1930』鈴木了二、中谷礼仁監修、加藤淳訳、2015、みすず書房、「建築」1909、p.96

「文化の道とは装飾がなくなっていく過程なのだ」と人々に呼びかける者は、十九世紀後半当時誰もいなかったのである。つまり文化の発展とは、日用品が装飾から解放されることと同義なのだ。(中略)

現代の神殿は、古代ギリシャのパルテノン神殿がかつて青や赤、緑や白に彩色されていたように塗られることはなくなった。なぜならわれわれはまったく色を塗ることのないまっさらな石に美を見出す感性を学んだからだ。だが当時は(中略)こうしたことをはっきり口にする者が誰もいなかった。そのため現代文化の敵であり古い文化の称賛者たちは、いともたやすく装飾に手を出した。(中略)職人たちは同時代の様式でしか建てることができなかった。だが過去のあらゆる時代の様式を再現して築きあげうる人間、同時代との関係性を失った人間、根を断ち切られ、教育を受けて歪んだ人間、こうした人間が支配者となった。建築家の誕生である[3]。

[3] (2)、pp.97-98

文化のない建築家が単に過去の知識を博物館学的に駆使して、自然に時代の流れに従って現代に到達し、したがって現代のスタイルをもつ職人たちの制作物に口を出し、命令し、ゆがんだ制作物を要求する、それが現代建築家である、というのである。しかも、自然な経緯で装飾から離脱してきた今日があるのに、装飾的な様式を創り上げようとすらするのは文化のない建築家だ、というわけである。ではどのようにして建築家は文化を失ってきたのか。

もっとも優れた図面描きが腕の悪い建築家であり、もっとも優れた建築家が腕の悪い図面描きでもありうるわけだが、建築家への道を選ぶにはあらかじめ図案美術の才能が求められている。その結果、現代最新の建築は製図板の上で考案される。こうして生まれた図面は、だまし絵のように立体的な表現を与えられる。それはあたかも実物と見紛う絵画か蝋人形館に陳列されているようなものだ[4]。

[4] (2)、pp.99-100

建築空間の評価は図面の美しさではなく実体空間がもつ力であり、それを実現するために学ぶべきことは、ものに即してつくることであり建築図にのめり込むことではない。建築家になるための教育自体に間違いがある。建築をつくってきた人たちは綿々とつくり続けながら考えてきた人たちであって、メタの次元にある図面表現を追求してきた人たちではないのだから、これまでつくってきたもの=文化としての空間にしっかり向き合いながら正統的な継承者になるべきだ、という主張が込められていると理解できる。ロースは本来的に実物から乖離したメディアとしての建築の意義を否定しているのである。自らの図面やドローイングを残したがらなかったり、建築写真の意味を否定したりしている意図のすべてはここにある。しかし一方で、時代は『フィガロ』誌での未来派宣言に見るように、明らかにメディアの時代、情報操作の時代に突入しつつあった。

> 十九世紀後半、「われわれには建築様式がない！」という似非文化人の呼びかけが蔓延した。なんたる過誤！　なんたる間違った思いこみだろう！　まさにこの時代こそ、過去のあらゆる時代と一線を画す様式をもっていたのだ。そしてその転換は文化史上例を見ないものであった。だが似非予言者たちは、装飾の違いによってしか様式を区別できなかったため、装飾はフェティッシュな崇拝対象となり、意図的に残された装飾を様式と呼んだのである。だがほんとうの様式をわれわれはもっていたのである。そこに装飾はなかった[5]。

[5] (2)、p.102

ロースは歴史様式から装飾を排除することを主張したわけではない。むしろ、すでに排除に向かってきた流れを継承するべきだと主張したのである。19世紀にはすでに装飾は排除に向かい、現代様式が誕生している、と理解しており、むしろ「建築家」が新たなる様式を創造するために余計で邪な装飾を加えようとする行為に対して、表層的でしかない装飾を排除せよ、といっていたのである。

> 発見のなかでもっとも重要と思われるのは、1900年代と1800年代の様式の違いは燕尾服の違い程度のものでしかないということだった。……いよいよ私にも建物全体を手がける仕事が舞いこむようになったとき、自分に言い聞かせたことがある。建物の外観は、せいぜい燕尾服の変化程度にしか変わりようがないのだと。つまり、そう大きな変化は必要ない。そして私は、先人たちはどう建てたのか、さらに時代の経過を通じ、どう装飾から解放されていったのか、ということをつぶさに観察した。そこから私は、一度断ち切られてしまった発展の連鎖をもう一度つなぎあわせることになった。この作業を通じてひとつの確信を得た。連綿と続く進歩発展の道程を中断させないためには、簡素さがより顕著にあらわれているものをめざすべきだということである。……建物の外観はめだつものであってはいけない。私はかつて、現代的な装いをしている人間はもっともめだたないものだ、ということを何度も強調してきた[6]。

[6] (2)、p.104

建築表現は差異の大きさに表現特性を求めるものではない。「一度断ち切られてしまった発展の連鎖をもう一度つなぎあわせる」ということは、むしろ過去から紡がれた伝統・文化の継続性における正当な変化を読みとってそこに自らを位置付けることが、現代の表現である、という主張であって、特に得意の分野である服装の変化との類推で説かれているが、目立たない建築、周囲と自然に調和するものづくり、コンテクストを失った独自性の追求をしないことが求められ、別の見方をすれば、継続性の中に位置付けられないものは独創的な「芸術」のカテゴリーに入ることになるというわけである。分断から連続性へ、という明快な主張が特に次の一節で見えてくる[7]。

[7] (2)、「郷土芸術」1914、p.152。「オリジナルな才能などもうたくさんだ！われわれはとどまることなく自分たちがやってきたことを繰り返し続けようではないか！他の家と同じ家を建てよ！」と述べている。

建物はあらゆる人々に気に入られなければならない。この点、見るものすべてに気に入られる必要はない芸術作品とは異なる。芸術作品は芸術家の個人的な嗜好によってつくられる。だが建物はそうはいかない。（中略）芸術作品は革新的だが、建物は保守的だ。芸術作品は人間が進むべき新しい道を指し示し、未来を志向するが、建物は現在を志向する。われわれは、みずからの快適さに役立つものすべてを好むものだが、一方で一度獲得した安全地帯から引き離そうとするもの、その状態の脅威となるものを憎む。つまり人間は建物を愛し、芸術を憎むのだ[8]。

[8] (2)、pp.106-107

建築と芸術の違いは常識的な説得力をもつ。そして一般的でもある。ロースの建築観の重要な部分は、建築が保守的で現在を志向している、とする考え方である。人間の生活は依然として劇的な変化なく続いている。生活を支える空間が劇的に変わる必要はなく、これまで通り、したがって保守的に継承するべきである。ここで重要なのは、建築は芸術ではない、と宣言することよりも、建築は保守的で職人的な作業に基づいてつくられるものであり、社会に奉仕するための機能的な役割を全うするのに必要なのは、飛躍ではなく継続だ、ということである。

職人たちの仕事はただただ旧態依然とした継続によって成立しているわけではなく、つねにより良いものをつくりたいという熱意によって、漸進的に変更してゆく工夫と手仕事の習熟によって現代性を獲得している、そしてそうした職人の作業の総和としての建築空間は、必然的に現代の表現であり、高いスキルが継続した形で発揮された充実した成果品なのであった。そこには形態の特殊さを特に競うような作家一人の独自性を主張する芸術的行為はいらないのだ、というのがロースの主張であろう。

そして「芸術は目的をもつ」という主張は応用芸術というカテゴリーとして、分離派やドイツ工作連盟によって推進されていたが、これをロースは徹底して批判したわけである。クラウスによって展開された著名な「尿瓶と花瓶の議論」は、応用芸術によって尿瓶のような花瓶がつくりだされ、それを美しいものと得意がっているというものであるが、こうした行為を文化の欠如と評価したわけである。突拍子もない形態を提案して建築芸術と誇ることも同じ行為であって、建築と芸術の差はここにあるというわけである。

現代の建築家がよくやるような、個人の能力を必要以上に強調する神経質な虚栄心などむかしの建築家には無縁だった。本来は伝統がフォルムをつくったのだ。フォルムが伝統を変えてきたのではなかった。(中略) ある時代に生まれた新しい課題を解決するなかでフォルムに変化が生まれ、その過程でそれまでの規則が通用しなくなり、新しいフォルムが生まれてきたのだ。そして人々は、時代が提供する建築を自分たちのものとして受け入れた。新たに生まれた建築は同時代人すべてに好まれることとなった。だが現代はむかしと大きく違う点がある。今日の建築は二種類の人間、つまり施主と建築家しか相手にしていない[9]。

[9] (2)、p.106

「機能が形を生む」という議論のロースによる解釈である。建築家の自己顕示欲による虚栄心が生みだしたフォルムがいかに無意味か、文化がないか、という主張とともに、むしろフォルムは時代を経て当然の変化が生じてきたとする。機能が形を生みだしたのは、今日だけのことではなく、これまでも綿々と続いてきた出来事である。たった一人の思いつきではなく、状況の変化が必然的に形態に影響を与え、規範を変えざるをえなくなり、フォルムは変化せざるをえない。そのような事象としての変化の結果によって、すべての人にとって納得のゆく心地よい結論が誕生してきたと主張する。建築の形態変化とはそのようなものだ、というわけだ。近代主義における機能主義建築の議論とは異なる筋の論旨である。そして、芸術の名のもとに建築を弄ぶように変化させてはならないと、ここでも芸術との違いを強調し、過去からの離脱をすなわち芸術だと主張し、固有性の追求への志向性を強めている現代建築家に対して異を唱え、建築と芸術の違いを強調するのである。そして必ず引用されるのが、

建築とは芸術といっさい縁がないものであり、建築を芸術の中のひとつに数えあげることはできないのではないか？　そう、できないのだ。ただ、建築のごく一部は芸術に属しているといえる。墓碑と記念碑である。それ以外の建築は、芸術の領域から閉めださねばならない。われわれがわれわれの時代の建築を所有することになるのは、「芸術は目的をもつ」という大いなる誤解が解けたときである。同時に、「応用芸術」などという間違った決まり文句が国民の語彙から金輪際消え去ったときである[10]。

[10] (2)、p.107

という一節である。墓と記念碑は内在的な空間機能をもたない、象徴性を本義とする造形物である以上、形態は自由であることによって、建築のカテゴリーの周縁にあるテーマ、芸術のテーマにもなりうるということは、彼の議論の進展から論理的な帰結として理解できる。

『建築』は、彼の建築観のほとんどを表明したものとして「装飾と犯罪」を含み、近接して発表されたさまざまな議論を内包するもっとも重要な総括的な文章となっている。歴史的な存在としての建築はつねに継続的な変化

を伴って今日にいたり、文化そのものの表明の場こそが建築であって、多くの人たちが求めるものを職人的なものづくりの感性をもって現代的なものとしてリアルな空間を提供する人こそ建築家であり、芸術の名のもとに、文化の継続性から意図的に離脱することは間違いであり、できないという主張であると理解できる。近代主義のその後の流れからの距離をはっきり感じさせる言説である。

そのとき問題は、この最後の一節「建築は芸術とは関係がない」という文章である。「私は芸術家であるという自負はあった」[11]とはするものの、ミヒャエル広場の建物が市によって禁止されることによって、いみじくも芸術としての建築を設計したかのように扱われたことに対する反発の中で語られた言葉であり、一方では本音でもあったに違いない。自分は美を追求する芸術家ではあるが、建築において恣意的な形態を追求するような芸術を遂行する意図はなかった、との主張である。

11 (2)「ミヒャエル広場の建物に関するふたつの主張と一つの付言」1910、p.118

しかし、正当なる文化の継承者として行政や市民からは読み解けない建築は、ロースの意に反して芸術としての建築と見なされてしまったのである。ウィーンにおいて過去から一歩踏みだした新しい建築が、結果としてその後多くの近代主義者が芸術と自認する建築と同じ位置付けにされてしまった、それが誤解の出発点でもあったのである。

天使の向かう先

ロースは徹底した継続主義者であり、建築における特殊形態を意図した芸術表現から一定の距離をおいていたことが、『建築』において十全に語られたことを見てきたが、さらにもうひとつの記事を加えたうえで、伝統の継続に関する思想の背景をさらに検討したい。すでに取り上げた『ダス・アンデレ』での議論である。

『ダス・アンデレ』中の記事のひとつ「馬具屋の親方」(1904) で語られているのは、直接的に分離派の新造形主義批判と表層批判であるが、批判の矛先よりもつくり手の性格付けと時代感覚の設定が興味深い。「むかし、ある馬具屋の親方がいた。実直で腕のいい親方だった。彼がつくる馬具には、前世紀につくられたものと共通するものは全くなかった。……つまり彼の馬具は新時代の馬具だったといえよう」[12]。彼は分離派の先生に自分の作品を評価してもらおうとして自らの馬具を見せると、教授から想像力が欠如している、と評価される。手本を彼の学生が見せてくれることになり、後日それを見たときに、彼らの作品が馬具を知らぬものの小賢しい遊びであることを理解する。

12 *Das Andere 1903* として発刊された2冊の小冊子で発表された記事は、のちに再度 *Trotzdem* (1931)に収録

「親方はいまや何にも惑わされることがなくなり、自分の仕事に満足して馬具づくりに精を出している。はたして彼のつくるものが新時代にふさわしいものであるかどうか彼は知らない。彼が熟知しているのは、馬具とは何かということだけである」[13]という落ちで結論をつけている。馬具を熟知し、漸進的に改良を加えてきた親方のつくるものが、学校で形の新奇性

13 (2)、「「他なるもの」より馬具屋の親方」p.15

を追求する学生たちのデザインのように目新しくはないが、彼らのデザインは所詮形の遊びにしか見えなかったのだと、ものの本質的な価値のあり方を説いた痛快な説話である。同時に『建築』へ直接的につながる議論になっていることが理解できよう。

『ダス・アンデレ』中の「服装」でも「人はどのように装えばいいのか？現代的にだ。では、いったいどういう服装を身につけているとき、現代的な装いをしているといえるのか？　もっともめだっていないときだ」[14]という議論もこれに補足的に続き、近代におけるものづくりの枠組みを主張している。すなわち、新時代の新しい感覚は継続的に綿々とよいつくり手によってつくりだされてゆく、それは芸術の名のもとに奇をてらった形態の遊戯ではなく実質的で使いやすいものだ、という主張をわかりやすく示した説話的な記述である。

『建築』『ダス・アンデレ』中の「馬具屋の親方」などにおける記述を基礎的資料としながらロースの思想的背景を議論したのが、マッシモ・カッチャーリの『アドルフ・ロースと彼の天使（*Adolf Loos e Il Suo Angelo*）』[15]である。

分断ではなく継続にこそ創作活動の充実がある、という基本的な思想を、マッシモ・カッチャーリは、ロースが描く新時代の創造活動における道案内としての「天使」が向かう方向は未来ではなく過去である、という表現で主張する。ロースの生涯の友人であった文筆家カール・クラウスに関する論も著している同時代の哲学者ヴァルター・ベンヤミンの近代批評に登場する「新しい天使」という概念を援用して、創造自体は瞬時に移ろい、儚い存在であり、それは後ろ姿を見せている、とする論である。

> 彼らの目は決して、過去の「永遠のイメージ」や、はかない現在に対抗するモデルを求めて過去に向かわない。彼らが見る過去に休息はなく、彼らが背を向ける未来への飛翔にもおなじように休息はない[16]。

したがって過去を永遠なるものととらえずに、今わずかに変化しながら先の見えない瞬間へと絶え間なく移ろうものとして認識しているとしている。しかし、あくまでも視線は過去を向き未来を見ていないのである。ロースの創造行為はこうした儚い天使の誕生を思わせる。

> 『虚空へ向けて』で真に語られているのは、ロースの芸術であり、伝統からの差異、伝統「構築」からの差異という問題である。この差異こそがロースの目的であり、彼の仕事はすべてこの目的のためにあるといってもいい[17]。

伝統からの変貌が新たな伝統を構築するという流れはわかりやすいが、すなわち必ず伝統は伝統として変化しながら存続し、その実体がなんであ

[14] (2)、「「他なるもの」より 習慣」pp.31-32

[15] *Adolf Loos e Il Suo Angelo*, 1981, Massimo Cacciari, Electa Milano／以下『アドルフ・ロースと彼の天使』と記述

[16] (15)、p.19（筆者訳）

[17] (15)、p.59

るのかが問われているということになる。絶え間ない伝統の再解釈や改造がつまり馬具職人の鞍であり、ロースの目指す建築でもあるとカッチャーリは主張する。それはつまり、職人(マイスター)としてのロースが過去からのインスピレーションを受けながら今の形を模索している姿とたしかに一致する。そして、新たな伝統を構築しようと試行錯誤している。『建築』ではこうした意図が十全に表現されていることは、これまで見てきた通りである。

カッチャーリはさらに、伝統の継承に関して、習慣化した行為は規則となって、その言語化した規範に従うことであるとすれば、その繰返しの実践がどのようなものなのかを分析する必要があるとする。

> 習慣とは、繰り返しや、形式や身振りの自動的な復帰ではなく、エートスである。（中略）習慣とは、ある伝統に意識的に属することである。意識的であればあるほど、それに苦しめば苦しむほど、人はそれをゲームとして認識し、その言語を相対化する[18]。

[18] (15)、p.22

言語を相対化することによって更新する、ルールを守りながら思考を成長させ、一歩先に向かう行為こそはロース的な建築行為であるが、そのときにロースにおいては伝統に対する忠誠心が必ず存在している。ルールに忠実であることは、しかし単純に同じものをつくり続けることではない。今の形の追求をしながら、ロースも相対化の過程で近代に向かっていることは間違いない。

> 忠実とは、単なる条件付けや盲目的な追従であってはならない。忠誠心とは、はかないものであると知られているものにおいて、永続的であることである。もし、言語や解決策という強固な岩の上に立っているならば、忠誠心は存在しない。ものが死ぬところでしか、忠実のエートスは語れないのだ[19]。

[19] (15)、p.22

ロースが伝統に忠実であることは、盲目的に規則に従うことではなく、背を向けて未来に向かわず、現代にぎりぎり存在していることに目を向け、永続してゆくであろう儚いものを生みだす行為である。芸術的な創造と工芸的な実践の違いは、一方では習慣、慣習、他方では決別、革新という区別に基づくかのようにロースは語っているが、この伝統に依拠しながら忠実にルールを解釈し、現代の新たな使われ方を考慮することによって、新たにぎりぎりの儚い存在を生みだす行為は、一般的にはロースの言説にかかわらず芸術的な営為を含んでいるといってよいのではないか。

過去に背を向け未来を見るのではなく、未来に背を向け過去に視線を向けた創造活動は結局文化の文脈に載ることであり、わずかずつ推移する時間の枠においてつねにわずかな変化と進化がある時代の成果品である。ロースの古色を感じる表現は、あえて過去を見つめながら未来を意識する、そのように選ばれた表現であることは間違いないのである。こうした態度から演繹される空間は、全く新しい形と表面装飾を交えた提案による応用芸術ではないことは明快であり、ことさらに芸術と建築は関係がない、と表現する背景にはむしろ当時進行する近代主義のさまざまな（芸術的な）営為との距離を明快にすることを意図した主張であるといえよう。

近代主義誕生の背景

ハンス・ゼードルマイヤーの『中心の喪失（*Verlust der Mitte*）』[20]における考察は、起草時期が極めて早いにもかかわらず（あるいは成立直後だからこそというべきかもしれないが）、近代運動と形態論理の成立に関する評価において興味深い視点を提供している。啓蒙主義から始まる抽象形態と建築形態の関係、場と建築空間の関係性という視点で、近代に向けてどのような歴史的変遷があったかを分析的にとらえている。特に歴史様式から近代建築運動に向けての革命的な変更行為に関して、二度のフェーズにおける変貌の過程を分析し記述した議論であり、ロースに関してはわずかな記述（モニュメンタリティの追求という視点のみ）しか残してはいないものの、彼の主張する文脈に基づくことによって、近代主義が進行する中でのロースの位置付けを再確認するのに格好の背景を提供してくれている。

[20] *Verlust der Mitte*, 1948, Hans Sedlmayr, Otto Müller Verlag, Salzburg／ハンス・ゼードルマイヤー『中心の喪失－危機に立つ近代芸術』石川公一、阿部公正訳、1971、美術出版社

ゼードルマイヤーは、様式の存在自体が問われ、建築表現のあるべき姿が問われ始めた啓蒙主義の時代に、新古典主義に並行して描かれた、抽象的な幾何学形態を主軸においた表現を第一の革命として位置付け、ルドゥー、ブレらの作品と主張を分析し、建築を幾何学のみの姿で描くことの意味を問うている。幾何学を建築と同一視することが可能であるには、これまでのあらゆる芸術の合体した体系的な建築表現を解体して分離し、純粋化して自律的にすることを意味する。

建築は幾何学を基礎に形づくられても、本来的には幾何学自体が建築であることにはならないはずである。それまで建築的なるものを排除して自由になることは、こうした方向性のひとつの目標になった。革命的に排除すれば、結局幾何学自体が建築だということになってしまう。「それが可能であるためには、あらかじめ建築を純粋幾何学と同一視する考えがなければならないからである」[21]。

[21] (20)、p.124

こうした文脈に則って考えれば、ロースの戦いは装飾の排除という同じ路線を走りながらも、建築が建築であることをやめない方法を模索するものであったことは明快である。様式の廃棄は徐々に行われ、必ずしも純粋に装飾とはいいきれないオーダーは、人体との関係性において文化的なコードであったが、最後まで使われたオーダーはコードを振り払いやすいドリス式、トスカナ式であったことは多くの事例で見ることができる。実際、《カルマ邸》はドリス式、《ミヒャエル広場のロース・ハウス》はトスカナ式であったが、ロースの場合はそのまま脱コード化に必ずしも向かわなかった。［コンスタント邸］の古典主義は徹底しているし、［シュトロス

邸〕のイオニア式は極めて本格的であった。いずれも取ってつけた追加物とは根本的に異なる、本来的なオーダーのあり方を追求してもいるのである。

ゼードルマイヤーが論じる第二の革命の問題点は、住宅は機械のように・工場のようになってゆく、という主張である。工業生産的な感性に基づくマテリアルの選択もさることながら、住宅が機械を納める工場のようになるとすれば、人間自身が機械のようなものへと適合してゆかねばならない。人間の生活が抽象化され、そこにはさらに幾何学の純粋さへの崇拝が組み合わされる。正確さ、純粋さへの情熱が機械を偶像化するが、ゼードルマイヤーは建築の歴史を通じて「機械ほど低い偶像は考えられない」[22]としながら、精神世界と住まいの関係性に思いを示している。神殿・教会が精神性の表現を問いながらも工場になったとしたら、美の殿堂が格納庫になったとしたら、住宅は機械を偶像にしながらどのような場になるのか。「建築というものは単なる歴史的な概念であって、建築は廃止されることになる」[23]のだろう。

[22] (20)、p.77

[23] (20)、p.140

さらにロシア構成主義者たちの主張を総括すれば、大地からの遊離を志向し、基礎を克服し、大地に束縛されている状態を超越することを目標にしたことによって、場所からの離脱を目指したことになる。場の喪失というわけではなく、意図して場からの離脱を図るという表現を目標にすることは決定的な一歩であった。啓蒙主義時代の抽象的幾何学形態をもつ建築は、しっかりと地面につなぎ止められて建っていた。幾何学が建築になり機械となって場から乖離し、結局最終的には場を消去する、ゼードルマイヤーによれば、こうした流れが近代であると解釈できるし、ロースの直面している時代の背景でもあった。結果として、近代建築は建築を成立させてきた文化を剥ぎ取り、場所に依存する性格を喪失させることを目標にしてきた。場の喪失は普遍性を獲得する一方で、よって立つさまざまな基盤を失ったことにもなる。

ロースの主張と作品を検討すれば、純粋幾何学自体がそのまま建築にはなりえないと考えれば、《ルーファー邸》の外観が図面や模型では抽象的な純粋形態で表現されていたにもかかわらず、結局、最終的にはコーニスのついた古風な建築に姿を変えている理由が理解できる。建築は幾何学のみでは成立せず、さまざまな文化的要素が絡んだ手づくりのものだ、という主張に基づけば、こうした表現の意図が読みとれよう。一方で、文化にはルーツが必要であり伝統が存在する、ということを建築の各部分で繰り返し主張しているのである。

クラウスが「ロースはタブラ・ラサの建築家である」と評価したことを背景にまっさらな白紙を追求したかのように解釈すれば、白い壁のイメージばかりを増幅させることになるが、文化に位置付けられなくなった表層要素の排除によるタブラ・ラサであって、純粋な空白を目指したわけでもなければ、純粋なる幾何学が姿を現すわけでもなかった。装飾を剥ぎ取ったときに残されるのは、ロースの場合には純粋幾何学ではなく、大地から生えでた積み上げられた構築物であって、ローマ以来のテクネが表出する場の構築でしかなかった。

カッチャーリはロースの創造行為をこのように表現する。

> ロースにおいては、伝統と現代、実践と思考、形と素材の間に確立された関係性がすべてである。ロースにおける建築のテクトニクスは、共同体的な有機的な伝統主義とは無縁のものである。(中略) ロース的テクトニクスには、場に対する新しいノスタルジーの肯定はない—むしろ、場の仮面、そのイデオロギーとの闘いが、その死を繰り返すだけの、「自由な踊り」とほとんど同じものである[24]。

[24] (15)、p.36

懐古趣味によって古典的な顔つきを生みだしていると判断するのは早計である。むしろ過去に対峙しながらものに向きあい、継承するものをも乗り越えようとする弁証法的な行為の追求としての営為であって、そこでの空間創造とは、真理の追求と同時にゲームの追求、創造の喜びの追求でもあった。そのとき住宅の空間とは、

> 「場所の寄贈」であり、場所の開放であり、人間が否定的にも肯定的にも、住人としての自分の運命を認識する場所である。そのような場所では、事実、故郷を幸せに所有し、神の前で、あるいは神が去っても移設された故郷の中で生きることができる。空間創造とは、そのような場所を設けることであり、住まうという運命に場所を作るということである[25]。

[25] (15)、p.37

と結論付ける。

低い偶像とは無縁の、精神性に依拠した場と人間の関わりの中でしか空間の創造は不可能である、ましてや住宅という機械にはなりえない、人間のもっとも内奥の世界が開示される場には、故郷のような価値を生みださねばならない、という思いをロースの主張、表現から読みとっているのである。

失われた場の探求

カッチャーリは小論『都市』[26]において、ギリシャとローマの都市の成り立ちの違いに関して興味深い指摘をしている。ギリシャの都市は都市（ポリス）が市民（ポリテス）を生みだし、ローマの都市は市民（キビス）が都市（キビタス）を生みだすという、言語の分析から先行する存在の論理を導きだす。つまり、場所に依存して生みだされる人々と、人々の存在が前提となって各地で都市をつくりだしてゆくという違いは、ある意味西洋の文化のあり方のふたつの源流を示しているものであり、ローマの勝利はシステムの普遍性の勝利、そして場所を選ばぬ技

[26] *Città*, 2004, Massimo Cacciari, Pazzini Editore, Rimini／「ポリスとキビタス；民族の根源と都市の移動概念」での議論。

術展開による普遍性追求の始まりでもあった、というのがこの議論から導きだされる意味である。一方で、ローマの勝利は人間への信頼の勝利でもある。建築家とは「ラテン語を学んだ石工のこと」というロースは、ローマのテクトニクスを基本においた職人であり、場を超越しながら、しかし変わらずローマの伝統を守る建築家である。

> 古代ギリシャ人は個人主義者であった。あらゆる建物は独自のシルエットをもち、独自の装飾をつけねばならなかった。だが古代ローマ人は社会的に思考した。古代ギリシャ人は自分たちの町すら支配しきれなかったが、古代ローマ人は世界を征服しえたのである。古代ギリシャ人は創造力をオーダーの発明で使い果たしたが、古代ローマ人はその能力を建物の平面図を考えることに使った。すばらしい平面を展開できる者は、新しいシルエットを発明しようなどとは考えない[27]。

[27] (2)、p.109

新しい形態を発案する代わりに空間の展開を充実させ、多様な人間を抱擁する社会性を都市に与えるローマはロースの出発点であることは間違いない。しかし、そこには西洋文化の避けられない「場の移動」というルーツが植えつけられている。活動の本質の中にすでに必然的に「場の喪失」へとつながる根源的な衝動を内包している。近代における造形のテーマにおいて、建築を船に見立てる、あるいは飛行機や電車に見立てる、そしてもちろん自動車（たとえばダラージュ）と比較するなどの議論が行われた。いずれも移動の概念がはじめにある機械である。

移動の概念は場からの解放を意味する直接的な表現へと置き換わる。地盤からの遊離と移動、場に依存しない都市のあり方は究極的に環境自体を変えてきた。ロースの一部の作品には、こうした影響をぎりぎり受けているものもある。寝台車のようなベッドルームや機関車のような外観などは、いくつかの限られた時代と共有するイメージではある。しかし、ロースがどうして変わらずオーダーを使ったのか、という理由は確実にこうした時代性と裏腹な行為であると理解できないだろうか。

オーダーは、もはや新たに生みだされることのない永遠性を保ちながら、もっとも移動の不可能なイメージを伝達する要素である。地面にがっちり固定され、廃墟になるまで居続ける。廃墟になっても最後まで居続けるのは柱の残骸である。ロースが文化的に継承してきた表現として「外部において沈黙する」という主張は、「内部においては存分に豊かさを雄弁に語るべき」[28]という言葉と対で語られている。多くの近代建築がそうではなかったように、表現されるべきであるという世界が内部において豊かに開示されているのである。

[28] (2)、「郷土芸術」1914、p.150

外部を内部にもちこみ、内部を外部にさらすことへの拒絶は、場の喪失が進む外界に対して、場の充足を試みる内部が融和してはならないという意思の表現である。文化の充足した都市空間が内部に与える影響は許されても、場を喪失した外部の内部貫入は許されない。内部の表出は意味を失い、場の喪失感が露わになる剥げ落ちた外壁は抽象的なヴォリュームの美学ではなく、依拠する文化の残骸しか残されない。そのようなものとしてロースの外部があるのではないか。では内部空間の充足はどのようにして成立するのか。作品の空間分析で示したように、ロースの内部空間は、古典的軸線構成と動的・立体的な空間の合体した全体像をもっている。ロースの主張によれば、そこは西洋文化の真理を展開する場であるはずである。

『ダス・アンデレ』でロースが主張したあるべき西洋文化の様相は、らしさの追求、らしくあることの洗練に向けての追求であった。倫理観に基づく議論、伝統に対する忠誠の議論であるが、実質的には装飾による非構築的な芸術から構築的な芸術へ向けての空間追求であった。構築的な空間構成はロースの場合、軸線対称とずらしの繰返しによる「場の転換」であり、マテリアルの実在性で充足した世界を表現するものの、機能の空間表現ではなく、連続的に曖昧な場所の連鎖が移動に合わせてまとわりついてくる空間である。このような空間構築こそが脱装飾的な西洋的文化の追求であったのであり、簡潔、明快、正確な空間構築が求められたのである。

結果として曖昧な領域が空間を連鎖させるが、構築の論理は明快である。構築的な要素としての軸性を基軸として対称性を設定し、その一角を崩しながら次の軸を形成する。この繰返しは、ある意味ゲームのように一定の規則が展開しながら、静的な構成を動的に処理する言語作用のように機能する。一種の論理の構築を背景に軸を形成しながら、軸を否定する弁証法的な発展に向かっている。ロース自身が立体的な空間構築をチェスにたとえた[29]のは、そのような感性が背景にあるからに違いない。そしてこのゲームは言語の論理を追求する姿勢と表裏一体である。

[29] (2)、「ヨーゼフ・ファイリッヒ」1929、p.261

内部における西洋的文化の場の構築は、このような規則の展開と論理の構築であるとすれば、公の顔としての外壁が最後に求めるものが古典的な軸線対称であるとするときに、ぎりぎり内部空間と外部空間が連携する、あるいはねじれた関係でひとつの同じ価値を表明することになる。《ミュラー邸》の正面ファサードに分節化することによって対象形を追求したヴォリューム操作があり、同様にエンゲルマンのオロモウツに完成した《ミュラー邸》[fig-6]のヴォリュームの分節化はロース流の構成をそのまま援用した結論であった。

fig-6
パウル・エンゲルマン
《ミュラー邸》

ロースの内部と外部の表現は、構成論理は古典的原理に基づく表現でありながら、空間的に全く乖離していることによって互いに貫入しあう関係にない。弟子のクルカと進めていた《ウィーン工作連盟の2軒連続住宅》のプランニングになかなかロースが合意しなかったのは、内部の開放性がそのまま外部の顔となるように表出し、直結して連動した表現が、住宅街に開放的に向きあうことをよしとしなかったからであり、ロースにとってこうした事態は唯一の事例となったのである。

内部空間へ

場の回復はもはや内部空間でしか可能ではない。突き詰めれば内部空間の構築でしかない、と究極の姿に向かったのが、ロースの構築術に強い影響を受けたルートヴィッヒ・ヴィトゲンシュタインであった。「世界は事実の総体であり、ものの総体ではない」[30]という彼にとって、空間は人の動きをどのように誘導し心理的な影響を与えるのかという関心をもとに、ロースの古典的な空間構成から動的な軸線の派生させる方法論によって、姉の自邸《マルガレーテ・ストンボロー邸》を計画した。彼の厳しい論理的構築と再構築の繰返しによる追求の成果は、明快な空間の自立を感じさせるものとなった。すなわち、神殿的な空間の創生をもたらしたのである。

[30] ルートヴィッヒ・ヴィトゲンシュタイン『論理哲学論考』野矢茂樹訳、2012、岩波文庫、p.13

現代の神殿は機械である、という（低い）偶像先行の創作論からはるかに遠く、論理構築の神聖なる成果品として、その内部には人間の存在を感じさせない価値の凝固がある。ある意味、ギリシャ的な場の創造ともいいうるような存在感を提示したともいえよう。ロース流の建築の成果が、一方でギリシャ的なヴィトゲンシュタインの建築であるとすれば、ロースの建築はローマ的な包容力と普遍性、そして、自らのインテリアが20年経っても変わらず使われている、と主張するように、生活を内包しながら安定した持続力をもったものとして提案された。その原動力は豊かな内部空間実現への試みである。出来事の総和は、ロースの内部空間においては家族や来訪者の生活と交流の舞台として展開される。一連の垂直水平に展開してゆく空間は、軸線に誘導される場の展開の体験・体感・記憶の総合として把握される。

ロースの場をつくりだす方法は、分節化された場それぞれに個性を与えたうえで、つながりの中に物語を展開する手法に基づく。当然〈ラウムプラン〉が物語の語り口になっているが、場をつくりだし体験を深めるのがマテリアルの役割である。ロースのマテリアルは、彼の論理をそのまま象徴的に表現する空間表現の媒体であり、現代の西洋文化の場の形成に向けての新たな表現の追求であった。石工であった父親の影響を強く受けて、石に関する造詣は深く、地中海地域全域からの大理石を自ら探しに行き、採用し、主要な建築要素に配置することによって、石の文化の継続性を主張する。

作品としては、最初期の《カルマ邸》からすでに豊富な石の知識をもとに、さまざまな石の使い方による重厚な室内空間を提案している。スキロス、チポリーノ、オニキス、スプレンディド、パヴォナッツォ、ビアンコ・カッラーラなどの大理石を、石の条理を細かく検討しながら採用することによって、眠り目地によるミニマルな納まりの仕上げながら、直接的にあるいは意味論的にも伝統の空間を想起させる仕上げを多くの作品で採用している。石の壁面が一気に床から天井まで覆い尽くすインテリアは、古代的な宮殿を思わせる強さと印象的な人間の背景をつくりだす。一方で木質系の内装、特に腰壁などの造作は、初期においては伝統的な構成法を遵守しながら、やはり平板でミニマルな表現へと収斂してゆき、室内全体がマテリアルの組合せによる協奏曲を形成するかのような演出を提案する。

室内空間の充足、あるいは失われた場を回復・形成するにあたり、つねに古風で伝統的な素材ばかりが使われたわけではない。ベニヤ合板の塗装によって簡易に色彩のコントラストによる空間を提案するものもあれば、突板の木目を重視したクリア仕上げをヴァリエーション豊富に組み合わせる。また、床材にはリノリウムのような新しい平滑な素材を利用して、新しい材料による耐久性を期待する試みと表現追求も行われている。たとえば《カフェ・カプア》(1913) のインテリアは、アルジェリアで選定してウィーンに送られた赤と白の大きな石目が鮮やかな大理石による壁面と、青いリノリウムの床、マホガニーの家具という組合せで、新旧の素材を組み合わせながら、極めて鮮烈な色彩感覚で神殿のようなカフェ空間を創造しているのである。

晩年のプルゼニュでのインテリアの計画は、これまでの計画の総決算に近いさまざまなマテリアルの組合せによって室内空間を個別の部屋として世界を収斂させながら、別の世界の展開を軸線でつないで驚きのシーンを連続させる。《ブルンメル邸》は大理石の部屋、練りつけ合板の部屋、塗装とクロスの部屋、中世の彫刻の部屋などが隣り合いながら、現代と過去を一気につなぐかのような物語を読むように展開する空間という印象を与える完成度の高い内部意匠の総決算といえるだろう。収納周りと窓周りの確実な納まり・ディテールの美しさが際立つのに合わせて、塗装の色の組合せが鮮烈な印象を与え、居心地のよい空間追求というにふさわしい、落ち着く場所と心踊る楽しい場所がさまざまに提案されているのである。

ロースの失われた場の創造、あるいはヨーロッパ文化の香りを受け継ぐ内部空間の創造は、新たなる試みとこれまで培われた素材と空間の組合せを、伝統に留意しながらも時代に適合した感覚を演出する納まりによって、格式の高い空間やドラマチックな空間、そして居心地のよい空間へと導かれた。まさに古くて新しい、伝統を背景にした新時代の空間創造の試みであったといえるだろう。

新しいものと新たなもの

ギリシャの概念では、新たなもの「カイノス」と、新しいもの「ネオス」の間には確固たる違いがあったという。「カイノス」とは時間の持続を伴った新しさであり、「ネオス」はオリジナルに1回の新しいものである。日本語でも同様の概念を表現し分けることができる。すなわち、新しいものとは過去に全く存在しないもの、新たなものとはこれまでの継続から引き継いで更新されたものであり、日本語にもふたつの概念があるということは、はっきりと区別されて使われてきたことと理解できよう[31]。西洋中世の世界はまさに、継続的に「カイノス」によって進捗・変化してきた経緯によって形成されてきたことを理解できるのである。

[31]『〈新しい人間〉の設計図』香田芳樹、2015、青灯社、p.29 ／旧約聖書から新たに引き継がれた新約聖書も、ギリシャ語ではカイネ・ディアティケー（新たな約束）であり、世界を継続して記述してきている意識が言葉に表明されているという。

こうしたギリシャ的な新たなるものの概念が中心的に存続してきたのは18世紀までであり、啓蒙主義以後、新しいものの時代が始まったと主張するのが、ゼードルマイヤーであったことはすでに記述した通りである。啓蒙思想が新しいものの優位を主張し始め、その後カイノス的なるものを排除する動きが継承されたのであって、対して、受け継ぐものを新たな解釈と時代感覚で表現することを主張したのが、『ダス・アンデレ』の記述であった。「西洋文化の普及」と銘打つ主張は、これまで培われた文化が、新たな時代にどのように適合してゆくのかに関して、建築が独走して新しい世界を切り開くことはなく、文化の一要素としての調和を求める姿勢の表明であり、『建築』における主題であった。

ロースが展開する著作の主題に占める建築の割合が低く、立ち居振舞いや服装、工芸の話題が際立っているのは、文化全般の問題として建築を語る姿勢あってのことである。それはむしろ芸術の中心に位置付けられた建築が新たなる排除の論理によって孤立し、逆に立場が逆転して隷属してゆく存在になることに贖うかのような態度でもあったのであり、装飾の排除という表層的な議論ばかりが「装飾と犯罪」という強いスローガンに目を採られて際立つ印象があるのは、正確な読取りを見誤らせるものとなってきたのはこれまで見てきた通りである。ロースは明らかに、未来に背を向けて新たなるものを求めて活動したバウマイスターであった。

翻って近代を概観すれば、あるいは今日の建築を概観すれば、新しいものの貪欲なまでの追求が行われていることはもはや普通となった。漸進するのではなく、一足飛びに異なるものに飛躍することを価値としてきた。現在ある定常状態は技術の定常状態の直接的な表現であって、伝統や文化とは距離をおいた環境であろう。ロースによって見直す今日性はこのような背景の中に存在する。これまでにあったものをどのように継続あるいは再生させるか、は今日喫緊の問題点である。

地面から離れることなく、どっしり接地して安定的に構えながらも、抽象的な形態感覚を前面に出し、しかし伝統に忠実で改新しながらも文化的な文脈の継続性を重視し、マテリアルの追求や、鮮烈な色彩の組合せに新たなる室内空間の魅力を追求し、分節化されながらも一連の連続する空間性のシークエンシャルな新たな試みによる建築空間の追求を行った最後の西洋建築家、それがアドルフ・ロースであったといってよいのではないか。

言語と表現 — 現代の形に向けて

アドルフ・ロースの言説と作品をめぐる議論は、これまで見てきたようにさまざまに積層された近代建築の歴史の一部を確実に形成してきた。積層された層の数々は、時事のコンテクストとともに位相を変えながら、豊かな議論の集積を生みだしてきた。しかもロースの生前・没後を問わず、当初はことさらにポレミカルな面が強調され、議論の評価は時代の背景との関係性においてさまざまに変化し、多義的な世界を表現してきた。つまり、ロースは変わらず今日においても議論され続けている今日的で稀有な存在なのである。では、今日変わらずロースを議論する意義を感じるとしたら、それはどのような理由があるのだろうか。E.N.ロジャースはロースの今日性について、

> その価値は、予言的な意味、つまり、他者によって継続されるであろう道を示したということではなく、まさに、それ自体が有効で、永久的なインスピレーションの源としての詩的なメッセージを啓示したことにある、ということである。
>
> アドルフ・ロースが偉大であるのは、こうした彼の価値観に加えて、現代にも残る彼の時代の諸問題に一斉に取り組んだことにある。生産と消費の対象としての建築、時代を表現する記念碑的な計画における建築の言語、材料と建築の合理性への固執などがその取組みである[32]。

と表現し、またヘルマン・チェックはロースに関する論考において、ポストモダニズムの流れの中でロースの今日的位置付けを、

> ロースの作品は思想と概念把握に基礎をおき、……しかもその思想はオープンシステムである。……内部に抱えた抽象的な矛盾ではなく、正確で具体的なものに依拠している[33]。

として、時代に左右されない普遍的な問題に訴求していることが主張され、発想自体の枠組みの的確さを評価している。一方では、工業化社会における建築の変化を漸進的にとらえながら、社会と空間の問題を正面から取り組んだと評価し、また一方では、作品に示された世界が、近代社会における人間の行為の根源を見つめながら建築空間に向かう、その具体的な営為の中に倫理的な価値を見出している、と評価する。

ロースがたびたび講演会で主張した、どのように「立つ、歩く、座る、寝る、食べる、飲むことについて」に基づく生活のすべてがテーマになっていることは、文化を形成する人間の行為がそのまま空間に反映されることを前提に、人間の空間を考えることを基本におくべきだと説いているのであって、空間の根本的・包括的な議論として、今日にいたるまで変わるところのない普遍的、永久のテーマを軸に据えていたのだ、といえるのである。

ロースが基本的に問題としたのは、様式・スタイルではなかった。装飾を排除したことによって近代特有の形態に到達し、表現したこと自体はロー

[32] *Casabella Continuità*, 1957／E.N.ロジャースが編集長を務めアルド・ロッシとともに編集されたロース特集の巻頭言「アドルフ・ロースの今日性」(Attualità di Adolf Loos)。

[33] *Leben mit Loos*, 2008, Hermann Czech, Adolf Loos - Widersprüche und Aktualität ／『ロースとの人生』「アドルフ・ロース - 矛盾と現実」

スにとって実はあまり大きな意味がない。歴史主義的装飾は必然的に生産体制の中で継続は不可能になっているし、機能や形態に無縁な表面的な装飾も早晩廃れてゆく流れは、ロースのテキストがなくとも歴史の必然として同じ結論になったであろう。ロースは予言者的に意味深な言葉で歴史の必然を語っただけである。

様式という様相に依拠せずにむしろ場に依存し、したがって伝統を出発点とする姿勢こそが、ロースの第一の主張であったことをこれまで示してきた。表現がよって立つ出発点を問うことで、建築はゼロから生みだされない、あるいは幾何学のオートマティズムは存在しないことを主張することこそが、どのようにつくるのか、という問題への回答であった。近代主義が生みだされようとする瞬間に、近代主義の提示している問題点からいささか距離をおいた場所から創作活動を始めていたともいえるのである。少なくとも生産され始めた、新たなる様式の色濃い近代表現の流れの中で、結局彼の表現が伝統の香りを残すことで「古臭い」という評価につながっていたことは、ここに依拠していることで間違いない。

> 現代の教育は古典古代の教養を基礎として成り立っている。建築家とはラテン語を学んだ石工のことである。だが現代の建築家はエスペランティストであるように見える。デザインの授業はまず古典的な装飾を基本におかねばならない[34]。

[34]「装飾と教育」1924。「装飾と犯罪」で受けた誤解を解くことを目標にパリで書かれた文章。*Trotzdem*『にもかかわらず』に収録(筆者訳、ein Maurerを「石工」と訳出)。

エスペラント語も同様に近代の所産であり、ロースにとって創作活動と同じくらい重要であった言語活動を相似の関係で意識していたことはこの言葉で明快となる。当時のオーストリア・ハンガリー帝国では15の言語が認められていたというが、それは多様性でもあり、またエスペラントを希求する温床でもあった。あらゆる社会のあり様は文化を基盤にもち、文化の基盤である言語が共通言語に統一されてしまえば、文化的な諸相が乗り越えられて、空間表現が全く同じになってしまう危惧（または希望）があるが、その必然性も可能性も本来はないはずだ、あってはならない、という主張はロースにとってはヨーロッパ文化から生みだされるものこそが自らの表現である、という確信でもある。

そんな中で、ロースは自らが依拠する文化の表現こそが造形言語を、そして同時に当然言語表現をも形成するという確信と、一方でその範囲において現代が息づく変化の息吹を敏感に感じとることで、自然に淘汰されるものと生みだされるものが徐々にバランスを変えるものこそ現代的な表現であるとしたのであった。ロースは施主をはじめとする周辺の人々の肖像画を、若く無名な時代から寵愛し、さまざまな形で支援を惜しまなかった画家オスカー・ココシュカに描かせている。ココシュカは以下のように述べている。

私の肖像のほとんどはユダヤ人でした。彼らは他のウィーンの人々に比べて、社会の枠組みにしっかりと根付いておらず、その結果、新しいものに対してよりオープンで、古い秩序によるオーストリア社会の崩壊に伴う緊張や圧力に対してより敏感であったからです[35]。

[35] Oskar Kokoschka Mein Leben, 1971, F. BruckmannkG, München／「私の最初の絵画」(筆者訳)

ロースの施主の多くはユダヤ人であった。親友のカール・クラウスがユダヤ人であり、彼の知己から仕事が始まったことも前提としてはあるものの、そこには彼が求めたものと彼らが求めたものに相関関係があったことを想像させる。徐々に変化する社会に敏感に反応し、新たな視点を求めながらも、既成の社会の一員として確固たる基盤をもちたいユダヤ人新興起業家の存在は、ロースを刺激しロースの表現を要求した。社会に同化しながらも自らの存在感を強める進取の気風をもつ彼らの中央ヨーロッパにおける存在感こそは、ユダヤ人ではないロースを支えた背景でもあった。民族や人種の混在する中で、新しい世界を描き始めているユダヤ人は、明らかに近代を推進する役割を担い、変化する現代の立役者であった。ロース作品における表現の臨界点は、こうしたユダヤ人がもっていた「新しいものに対してよりオープンで、古い秩序の崩壊に伴う緊張や圧力に対してより敏感」であるという感覚的バランスの中から生みだされたのであった。

社会への眼差し

近代に始まり今日にまで連なる建築と社会のテーマの中には、ジードルンク、庶民住宅としての公営住宅の問題がある。ロースは本来的に社会のあり方を正確に受け止め、ふさわしい空間として提案する建築家であり、グスタフ・ショイから市の住宅局に呼ばれたきっかけがあったとしても、必然的にこのテーマに引き寄せられたといっても過言ではない。ほとんど無給で奉仕した公営住宅事務所での仕事は、低所得者層の住宅を一般解として解く試みであり、ロースにとっては生涯やり抜くほどの熱の入れ様でもあった。第一次大戦後の痛んで貧しい生活を支える生活基盤がいかにあるべきかを検討し、耐火壁としての戸境壁による経済的で安全な、最低限の工法を開発しながら人間の尊厳を守る空間計画は、経済性と空間表現との相剋における極限の追求であり、その成果品の数は少ないが印象的なものであった。公営住宅事務所での同僚建築家シュッテ・リホツキーは当時のロースを回想してこのように述べている。

ロースは、他の多くの建築家とは異なり、ジードルンク運動の重要性をすぐに認識し、この動きに感動した。彼は生まれて初めて、連帯、犠牲、つまり大衆運動の全パワーを知ったのだ。そのことに、彼は深い感銘を受けた。(中略) 半年がかりのプロジェクトの末に完成したのは、小さなテラスハウス4軒だけだった。これらは現在もライナー・ティアガルテンに残っており、その内部は特別に家庭的で、照明やプロポーションの美しさで際立っている[36]。

[36] *Warum ich Architektin wurde*, 2004, Margarete Shütte-Lihotzky, Residenz Verlag,Salzburg,p.51（筆者訳）

ロースのラインツの集合住宅にかける意気込みはエルジー・アルトマンの文章にも見ることができる。

> 家の間取りは正確に覚えています。家がとても小さかったので、奇跡の空間活用でした。大きな建物だと、空間を知り尽くした建築家の天才ぶりが素人にはわからない。しかし、ラインツのジードルンクでは、この才能はもっとも顕著に現れていました。外から見ると小さな家でしたが、中に入るといきなり小さな宮殿でした。（中略）家具は針葉樹を使い、白く塗装し、キッチンルームとリビングルームをクレトンカーテンで仕切ることも計画されていました。たしかに階段は狭くて落ち着かないし、段差がとても高いのですが、そこにしかない階段で、段差の高さは木材の節約になりました。部屋はうっとりするほど美しく、貧しいことが突然特権のように感じられました。
>
> オープニングの前夜、ロース、クルカ、フィッシャー、私の4人は車でラインツに向かい、本、絵、灰皿、調理器具、ソファーのクッションなど、家を家庭的な雰囲気にするものをすべてアパートからもちだし、花瓶に花や枝を詰め、白木の床に日本の藁のマットを敷いて、その上を歩いたものです[37]。

[37] *Mein Leben mit Adolf Loos*, 1986, Elsie Altmann Loos, Lebensbilder, Berlin, p.170（筆者訳）。

オープニングには、わざわざ自宅から調度品をもちだして、ラインツの小さな1軒を住まいとして演出したというのである。ロースの公営住宅に向かう意欲や意識が、新興企業家たちの住宅を計画する意欲に勝るとも劣らないことは象徴的であり、建設費の多寡にかかわらず目標の本質に向かう姿勢はつねに揺らぐことがなかった。ここでも、当然ロースは新しく革新的な建築表現を一義的に追求していたわけではない。わずかな段差の変化による空間の分節化と急な階段による空間の効率化を含む、戦傷者用の自給自足住宅に注いだエネルギーの大きさが、どれほどの意欲によって発揮されたのかを考えれば、文化評論から始まる活動において、首尾一貫して社会の文化的な改革改善こそが、本気の目標であったことを理解することができる。

時代に応じた文化的生活への改善は貧富にかかわらず社会の永遠のテーマであり、ロースの目標はまさにこの永遠のテーマを追い求めることにあったといってよいだろう。結局ウィーンでの公営住宅は空間の分節化が嫌われ、施工の効率と、したがって経済性の名のもとに却下され続け、極めて数の少ない成果であったことによって、いったんは戦後の市民救済という社会の抱える喫緊の問題から離れたものの、方法論としての庶民住宅はその後もチェコにおいてロースの指導のもとつくり続けられ、小さな規模に留まるものの地域の生活を支える提案を続けたのである[38]。

[38] Jan VanekらによるCerna Horaの住宅（1925）、Brno Alesova通りの二連続住宅（1925-26）などは、ロースの1枚の壁による庶民住宅の考え方を広めたものであり、モラーの繊維工場寮であるNachod-Babiの計画（1928-31）も公営住宅の経験が生きた実施計画であった。

ロースにとって空間というテーマはつねに優れて普遍的な社会の問題であり、富裕層には伝統に基づくマテリアルと動的な空間性による豊かな生活のシーンを描き、庶民には機能的で最低限ではあっても快適で美しい、個人と家族の尊厳を保てる空間の提供を行うことによって、最適解を提案し続けたのであって、今日も世界中で公営住宅の計画は変わらず重要なテーマであり続けている。

今日への指針

シュッテ・リホツキーはウィーン市公営住宅計画において、ロースと協働しながら長い時間を制作に費やしている。クルカやエンゲルマンのように弟子としてではないものの、ロースが目指した空間表現に関しては、共同作業の体験に基づき、ロースに関する集約した評価を残すことのできる建築家であった。

> ロースが展開した議論によって、多くの人から機知に富んだ審美眼をもつ人物、としてのみ評価されることとなり、今日でもそのように考える人もいます。しかし、それは非常に表面的な見方であり、ウィーンで出回っていた多くのロースの残した逸話が善悪を問わず助長したものです。何よりも、ロースは真の「建築の達人」であり、立体でのみ考え、感じ、決して平面では考えませんでした。
> 彼は自分の立体としてのアイデアを他の人に伝えることができました—私は自分の経験からこれを知っています。(中略) 彼からは紙から離れることを学び、もっとも美しい遠近法の写真は優れた建築とはかけ離れており、危険でさえあることを学びました。ロースはどこへ行ってもつねに建築家でした。空間感覚を無効にすることはできません。寸法とプロポーションが彼にとってすべてでした[39]。

[39] (36)、p.71(筆者訳)

リホツキーとロースは、年齢は離れていても公営住宅の計画を一緒に検討した同僚であり、当初、ロースを特に評価していたわけでもなければ、まして尊敬していたわけでもなく、偶発的に共同作業を始めた立場であるにもかかわらず、作業を通じてロースの影響を強く受けるようになり、こうした総括を吐露することになったわけだが、ロースの建築空間の展開を別の視点から語ってくれた興味深い分析である。空間をつねに立体として考え、メタの次元をなるべく避けて、極力実体空間に則した発想から、実空間としての建築空間を最大限重視していたことが彼女の表現からよく伝わってくる。

そして、建築空間の本質がスケールとプロポーションである、という王道も当然押さえていた。今日では段差を含めた立体的で動的な内部の空間構成は、普通に行われる計画方針であるが、ロースの場合は建築空間自体がはじめから立体思考の媒体であった。共同住宅においてもこのような発想を基本に据えたことによって、因習に縛られたウィーンの役所における彼の立場も、これまでにない発想で枠組みを拡張する意識がことごとく嫌われ、当然永続的にはならなかったものの、彼女との交流はその後も暖かく続いたようである。

> 彼は当時の建築家の中でも、20世紀の人々が直面する大きな変化を最初に把握した人物でした。だから、彼の著作や建築物は、けっして滅びゆく古い文化の遅咲きではなく、来るべき新たな文化への一歩なのです。ロースは周囲にいるすべての人々に新たなものを見せてくれました。明るい未来への新たな道を切り開いたのです[40]。

[40] (36)、P.71

ロースの息のかかった人々は、明らかにロースの革新性を信じていた。立体的な建築空間へのアプローチも彼らのスタンダードになったばかりでなく、ロースの言葉を未来への指針としても感じていたのである。ロースの能力を弟子として高く評価していたリチャード・ノイトラはロースへの思いを次のように語っている。

> ロースなら、今アメリカが生産している新素材についてどういっただろうか。オークの便座に熱中していた彼が、今日のプラスチック素材、プラスチック産業についてなんというだろう。—原爆、レーダー、テレビ、通信衛星について、そしてまだ発見されていないものについて、彼はなんというのだろうか[41]。

[41] (37)、P.240

素材は文化を構成する要素であり、表現の根幹に据えられるべき要素である。しかし、時代にふさわしい技術によって徐々に進む変化を漸進的には受け入れるロースがいったい今日の技術をなんというか、明らかにノイトラにとってロースは予言者であったのだろう。それはロースから指針としての真理の言葉を聞いた、という主張でもある。

今日においてもなお、ロースに対して汲み尽くせぬ興味が我々にあるとしたら、彼の生みだした作品を含む文脈が、単に技術的な視点に始まる近代初期のパイオニアというだけでは語れない、あらゆるテーマにおいて社会と表現の間にある両義性を抱えることで、豊かな物語を数多く生みだす人間の総体に発するものであるからであろう。そして、彼の視野にあった問題点は相変わらず今日の私たちの問題と重なっていることが、今日でもロース再検討への力を与えてくれているのである。

あとがき

私が建築家アドルフ・ロースを意識したのは、初めてウィーンを訪れた際に、日本で手に入れた建築ガイドに掲載されていた《アメリカン・バー》と《ミヒャエル広場のロース・ハウス》に向かったときであった。しかし《アメリカン・バー》はファサードが改造されており、《ミヒャエル広場のロース・ハウス》は1階の平場のみの見学であったこともあり、ガイドブックには成立した背景に関する知識の表明がない中で、事前研究も怠っていたために、正直申し上げて作品を評価するどころか理解するのも困難で、モノとしての石の存在感の強さのみが印象的であり、したがってこの訪問が際立って意味のある体験とはならなかったことを告白せねばならない。

その後、ヴェネツィア建築大学で学んだ際に、アルド・ロッシ研究室の助手であった先生方とのお付合いをする機会があった。彼らの話題の中心に、しばしばロースが挙げられていたものの、どのような理由でロースが評価されているのかに関しては、相変わらず勉強不足で浅薄な知識しかない私には正確に理解することができなかった。しかしこのような体験が、私には喉にひっかかって外れない残留物のように、あるいは永遠の謎のような幻想として私の中に深く沈殿していた。

2010年になってたまたま学生とともにプラハを訪れる機会があり、そしてたまたま《ミュラー邸》を見学することができることを知り、ようやくロースの建築空間を実質的に初めて体験することができた。そしてさらに正直申し上げて、ますます私の評価は混乱したものとなった。《ミュラー邸》は際立って印象的な作品であったものの、そして初めての体験といってよい空間だったので、咀嚼することができなかったからである。ただただ絢爛なるインテリアが複雑に絡み合った空間体験としての印象が強すぎて、空間の全体像がにわかには理解できなかった。

プラハの体験から、これまでのロースにまつわるすべての経緯を精算しようとの動機も芽生え、まずは《ミュラー邸》の模型をつくって建築の実態を掘り下げてみることとし、学生とともに正確な模型の制作を試みた。単に白模型では意味のないと思える体験だったので、極力仕上げもそれらしく表現を追求して展開図もすべて用意した。空間体験を図面で理解しようとすること自体、ロースの主張を裏切るものかもしれないが、ならば立体の模型ならロースの主張を裏切らないだろう。そしてこの試みは、私にとってロース作品の本質を理解するための最初の一歩となった。

では、他の作品を体験できないものか。住宅を外観だけで作品評価することはそもそもできない。好奇心が昂じて残された住宅の行脚を始めることにした。すでに施主の末裔に所有権が移っていたプラハの《ヴィンターニッツ邸》は、当初テナントに賃貸されていたが、何度かうかがっているうちに所有者夫妻に出会えた。まだ賃貸から別の可能性を探りながら整備できていない部屋の片隅に、ほとんど雑魚寝状態でありながらも即座に泊めていただいて、親交を深めることができたのもひとつの大きなきっかけとなった。

ウィーンの《ホーナー邸》にお住まいの老夫妻（故人）とは、文通や度重なる訪問を通じて、住まいの空間と生活の質がとてもよくバランスしていることを、お茶とお菓子をいただきながら実感した。その後も1軒1軒丁寧にお願いして内部を見せていただく許可を請うと、驚いたことに多くのお宅は快く訪問を受け入れてくれた。しかも居住者はほとんどの場合、ロースによる住宅自体を深く愛していた。おそらく建設時の施主は、さらに深い愛情をもって住まいとしていたのではないかと容易に想像ができた。空間には確固としたストーリーが存在し、豊かな体験としての空間を所有しているという満足感は彼らの言葉の端端に感じられた。

私はもともと日本における近代建築の成立に興味をもち、その後、近代建築の成立地・出発点としてのヨーロッパに向かうことを決め、さまざまに空間の実体験を積み重ねてきたのだが、中でもロース作品の世界の大きさと近代主義の主流からの乖離は実に興味深く感じられ、単純にあるいは平凡に近代批判の糸口を探る、というような軽薄な意識ではどうしても世界をとらえきれないという印象を最終的にもつにいたった。近代主義に基づく論理と倫理とは別のストーリーが流れているように感じられたからである。

そんなストーリーを第1章にまとめてみた。しかし、観念的な理解だけでは、結局ロースの主張を十全に理解することはできない。少なくとも、建築は物理的な空間評価こそが出発点なので、空間分析の趣旨で制作が可能な模型を作成し、空間の検証を行うこととした。空間体験こそが建築の実態であるとするロースの意図は、さらに今日的な技術によるVR画像での没入型のデーター作成と体験によって評価できるのではないかと判断し、体系的にデーター作成も行って〈ラウムプラン〉の擬似体験も行ってみた。こうした営為から学ぶことは多くあったが、メタの次元で体系化しすぎると、漏らしてしまうものが多くあるようにも思えた。

最終的にはロースの空間設定を追いかけながら空間構成の意図を探り、第2章の内容にいたったわけである。空間分析はあくまでも歴史的評価ではなく、そのまま純粋に空間構成自体を確認するものであり、今日の空間構成にも直接つながる。しかし、それだけでは喉に引っ掛かった残存物と沈殿した謎はすっきり解決しない思いもあって、ロースの主張と評価、今日的な意義も語らざるをえなかったのが第3章である。

ロースをめぐる議論は、変わらず今日も行われている。作品は限られているにもかかわらず、まだ部分残存作品の再現の可能性も残すとはいえ、やはり実作を含むテキストとしてのロースの世界の解釈はまだまだ可能性を秘めていて、人間ロースの深さをますます実感する。結局、近代以降の世界に生きている我々の世界につながるすべての問題は、過去と未来の間にある現在の指針としてのロースの問題でもあったことを理解し、彼の慧眼を理解すると同時に議論を継続する意欲を掘り起こされるのである。ロースに関する議論が、日本における近代建築の議論になんらかの幅を与える可能性があれば嬉しく思うし、翻って私個人はまたパラレルに日本の近代建築の問題に個人的に向きあいたいという思いもある。

最後に、バラバラな散文の集合体の体でなかなかまとまった議論にならなかった本書を完成に導いていただいた、鹿島出版会の相川幸二氏と校正の藤沼裕司氏に感謝申し上げたい。舟山貴士氏には細かで大量の図面や写真を適切にレイアウトしていただき、混乱した資料を読みやすくまとめていただいた。

今回収録した図面、パース、模型、模型写真は、東洋大学ライフデザイン学部人間環境デザイン学科櫻井義夫研究室のメンバーによるものである。アルベルティーナ美術館のロース・アーカイブや数多くの書籍を参照し、妥当な結論として作図し、表現としての成果品へ導いた大変な労作であり、彼らの作業がなければ書籍をまとめるという成果は得られなかっただろう。

ロース作品を訪問した際に居住者ご夫妻に迎え入れられ、お付合いを継続できたのも、一緒に訪問してくれた妻、紅絹の配慮と人間力によるものであり、謝意をここにあらためて表したい。

2023年師走

著者略歴

櫻井義夫（さくらい・よしお）

建築家、東洋大学名誉教授。1957年埼玉県生まれ。1981年東京大学工学部建築学科卒業、1984〜86年ヴェネツィア建築大学、1987年東京大学大学院修士課程修了。その後、丹下健三都市・建築設計研究所、マリオ・ボッタ事務所、クリスチャン・ド・ポルザンパルク事務所を経て、1993年櫻井義夫+I／MEDIA設立し現在に至る。2007〜23年東洋大学教授。
主な作品：「チェリードーム」、「Casa O」、「Villa KNT」、「ISZ」、「Boutique MOMI Paris」、「BLACK BOX」など。
主な著書：「フランスのロマネスク教会」（鹿島出版会）、「スペインのロマネスク教会」（鹿島出版会）など。

建築家アドルフ・ロース
理論と実践

2024年3月25日　第1刷発行

著者　櫻井義夫
発行者　新妻 充
発行所　鹿島出版会
〒104-0061　東京都中央区銀座6-7-1 銀座6丁目-SQUARE7階
電話　03-6264-2301
振替　00160-2-180883
ブック・デザイン　舟山貴士
印刷製本　壮光舎印刷

©Yoshio Sakurai, 2024, Printed in Japan
ISBN 978-4-306-04713-6 C3052

落丁・乱丁本はお取り替えいたします。
本書の無断複製（コピー）は著作権法上での例外を除き禁じられています。
また、代行業者等に依頼してスキャンやデジタル化することは、
たとえ個人や家庭内の利用を目的とする場合でも著作権法違反です。